苗族多重表述研究

（1928—1948）

龙仙艳 著

社会科学文献出版社

目 录

绪 论 ······ 1

第一章 1928—1948：苗族表述的重要转折 ······ 43
第一节 表述资料获得：苗族调查概述 ······ 43
第二节 表述内容概述：苗族表述的四个多重 ······ 56
第三节 表述成果梳理：苗族表述的若干第一 ······ 71

第二章 主位：苗族歌谣表述 ······ 83
第一节 苗族古歌概述 ······ 86
第二节 苗族情歌概述 ······ 89
第三节 苗族时政歌概述 ······ 98

第三章 客位：凌纯声等民族学表述 ······ 119
第一节 他者民族学表述概述 ······ 119
第二节 民族学表述个案研究 ······ 123
第三节 民族学表述反思 ······ 149

第四章 阈限：苗族知识分子表述 ······ 157
第一节 苗族知识分子表述概述 ······ 157
第二节 苗族知识分子表述个案 ······ 166
第三节 苗族知识分子表述反思 ······ 198

1

第五章 阈限：沈从文的文学表述 ……………………… 206
　第一节　沈从文乡土作品的时空依托 ……………………… 209
　第二节　《七个野人与最后一个迎春节》的寓意解读 ……… 223
　第三节　细读《莫错过这千载难逢的报国机会》…………… 231

结　论 …………………………………………………………… 237

附录一　苗族时政歌搜集选录 ………………………………… 243

附录二　1928—1948年苗族表述材料选录 …………………… 272

参考文献 ………………………………………………………… 273

后　记 …………………………………………………………… 287

表目录

表0-1	还傩愿仪式流程	29
表1-1	鸟居龙藏在中国西南地区田野考察的路线和活动	45
表1-2	日本东亚同文会的中国苗族调查	49
表1-3	沈从文作品主位、客位分析	59
表1-4	1928—1948年苗族照片汇总	64
表1-5	1928—1948年苗族绘画目录汇总	67
表1-6	1933年拍摄短片内容详解	68
表1-7	1928—1948年苗族表述文本概况	78
表2-1	苗族歌谣搜集目录	84
表2-2	石启贵对东部苗族古歌主题的整理	87
表2-3	杨汉先搜集苗族古歌一览	88
表2-4	苗族时政歌搜集文本目录	99
表2-5	川、湘、鄂、黔四省交界处土匪一览	111
表2-6	苗族地区苛捐杂税一览	113
表3-1	民族学客位表述文本概览	120
表3-2	《湘西苗族调查报告》主要内容及图片分布	124
表3-3	《湘西苗族调查报告》问卷调查概览	125
表3-4	《民国年间苗族论文集》目录	134
表3-5	《贵州苗夷社会研究》表述内容分类	144
表4-1	1928—1948年苗族知识分子表述概览	158
表4-2	苗族知识分子表述分类	159
表4-3	石启贵《实录》所记的苗族祭祀神辞	170

表4-4 《苗族发展史》对于苗族历史与迁徙之地的梳理 …………… 178
表4-5 杨汉先苗族表述著述目录 ……………………………………… 188
表4-6 《川南八十家苗民人口调查》设计问题及表格目录 ……… 191
表5-1 沈从文乡土作品的苗族文化解读 ……………………………… 213
表5-2 沈从文作品中的底层人物收入情况 …………………………… 217
表5-3 《贵生》中三个角色的收入和支出情况 ……………………… 218

绪 论

绪论部分将从研究缘起、研究背景、研究对象与研究综述四个角度加以论述。

一 研究缘起

就参照系而言，本书梳理 1928—1948 年[①]苗族[②]表述与古代尤其是封

[①] 本书之所以将苗族表述的时间限定在 1928—1948 年是出于以下四个原因。第一，这个时间段是沈从文最为重要的文学创作期。沈从文的作品最初发表于 1924 年，从 1924 年至 1927 年亦有少量的文章如《代狗》《夜渔》《猎野猪的故事》涉及苗族的文学表述，但都属于前期练笔的摸索阶段。沈从文表述苗族较为成熟的作品可以 1928 年发表的《柏子》为转折点，其后一直延续到 1948 年的《传奇不奇》。1948 年 12 月 31 日，沈从文写下"三十七年除日封笔"的文字。第二，近代以后现代以来有传教士、学者、官员进入苗族地区调查，亦有少量的苗族表述，但本书对这部分文本只是提及而不作重点论述。对于苗族的调查，国内方面算得上严格意义的民族学调查是 1928 年杨成志进入云南、四川交界的凉山地区做调查，其间涉及对花苗文化的记录。其后，学者对于苗族的调查不下 10 次，这些调查的成果集中在 1928—1948 年这二十年。必须提到的是 1933 年凌纯声等进入湘西进行了为期三个月的调查，其成果为 1947 年出版的《湘西苗族调查报告》；1939—1942 年大夏大学用了将近四年的时间组织了六次大规模的针对贵州苗族的调查，成果为《贵州苗夷社会研究》《苗胞影荟》等；《民国年间苗族论文集》则收入了较多作者、较长时段的苗族论文研究，但多数文章的发表时间也集中在 1928—1948 年。第三，从当时苗族知识分子的表述时段而言，石启贵的《湘西土著民族考察报告书》和《湘苗文书》是他在湘西苗族地区 1933—1937 年的调查所得，他在 1933—1940 年完成了这两部手稿的最初撰写；杨汉先对于苗族的表述时间段集中在 1933—1948 年，除了三篇论述基督教的文章之外，《杨汉先文集》所搜录的文章皆在 1933—1948 年完成；本书重点提及的梁聚五的《苗族发展史》是在 1947 年开始撰写的《苗夷民族发展史》基础上修改而成。故而这个时段苗族知识分子的表述时间也集中于 1928—1948 年这二十年。第四，本书第二章苗族歌谣等口头诗歌表述由于创作者身份的集体性与模糊性较难划定具体年限，但从搜集者的搜集时间段而言，最为集中的是石启贵 1937—1940 年搜集的《湘苗文书》、申廓英 1937 年前后搜集的《汉译苗疆民歌集》、刘兆吉 1938 年搜集的《西南采风录》与陈国钧于 1938—1942 年搜集的《贵州苗夷歌谣》，基本集中在 1928—1948 年这二十年。本书用 1928—1948 年来限定苗族多重表述研究的时间段，是因为从文本数量而言，这二十年左右的苗族表述成果非常丰富；从文本质量而言，这一时段的苗族表述可视为苗族表述的重要转折，值得认真爬梳和研究。本书中出现的这一时段、这一时期类似表述即指 1928—1948 年的苗族表述。为避免重复，不再每次都注明时间段。

[②] 本书涉及几个重要的与"苗"相关的词语，需一一甄别。一是苗族。苗族包括（转下页）

建社会关于苗族表述的因革关系，同时分析中华人民共和国成立之后苗族表述如何传承与革新1928—1948年这个时段的苗族表述，从而了解1928—1948年这一时段苗族表述的当下意义。基于此，本书将历时的苗学研究划分为六个阶段。

（接上页）中国苗族与境外苗族，本书研究对象专指中国苗族，苗族指自1949年中华人民共和国成立后认定的一个少数民族。从语言学角度而言，指在语言上使用汉藏语系苗瑶语族苗语支系的民族共同体；从地理而言，中华人民共和国境内的苗族多数分布于贵州、湖南、云南三省，以贵州黔东南苗族侗族自治州最为集中；从行政区划而言，国内苗族较为集中地居住在6个联合自治州、5个单一苗族自治县、16个联合自治县。关于苗族的民族认定过程，后文有梳理。1928—1948年，苗族没有取得官方认同的民族身份，但民族具有传承性和延绵性。事实上，苗族相传为三苗后裔，历史悠久，加上当时学界已有清晰表达如《湘西苗族调查报告》《贵州苗族写生图》《苗族调查报告》等，故而本书为尊重学术客观性，大量运用"苗族"一词。二是苗疆。长期以来，学界一般把苗疆区分为广义的苗疆和狭义的苗疆两个不同的层面。广义的苗疆包括西南地区的少数民族聚集地。狭义的苗疆有两块。一块是指明代至清代早期尚属于"化外之地"的现黔东和湘西相交的腊尔山一带的"生苗地界"即所谓的"湖南苗疆"。另一块苗疆在贵州省清水江与都柳江之间，包括现贵州黔东南自治州境内的台江、榕江等县即所谓"千里苗疆"。清初这里尚属于既无流官控制又无土司管辖的"生苗地界"。清雍正年间开辟苗疆以后，在此设立了"新疆六厅"，文献中亦称为"贵州苗疆"。本书中的苗疆指狭义而言的苗疆，包含上文言及的"湖南苗疆""贵州苗疆"。此外，随着清末民初基督教力量进入石门坎，石门坎在当时也受到部分官员与学者的关注和调查。当然，除了上述苗族聚居地，还包括云南、四川、广西和海南等苗族散居地。特别需要声明的是，此处"苗疆"没有任何政治意味或主权争议，仅仅是客观的地理分布或文化边疆。徐新建认为文化边疆具有某种相对独立、稳定的生活方式以及在此基础上伴生的族群意识乃至价值观念。三是苗夷。"夷"为"蛮夷戎狄"之"东夷"，带有明显的歧视与贬低之意。这个词语在吴泽霖等著的《贵州苗夷社会研究》中用来指代以苗族为主体，包括水家（水族）、仲家（布依族）的贵州少数民族。在梁聚五所著的《苗夷民族发展史》（后修改为《苗族发展史》）中，用来特指以苗族为主体，包含水族、布依族等其他民族在内的西南少数民族。"苗夷"这个词语具有时代局限性，但为了保存历史记录和尊重学术文献，本书中的文献资料和直接引文保留其原貌，除此之外，行文中不再使用"苗夷"一词。四是苗民。苗民也有狭义和广义之分。广义的苗民指西南非汉民族，狭义的苗民即苗族人民，本书取其狭义之说。沈从文的《苗民问题》（沈从文全集第11卷）简略地梳理了湘西苗民的历史、现状与未来，他提出："对待苗民问题，应当有一根本原则，即一律平等，教育，经济，以及人事上的位置，原则上应力求平等。去歧视，去成见，去因习惯而发生的一切苛扰。在可能情形下，且应奖励客苗交通婚姻。能够这样，湘西苗民是不成问题的。"五是苗学。苗学亦有狭义和广义之分，广义的苗学指研究所有与苗有关的学问，狭义的苗学即研究苗族的学问。就狭义的苗学而言，据石朝江梳理：苗学作为一门学科以1988年11月在贵州黄平召开的贵州省苗学研究成立大会暨第一次学术谈论会为标志性事件，会后出版了《苗学研究》，创办了《苗学研究通讯》。自此，"苗学"作为一门学科名称始见于国内各种主要报刊。如1989年11月21日《人民日报》海外版刊登了《苗学：一门世界性学科》。之后，苗族聚集地的各省市先后建立苗学会，各学科的学者和专家开始对苗族展开了系统的全方位研究。本书取其广义之说，并将广义的苗学研究划分为六个阶段，本书研究对象以第三阶段为重点。

第一阶段为苗学的萌芽阶段。最早关于苗的记录散见于先秦文献中，即便呈现的只是一个模糊的称谓。在《尚书》《诗经》《山海经》《吕氏春秋》《竹书纪年》《淮南子》等上百种文献中皆有关于苗的记载，主要称呼为三苗、有苗、苗民、九黎等。元代之后，国家力量进入苗区，苗学多来源于地方官员或文人学士，如李宗昉的《黔记》，严如熤的《苗防备览》，徐家干的《苗疆闻见录》，等等。这一时期的苗学目的在于制订朝廷的开发计划、划定苗疆的地理范围与讨论苗疆的行政管理。上述著述大多为封建王政或战事服务，强调地理物产或风俗且均为简单勾勒，不足以称为真正意义上的苗学。

第二阶段为苗学的发轫阶段。作者多数为西方传教士和早期人类学家，如法国萨维纳所著的《苗族史》，伯格理所著的《苗族纪实》，克拉克所著的《在中国的西南部落中》等，其中值得一提的是日本人类学家鸟居龙藏。他于1902年7月至1903年3月在中国调查苗族，其所著的《苗族调查报告》1907年在日本出版，算是苗学史上第一本严格意义上的学术专著。这一时段的苗学研究著述者多为国外人士，主要为国外宗教或战争服务，本书不作重点论述。

第三阶段是1928—1948年苗族的多重表述阶段。从文学角度而言，有作家文学和口头文学。口头文学离不开北大歌谣运动的影响，在这个时段苗族歌谣第一次被搜集整理和出版；作家文学的表述者不下20位，最值得一提的是出现了本民族第一位具有国内甚至国际影响的作家沈从文。从民族学来说，自1933年中研院凌纯声等在湘西调查之后，1939年至1942年以大夏大学社会研究所为主要代表的大批学者对贵州苗族进行了为期四年共六次大规模的调查，1943年中研院芮逸夫与胡庆钧对川南苗族进行了调查。除了上述学者的调查与著述之外，还有东部苗区之石启贵、中部苗区之梁聚五、西部苗区之杨汉先等苗族学者的调查与著述，形成了苗学研究的第一次高潮。本书将其概括为多学科、多身份、多角度与多媒介的四个多重，后文将重点论及。

第四阶段是新中国成立后到20世纪60年代的"政府行为"阶段。这个时段政府成立了专门的民族研究机构和民族教育院校。随着民族自治与民族识别工作的开展，这个时段的苗学研究在中国少数民族社会历史调查的背景下编印了《苗族社会历史调查》与《苗族简史简志合编》，此外大量的"采风"作品陆续收入《民间文学资料》。

第五阶段是20世纪八九十年代的"百花齐放"阶段。历经"文化大革命"的十年浩劫之后，苗学研究迎来了历史学、文学、社会学、宗教学等各种学科研究，出版了奠定苗学研究基础的《苗族史》《苗族简史》《苗族文学史》。此外，张坦的《"窄门"前的石门坎——基督教文化与川滇黔边苗族社会》、杨庭硕的《百苗图研究》、张晓的《西江妇女口述史》、杨培德的《鼓魂》等从不同学科打开了苗学研究百花齐放的局面。

第六阶段是21世纪之后的"整合"阶段。承继于第五阶段的蓬勃势头，苗学在21世纪的研究呈现可喜的整合之势。除了五卷本的《苗族通史》之外，《20世纪苗学研究百部文库》也陆续推出，专题性研究如《苗族迁徙史》等专著至今出版了不下300部，其中关于苗族古歌的搜集、整理与研究的著作就不少于80部。

本书的论述以第三阶段1928—1948年苗族多重表述研究为重点，稍微提及第二阶段的苗学研究。较之于第四、五、六阶段的苗学研究，1928—1948年苗族表述的贡献表现在它产生了大量的学术专著，为后来的民族识别奠定了一定的学术基础。在中华人民共和国成立初期，苗族作为第一批被认定的少数民族，第二和第三阶段的苗学研究功不可没。这一时段苗学研究的不足在于：从调查目的而言，多数的调查和著述为当局或抗战所用，学者较多调查苗族文化较少考虑苗族社会现状。从调查地理分布而言，表现为行政区划的隔离性和不可避免的时代局限性。此外必须提及的是，由于苗族在当时一直没有取得法定的民族身份，故而其学术研究无法与中华人民共和国成立后苗学研究之自觉性与自信性相提并论。苗学研究的六个阶段中，前三个阶段是自发阶段，后三个阶段是自觉阶段。如果将这一时段的苗族表述比喻为星星之火，则中华人民共和国成立后的苗族表述可谓成燎原之势。完整系统的苗族史、苗族简史、苗族战争史、苗族迁徙史、苗族文学史等以及大量的苗族歌谣文本在第四、五、六阶段的苗学研究出版即是较好的实证。

在第一阶段的苗学表述中，"苗"在正史里多为征服和讨伐的对象。就名称称谓而言，封建社会对于苗族的称呼不无歧视，如逆苗、叛苗、顽苗、苗匪、生苗、熟苗等。[①] 就专著表述文本而言，大部分围绕四个关键

[①] "生苗"与"熟苗"的划分带有明显的民族歧视，石门坎知识分子韩杰就提出不应如此区分。中华人民共和国成立后，只有苗族之说，无"生苗"与"熟苗"之分。所谓"生苗"与"熟苗"的划分只存在于中华人民共和国成立之前，两者可以从地理、政治、（转下页）

词即"防""征""平""抚"而展开论述。如严如熤的《苗防备览》,但湘良的《湖南苗防屯政考》;李凯的《征苗录》,卜大同的《征苗图记》;田英彦的《平苗议》,韩超的《平苗纪略》;鄂海的《抚苗论》。

1928—1948年是苗族表述的分水岭,苗族形象经历了从"蛮荒之地"到"边城圣境"的转变。[①] 在历代封建王朝"化外生苗"转变为民国"苗民边胞"的社会语境里,这二十年的苗族表述出现了多重[②]维度,即:沈

(接上页)语言与文化四个角度加以区分。首先,从地理位置而言,"生苗"与"熟苗"指与汉文化相距的距离,一般而言,"生苗"区距离汉地远,"熟苗"区距离汉地近。其次,从政治上,"生苗"不纳入政府管辖,不缴纳赋税,类似于下文探讨的《七个野人与最后一个迎春节》中的"野人";"熟苗"则已被编入臣民,多数臣服于土司或流官之下,需缴纳税赋,如《七个野人与最后一个迎春节》中归顺后的北溪村村民。再次,从语言使用来说,在"生苗"区,生苗以苗语为母语且几乎全用苗语交流;在"熟苗"区,语言为苗汉混杂且较多使用汉语。最后,"生苗"文化相对保存完整并与汉文化差别巨大,"熟苗"受汉文化涵化较多。一言以蔽之,熟苗虽为苗族,但其与汉族毗邻而居有的甚至与汉人杂居,生活习俗与汉人接近,能用汉语交流,与汉人一样接受国家赋税和徭役,多数处于土司或流官的管辖之内,国家力量在场明显;生苗则不然,由于地处偏僻山区,与汉人关系疏远,不受中央王朝和地方官府统治,国家力量在场弱化,处于"鞭长莫及"的自治状态。

① 其中,沈从文功不可没,在他的文学表述下,琳琅满目的世界文学中多了如诗如画的《边城》《湘西》《湘行散记》等。如果不是这位在全国甚至全世界都有影响的苗族作家,苗族地区的形象从"蛮荒之地"到"边城圣境"的转变至少还要等待半个世纪,又或许,苗族文化在中华人民共和国成立之前还被"蛮荒""巫蛊"遮蔽。

② 因为1928—1948年苗族表述的丰富性、多元性和复杂性,本书提及的多重表述具体表现为多学科、多身份、多角度与多媒介。需要申明的是,在具体论述时,上述四个多重的任何一种分类都无法穷尽所有材料从而使得论述面面俱到,这是研究背景里提到的表述困境。如以学科分类,则文学表述里既有作家文学又有口头文学,两者必须分章讨论。同时由于当时民族学、人类学、社会学之间存在较多的交叉,故而单独以严格意义的民族学材料探讨无法穷尽多学科的1928—1948年苗族表述。如以身份为分类标准,则表述材料的多寡不一,如官方的表述少,国外学者的表述限于翻译问题不够全面,国内汉族等其他民族学者的表述内容繁杂,苗族学者的表述相对明晰,苗族作家的表述内容丰富,苗族歌谣的表述形式多样,故而以身份分类在论述中就不能相对均衡地展开,在章节结构上必然会出现极大的失衡。同时,因为本书强调的是多元并置的理念,故对于上述表述尽量体现互证性,力避出多主观评价。如以媒介为分类,就1928—1948年苗族的表述文本而言,除本书重点论及的文字表述之外,客观上还有"图"或者"画"的表述。若能将文献或田野中发现的"图""画"等也纳入表述的体系中,整个最终成果必然显得更加圆满、丰富和科学。毕竟,人类表述的物质方式除文本外,还有"图""画"等手段,这也是传递人类信息和社会文化的重要载体。然而限于本人学科素养,只能以文字表述作为重点,其他的表述列出材料但未能展开研究,有待其他学者展开专业性论述。权衡再三,本书以多角度作为主线,认为主位与客位的区分不宜武断。在此基础上,将苗民用苗族歌谣表述自己称为主位,将他者用汉语(或英语或日语或法语等)表述苗族称为客位,将苗族知识分子用汉语向他者呈现苗族文化界定为阈限,试图弥补主位、客位二元对立之分类偏颇,同时部分地兼顾身份与学科的分类,强调主位、客位与阈限的并置与互动,以期更系统、综合、集中地呈现1928—1948年的苗族表述。

从文的文学表述①，凌纯声、吴泽霖等民族学表述，苗族时政歌等为代表的口头诗歌表述，石启贵等苗族知识分子②表述。

上述这些多重表述中，主位与客位并置，矛盾与互证共存，消解与张力同在。下面两个问题成为理解这特定二十年苗族多重表述的关键所在。

（一）苗族地区：地狱还是天堂？

在1928—1948年这二十年，苗族在不同学者的笔下呈现尖锐的二元对立。部分学者的表述如下：

> 彼等所习见者，为地厚天高，顽山峻岭，硕木丰草；习闻者，为偷惰淫邪；不谙诗书，不识圣贤。③
> 他们没有文字，智识亦非常闭塞，离开现代的生活实在太远。④
> 湘西苗疆之设治，垂二千年，然苗胞伏处山陬，仍近百万，彼辈以交通锢塞，文化狉榛，一切仍迤遭于未开化或半开化时代。⑤

从"偷惰淫邪""榛榛狉狉""智识闭塞""未开化或半开化"等词可推断，在这些他者眼中，苗族落后、闭塞，但这些表述是单线进化史的投

---

① 沈从文的文学作品按照题材可分为都市题材和乡村题材，本书提及的沈从文的苗族文学表述特指乡村题材。
② 苗族知识分子是一个较为宽泛的概念，指接受过汉语文化教育的苗族精英。从历时的角度而言，自明清国家力量在场之后，当局为了达到治理苗族的目的，开设义学，想通过文化涵化管理苗族。事实上，长期的民族歧视渗透在教育、文化等多个领域，如清朝规定苗民只能参加童试，最多成为秀才，而不能进行更高级别的乡试、会试与殿试。正是因为长期受到排挤，这些从苗族地区走出的知识分子在本民族受到欺凌与不公平待遇时往往会站出来为本民族发声。苗族知识分子如沈从文、石启贵、梁聚五、杨汉先等通过著述向他者表述苗族文化，这批苗族知识分子的共同特征是：区别于汉族学者用汉语向当局或学界表述苗族，这批苗族知识分子是用汉语呈现自我；他们不同于苗族歌谣用苗语向苗民表述自己，而是用汉语向他者呈现。进一步细分，沈从文与石启贵、梁聚五、杨汉先等之间的不同点在于：沈从文生活在熟苗区，加上其表述苗族文化的方式是文学，故在表述方式上虚构与想象、纪实与记录交织，较为传神地传达出苗族文化尤其是熟苗文化的精神层面；石启贵、杨汉先、梁聚五等属于生苗区，其表述苗族文化的方式有民族学、地方志等，其表述多侧重生苗区苗族文化的物质层面，故而在具体论述中分为两个章节加以论述。
③ 雷雨：《广西西隆县苗冲纪闻》，广西民政厅秘书处，1933，第73页。
④ 吴泽霖：《贵州短裙黑苗的概况》，载于贵州省民族研究所编《民国年间苗族论文集》，1983，第44页。
⑤ 盛襄子：《湘西苗疆之设治及其现状》，载于贵州省民族研究所编《民国年间苗族论文集》，1983，第71页。

射。按照进化论的历史标准，停滞、落后的种族可以说是没有历史，没有民族。①

同一时段和同一地域的同一对象，在沈从文的笔下却是另一番情景，摘录其巅峰之作《边城》中的小段：

> 两省接壤处，十余年来主持地方军事的，注重在安辑保守，处置极其得法，并无变故发生。水陆商务既不至于受战争停顿，也不至于受土匪影响，一切莫不极有秩序，人民也莫不安分乐生。②

在沈从文诸多的文学表述中，苗族民众在谋生方式上人人平等劳作，没有剥削、奴役与赋税；在爱情追求上，在适合的年龄享受爱情，以歌为媒，不需计较门第、金钱；在宗教祭祀中，人神共舞，天人合一，淤积的情感通过宗教仪式得以畅快淋漓地抒发。正如金介甫评论指出的，社会内聚力强、乐观精神、不重物质等是人们常说的苗人的特点。因此，很难相信苗人会自认为过着非人的生活。他们的口头文学也能证明他们确有沈从文所描绘的幸福时刻。③ 沈从文在《七个野人与最后一个迎春节》《龙朱》《神巫之爱》《边城》《凤子》等系列作品中塑造了一个让他者魂牵梦绕的苗区形象。

承接天堂还是地狱的问题，这个时段的苗族到底是等待拯救的落后民族还是古老中华文明的新鲜血液？顾颉刚预设了一个历史的比喻，即外来者与边缘居民周期性地给予中华文化以活力。他提出这些外来者与边缘居民的"他者"形象可以从沈从文等小说家的作品中找到。④ 金介甫认为沈从文的地域色彩并不只是为伟大祖国提供一种乡土供物，更是提供文化复苏的动力和源头。

事实上，从地理位置而言，苗族地处贫瘠偏僻之地。从经济角度而言，苗族地区经济与内地相差较远。然而，如果从精神方面来说，这一时期的苗族地区何尝不是远离他者的"边城"？

---

① 杜赞奇：《从民族国家拯救历史：民族主义话语与中国现代史研究》，王宪明等译，江苏人民出版社，2008，第22页。
② 沈从文：《边城》，载于《沈从文全集》第8卷，北岳文艺出版社，2009，第73页。
③ 金介甫：《沈从文笔下的中国社会与文化》，虞建华、邵华强译，华东师范大学出版社，1994，第159页。
④ 杜赞奇：《从民族国家拯救历史：民族主义话语与中国现代史研究》，王宪明等译，江苏人民出版社，2008，第42页。

（二）苗族表述：二分法还是三分法？

这一时段的苗族表述以歌谣表述、文学表述、民族学表述和地方志实录为典型代表，如以传统的表述视角分类，则有"自我表述"的主位视角和"他者表述"的客位视角。笔者认为，主位与客位的二分法具有相对性与片面性。

以石启贵为个案，较之于同时代的汉族知识分子凌纯声等的"他者描写"，石启贵则算得上"自我表述"的杰出代表。然而对比来源于广大底层百姓之歌谣叙事[①]，知识分子的立场、进化论的思想迫使他以改良苗族文化为己任。他与石宏规等在《湘西苗民文化建设方案》中提出"劝导苗民废止椎牛、椎猪等祭祀与劝导苗族废止婚丧不良习惯"，从当时苗民普遍反对"新生活运动"可知，这一时段的苗民并不认为苗族文化落后需要用汉文化直接替代，故而不能认定石启贵就是真正意义上的主位。

同样以石启贵为参照，岑家梧、吴泽霖等民族学家是汉族，他们将苗族文化定性为汉族文化的早期阶段，所以发展必须用汉族文化替代苗族文化，这显然与当时苗民的呼声更为隔膜，故而只能算客位。然而，同时期日本东亚同文会发行的《新修支那省别全志》中竟然这样表述：

> 本省系尧典所谓之三苗居住地。众所周知，在后来的周代，为荆楚蛮之故地。因此汉人相当长时期内将其视为尚处于蒙昧的、未开化之殊域。根据对后世出土铜鼓的研究，至少于周初，割据淮夷、徐夷西南之三苗九黎，被视为蛮夷，还过着左道旁门的低级文化生活。但是，经过周初以后，导致两者之间发生了如此悬殊之变化，同时，苗族也成为残败者的代名词。[②]

在此参照之下，国内的吴泽霖、岑家梧等民族学者显然属于主位。他们基于实地调查基础上的各种表述文本，字里行间充满对苗族同情与肯定的表述。

正是基于对比基础上的反思，笔者认为主位与客位的二分法具有较大

[①] 这一时段的苗族歌谣集中在《贵州苗夷歌谣》《民国时期湘西苗族调查实录·文学卷》《箄人谣曲》《汉译苗疆民歌集》等著作中，约有1300首，下文将详细论述。

[②] 支那省别全志刊行会编纂《新修支那省别全志》第四卷 贵州省（上），贵州省文史研究馆编《民国贵州文献大系》第五辑中册，杨德芳译，贵州人民出版社，2016，第135页。

绪 论

的模糊性。主位与客位的二分法，有流于简单化分类之弊，毕竟主位与客位类似于一个光谱的两极，在这两极之间，应该有一个过渡和中介的阈限。

"阈"在现代汉语字典中有门槛之意，阈限（limen）这个词在拉丁文中也表示"门槛"，本书用阈限来表示在这一时段苗族表述中有一道划分苗汉文化的门槛。在主位、苗语和客位、汉语（或英语或法语或日语等）视野下，这一时段的苗族表述可以划分为以下三种：第一种是主位即苗族民众用苗语诗歌表述自己，第二种是客位即他者用汉语（或英语或法语或日语等）向读者表述苗族文化，第三种是阈限即主位苗族知识分子用汉语呈现自我的苗族文化。阈限是指一种社会文化结构向待建立的社会文化结构过渡的模棱两可的状态或过程，是文化杂合的空间。综合特纳等人的理论①，阈限的时空具有模糊性、开放性、非决定性和暂时性特征，并且具有在不同结构性状态之间转换的功能。本书所言的阈限永远不会走向主位与客位的两极，它停留在二者之间，既不在此也不在彼或曰既在此也在彼，属于主位与客位之间的交集，强调中间性。

这一时期的这批知识分子是苗族，但他们表述的媒介不再是主位苗族诗歌中的苗语，其表述的拟定读者也不是苗族民众；不同于他者的客位表述，这批知识分子表述的不是他者的文化，而是他们自己的苗族文化，他们试图通过对自己民族文化的呈现达到与外界交流和沟通的目的；从表述的视野而言，虽然他们出生在苗区，但因为他们接受现代教育，多数走出苗区，从而获得更为开阔的视野。正是因为入乎其内又出乎其外，所以他们的表述不同于主位苗族诗歌仅仅是强烈情感的流露，也不同于客位民族学的冷静隔膜，这批阈限表述的苗族知识分子既有对于当下苗族现状的书写关怀，亦有对苗族未来命运的担忧与思考。正是主位与客

---

① 特纳主张人类学应当从当地人的诠释、调查者的观察以及人类学家的视野分析中去看待象征，由此发掘其文化的特殊性。他批评精神分析学者漠视当地人对象征的最本土的诠释是一种天真的、单向度的研究路径。同时，他也认为，那些仅仅把本土解释考虑进去的人类学家也同样是单向度的，他们的文化分析框架和结构分析框架考察象征符号的方法本质上是静态的，没有注意社会关系中牵涉的历时的变化过程。在方法论层面，他主张，应该关注那些最本土的诠释，同时又不能仅仅依靠本土的解释。他试图在主位的本土阐释与客位的人类学家分析之间求得一种平衡。参见王建民《维克多·特纳与象征和仪式研究（代译序）》，载于维克多·特纳《象征之林——恩登布人仪式散论》，赵玉燕、欧阳敏、徐洪峰译，商务印书馆，2012，第XVII页。

位之双重身份,本书将这一时期的这批苗族知识分子的表述视角界定为阈限。

基于此反思,本书提出表述角度的三分法即主位、客位与阈限。具体来说,从表述角度而言,可以划分为以下三种类型。

第一类是吴泽霖等汉族学者用汉文表述苗族文化,这是最为明显的客位。从这一时期汉族学者所著的大部分文本来看,凌纯声、吴泽霖、芮逸夫、王兴瑞等民族学者,由于具有民族学学术素养,注重民族学的学术性与伦理性,表述算得上严格意义的客位。此外,国外传教士因为传教的目的,其有关苗族的表述侧重于宗教影响;国内官方表述带有强烈的政治目的,不可避免地带有汉族中心主义,表述目的多为使苗族"同化"即"汉化";部分客籍文人的表述零碎而简短,故而本书提及这部分内容,但不作为重点论述。

第二类是广大的苗族群众用苗语诗歌抒情达意。因为苗族社会素来有以歌代文的传统,故而其喜怒哀乐以及对当时时局的认识和判断都浓缩在歌谣里,在古歌、情歌、苦歌与反歌等歌词中,苗族民众用苗语向苗民传达出底层大众的呼声,这是最为基础的主位。

> 歌谣对于民俗生活的写实呈现,既包括"民俗"与"民情"的记录,反映了民间社会的文化景观、生活方式和情感经验,同时又包括歌谣折射出的民间社会疾苦,民众的意愿和心声,更有传统主导文化观念影响下的民间社会的种种不合理的社会现象。①

第三类是沈从文、石启贵、杨汉先、梁聚五等苗族知识分子的表述。由于生长在苗族地区却又走出苗族地区,从身份而言,他们不能完全摆脱原来苗族社会所赋予的"乡下人"身份,如客位的他者一样用完全理性的角度去表述苗族,由于接受汉语教育,他们更具有反思性与现代性,能跳出苗族区域从历时和共时比较中较为理性地去表述某一苗族文化事项。

> 知识分子在需要克服"认同焦虑"的同时,获得了能够在"民"与"非民"之间任随取舍的优越和自由:当需要发现民间并启蒙大众

---

① 曹成竹:《歌谣与中国文学的审美革新——以20世纪早期"歌谣"运动为核心》,人民出版社,2019,第218页。

和改造国民时,"我们"就是民众之外的社会良心和知识精英;而在需要抵制官府、批判圣贤的时候,"我们"则又转而"为民请命"乃至成为民众的一员了。①

故而,当他们用汉文表述苗族文化,加上表述目的或是通过文学形式传达出淳朴善良神性浸染的"边城"(沈从文),或是通过调查报告澄清"五溪蛮""湘西土匪"的污蔑化(石启贵),或是通过苗族通史的撰写凸显苗族在中国历史中的重要性(梁聚五),或是通过专业的学术表述试图向他者展示苗族文化的博大与源远流长(杨汉先),故而其读者既可以是学界或当局,也可以是苗族中能掌握汉文化的知识分子甚至底层苗族民众。这一时段的这批苗族知识分子以苗族身份用汉语进行的苗族文化表述和苗族大众用苗语进行的自我主位表述存在差异,和客位的汉族学者用汉语向他者表述的苗族文化也有较大出入,正是因为这批苗族知识分子的表述处于较为模糊的自我与他者、主位与客位之间,故而本书用阈限来阐释。

二 研究背景

(一) 西方范式:人文学科的表述危机

自笛卡尔提出"我思故我在"之后,"思"成为人类区别于动物的分界点。在此意义上,"我言故我在"和"我写故我在"同样成立,与本书最为相关的表达即"我表述故我在"。表述作为本书的关键词,需要清晰地界定与阐述。何为表述?

> 表述的实质是生命的呈现和展开,也就是存在及其意义的言说……在现代汉语的场域中,它既与言说层面的"写作"、"表达"、"讲述"、"叙事"等关联,同时也跟实践层面的"展现"、"表演"、"仪式"及"践行"等相关。从该词语的借喻意义说,表述对应的是"文化文本"而非只是"文字文本"、或"书面"、"口头"及"图像"等文本。②

---

① 徐新建:《民歌与国学——民国早期"歌谣运动"的回顾与思考》,巴蜀书社,2006,第28页。
② 徐新建:《表述问题:文学人类学的起点和核心——为中国文学人类学研究会第五届年会而作》,《西南民族大学学报》(人文社会科学版)2011年第1期。

自人类学诞生以来，一直以研究异文化为己任，试图传达出对于他者的客观、准确的认识。有学者将人类学的表述范式划分为三个时段：第一个时段的民族志是自发性的、随意性的和业余性的，类似于跨国婚姻中的第一次见面，相亲者的表述除了直观描述只能靠转述或想象；第二个时段是"科学民族志"，它保证田野工作的质量是因为表述者较长时间地生活于实地以及对土著语言的掌握和熟练使用，类似于跨国婚姻的同居状态后，作者有如回娘家的新娘讲述婆家的一切琐事；第三个时段即"反思民族志"，反思第二阶段以"科学"自我期许的知识生产体系，为了"真诚"，放弃"真理"。其文本有更多的坦白、更多的背景，体现出更多的自知之明和自我反思，类似于跨国婚姻中离婚场合上的男女各自陈词，是非曲直由陪审团或读者评判裁决。①

上述人类学三个时段的表述转向，受米德—弗里曼公案、马林诺夫斯基日记丑闻的深刻影响，也与文化书写的丰富性密切相关。詹姆斯·克利福德提出民族志写作与以下六种方式息息相关，即语境、修辞、制度、一般意义、政治、历史，这些决定因素支配了内在一致的民族志虚构的铭写。② 罗兰·巴尔特则认为写作与以下十种特质关系紧密，即语言结构、言语表达、历史时代、个人风格、认知方式、价值语言、主体自由、写作对象、写作立场、读者身份。③

民族志书写范式表面来看是人类学表述方式的转变，核心却是西方哲学思潮的投射。事实上，从古希腊至今，在实体与虚空的对立下，西方文化的宇宙图式发生了四个时段的三次大变化。第一时段是古典的稳定的世界，从巴门尼德不动的存在到中世纪的上帝。第二时段是近代的动荡世界，从哥白尼到新教的上帝、牛顿的上帝。第三时段是现代的隐喻世界，从尼采到爱因斯坦，上帝隐匿起来了。第四个时段即当下后现代的西方无根世界，阐释学、解释人类学、法兰克福学派、解构主义都构成其重要的理论维度，概而言之可称为后现代主义思潮反思。

---

① 高丙中：《〈写文化〉与民族志发展的三个时代（代译序）》，载于詹姆斯·克利福德、乔治·E. 马库斯编《写文化——民族志的诗学与政治学》，高丙中等译，商务印书馆，2006，第7—15页。
② 詹姆斯·克利福德：《导言：部分的真理》，载于詹姆斯·克利福德、乔治·E. 马库斯编《写文化——民族志的诗学与政治学》，高丙中等译，商务印书馆，2006，第34页。
③ 罗兰·巴尔特：《写作的零度》，李幼蒸译，中国人民大学出版社，2008，译者前言第5页。

伊哈布·哈桑在《后现代景观中的多元论》中提及后现代的下列特性，即不确定性、零乱性、非原则化、无我性、无深度性、卑琐性、反讽、种类混杂、狂欢等。其实，就人类学学科的后现代主义思潮影响来说，最为重要的是对于其表述对象与表述内容的反思：知识的文本表述和产生这些表述的职业过程都成了学科的争论焦点，并都受到质疑。①

承接于此，新历史主义粉墨登场，一反传统历史学恪守的客观性和公正性，高呼"文本是历史的，历史是文本的"。前半句强调对历史的阅读不再是单一地记录与揭示历史，而是使历史活在当下，给予历史一个当代位置。后半句则暗示着书写的文本历史受书写者的历史地位、政治关怀或学术体制的影响。在核心的学术观点上，新历史主义主张以人类的全部知识来审视文学与文化，将历史置于广阔的人文环境中进行多重阐发。

相对于人类学、历史学在"真实"性上的节节败退，一直以来以"虚构"为己任的文学表现出雄心勃勃的"纪实"状态，似乎想与以"客观"为己任的人类学、历史学分庭抗礼。恩格斯曾高度评价了巴尔扎克文学作品的社会性，认为巴尔扎克作品所书写的文化事项尤其是经济细节方面强于当时的历史学家、经济学家和统计学家。② 承接于文学对整体文化的表述与记录，学者提出除了田野工作中搜集的口头叙事之外，大量的来自第三世界的当代小说和文学作品也可以成为民族志的解读对象：这些文学作品不仅提供了任何其他形式无法替代的土著经验表达，而且也像我们自己社会中类似的文学作品那样，构成了本土评论的自传体民族志。③

姚斯·伊瑟尔一声断喝，道出了人文学科的实质，文学与人类学表面是一组二元对立：一个是虚构，一个是实证。究其实质，人类学是"无我"，并且要通过这个"无我"来说明一个大于"我"的真理。而"文学"是通过"有我"来体现它的价值，只要人类学的最终产品是通过写作体现出来的，就是主观的。④ 可见，只要是通过写作或表述就会呈现主观，

---

① 詹姆斯·克利福德、乔治·E. 马库斯编《写文化——民族志的诗学与政治学》，高丙中等译，商务印书馆，2006，第316页。

② 恩格斯：《致玛·哈克奈斯》，载于《马克思恩格斯选集》第四卷，人民出版社，1995，第684页。

③ 乔治·E. 马尔库斯、米开尔·M. J. 费彻尔：《作为文化批评的人类学：一个人文学科的实验时代》，王铭铭、蓝达居译，生活·读书·新知三联书店，1998，第111页。

④ 徐新建：《多民族国家的文学与文化》，人民出版社，2016，第195页。

换而言之，所有的学科殊途同归，都是表述的手段。

上文言及的表述危机仅仅是针对表述文本即表述内容而言，设如再以表述为关键词，旁及表述最为基本的几个维度：谁在表述？在表述谁？表述的目的是什么？表述的接受者是谁？通过什么媒介表述？希望达到什么预期？逐一回答这样的问题一定异常精彩，将表述从单一的表述文本拓展至表述者或被表述者是否离题太远？答案是否定的。就如叙事学，既要研究文本，又要研究作者：不仅叙述文本是被叙述者叙述出来的，叙述者自己也是被叙述出来的——不是常识认为的作者创造叙述者，而是叙述者讲述自身。[①] 推而广之到民族志，桑顿提出民族志的书写是让日常、历史与环境联系在一起，通过眼见、耳闻等方式理解一个整体的社会，然后将"整体的想象"传达给读者。[②]

（二）东方寓言：故事、诗与感悟

与西方强调逻辑、推理不同，东方哲学强调心灵直觉和顿悟。就表述角度而言，下列这则寓言值得借鉴，故事如下：

《大般涅盘经》三二：尔时大王，即唤众盲各各问言：汝见象耶？众盲各言：我已得见。王言：象为何类？其触牙者即言象形如芦菔根，其触耳者言象如箕，其触头者言象如石，其触鼻者言象如杵，其触脚者言象如木臼，其触脊者言象如床，其触腹者言象如瓮，其触尾者言象如绳。

一头姑且不论大小胖瘦、动静站立的大象，因为盲者触摸不同的部位，从而其表述出现如芦菔（萝卜）根、箕（簸箕）、石、杵（舂米的圆木棒）、木臼、床、瓮、绳共八种不同的表述。这则故事后来出现在冀教版小学二年级上册的语文教材中，为了增加这篇寓言的通俗性和普及性，这则寓言的结尾增加了一个自然段：

几个盲人你争我辩，谁也不服谁。赶象的人说：你们都没说对。

[①] 赵毅衡：《当说者被说的时候》，中国人民大学出版社，1998，自序第Ⅰ—Ⅱ页。
[②] 高丙中：《〈写文化〉与民族志发展的三个时代（代译序）》，载于詹姆斯·克利福德、乔治·E.马库斯编《写文化——民族志的诗学与政治学》，高丙中等译，商务印书馆，2006，第13—14页。

一定要摸着象的全身才能知道象是什么样,你们每个人都只摸到了象的一部分就断定象是怎么样的,怎么能说得对呢?

这是一则寓言,寓言即通过比喻性的故事来阐述人生哲理的文学体裁。在教学设计中,《盲人摸象》的寓言告诉我们不能以点带面、以偏概全地看待问题。此处引用这则故事是想反思表述的局限性,这则故事最大的思考在于这些触摸大象者全部是盲人,"盲"的局限决定了他们不可能从整体认识其表述对象。即便每一个盲人都摸完了大象的全身,知道了大象各个部位类似于不同的物体,但大象整体即各部分累加的结果亦会在不同的盲者口中出现不同的表述。故而,这则寓言中,"盲"导致遮蔽。

是否视力能够成为表述他者准确与否的重要参照呢?答案也是否定的。

> 我们能理解这个寓言,是因为我们知道这些人是盲人,他们当中没有人能看见大象的完整模样。但是这个寓言不是为了告诉我们盲人看不见,它的中心思想是,从某些角度来讲,我们都是盲人。
>
> 就像一双手无法触摸世间万物,一双眼睛也不能看尽人生百态一样。一个人不可能掌握天下事。我们只能抓住事实的碎片,但我们无法得知真相的全部。①

我们再来阅读苏轼的《题西林壁》:横看成岭侧成峰,远近高低各不同。不识庐山真面目,只缘身在此山中。可见,庐山在不同的方位横看、侧看,在不同的视角远看和近看都有不同的形态,如有多位表述者,一定也会陷入上一则故事中呈现的多重表述。为什么整体观察甚至整体游历庐山还是不能识别庐山的真正形象呢?如果说盲人摸象故事给予表述者反思的是客位表述异文化的片面,这首诗歌则深刻地道出了主位表述的悖论——身在此山不识山。

承接西方表述危机的思考,主位和客位是人类学表述的一组悖论。客位由于固有的身份隔膜,总与被表述者存在一定的隔阂,类似于上文言及的"盲者",加上后现代主义对于民族志书写权威的解构,从而使人类学

---

① 戴夫·格雷:《阈限思维:改变并没有想象的那么难》,孙思远译,机械工业出版社,2018年,第5页。

意义上的表述陷入困境与危机；主位似乎是较为理想的表述者，却又由于靠得太近，导致对诸多文化事项视若无睹，无视某一文化在全球语境中的历时和共时呈现，陷入"不识庐山真面目，只缘身在此山中"的尴尬处境。

西方表述的反思是针对表述文本而言，东方寓言则是对于表述者身份来说的。其实，表述的探讨除了探讨表述者、被表述者、表述文本，还要涉及语境、话语、权力等，借用王明珂的蛙鸣寓言更有意思：

> 如在一个夏夜
> 荷塘边有许多不同品种的青蛙争鸣
> 不久我们会被一个声音吸引
> 一个规律宏亮的声音，那便是"典范历史"
> 被忽略、压抑的其他蛙鸣，便是"边缘历史"
> 我们对历史的整体了解
> 在于倾听它们间的争鸣与合鸣
> 并由此体会荷塘蛙群的社会生态
> 一个隐藏的景①

可见，除了要研究声音最为洪亮的叙事，还需要研究被忽略和压抑的其他蛙鸣，更需研究荷塘蛙群的社会生态。一言以蔽之，并置多重表述可以更为完整与丰富地认识本体。

（三）反思：并置多重表述的必要性

前文言及西方人类学表述范式的三段模式为业余民族志、科学民族志、反思民族志，它与东方的盲人摸象、观看庐山与青蛙合鸣表面看来风马牛不相及。然而，在后现代思潮的人文学科中，讨论到这特定二十年苗族之多重表述，当沈从文笔下的世外桃源与民族学者的世间地狱为同一表述对象时，当不同学者囿于表述身份、表述内容，不知何者为主观、何者为客观时，为了更全面、立体与多元地认识本体，并置多重表述文本就显得十分重要和必要。

不是歌德创作了《浮士德》，而是《浮士德》创作了歌德。表述者存在于表述文本中，换而言之，抛开一维的表述者身份论，从表述文本是否

---

① 王明珂：《反思史学与史学反思：文本与表征分析》，上海人民出版社，2016。

能够直接认识表述主体？下面以发生在当时苗族地区的两个表述个案为例。

1938年春，长沙临时大学决定西迁。师生共三百人组成"湘黔滇旅行团"，从长沙徒步到昆明。在经过贵州黔东南之黄平县时，为了了解当地少数民族文化，当地政府和这所临时大学的部分师生在一所小学的操场进行了一场联欢活动。对于这次活动，目前搜集到当时参加这次联欢的三位学生的游记：

>　　下午县政府为我们召集了一个苗汉联欢会。因时间匆促只到了仡兜十数人。①

>　　下午两点整队到小学的操场集会，开苗汉联欢大会。到会的苗人不多，女子四个十五六岁，男的六个，由一个老者率领。参加的有一队壮丁，县政府人员，民众，小孩子最多。开会以后，唱党歌读遗嘱。主席，一位苗人致辞，大概受过很好的教育，说得很好，他表示欢迎我们不远千里而来。接着团长讲话，竭力说明苗汉之应相亲，并希望地方当局提高他们的生活，普及他们的教育……（县政府的一位职员）说召集苗民参加联欢大会很是困难，因为他们不明真相，害怕不敢来，所以召到的人数很少。②

>　　因为当地多苗民，团部与县政府商定，约请乡下苗民入城与我团开一个苗汉联欢会，以联络感情……此会虽名为联欢，实则为团部某些人好奇，苗民大概也有所察觉，故来者甚少，敷衍而已。③

抛开场景表述不论，就苗汉联欢会苗民参与人数不多这一现象，三个表述者有三种不同的解释：钱能欣认为是时间问题，时间匆促，故而参与活动的当地人不多；杨式德认为是苗民不知道这次活动的目的是联欢，长期以来的兵役与赋税使得苗民对于外来者敬而远之，所以无端地害怕这些外来的师生，不敢参加联欢会；余道南则提出，应该是苗民反感他者对于苗族

---

① 钱能欣：《西南三千五百里》，载于贵州省文史研究馆编《民国贵州文献大系》第七辑中册，贵州人民出版社，2015，第253页。
② 杨式德：《湘黔滇旅行日记》，载于贵州省文史研究馆编《民国贵州文献大系》第七辑中册，贵州人民出版社，2015，第281—282页。
③ 余道南：《西迁日记》，载于贵州省文史研究馆编《民国贵州文献大系》第七辑中册，贵州人民出版社，2015，第310页。

文化的窥视，不想满足于他者的好奇之心，仅仅是为了敷衍，故而参与的人数不多。

同时间同地点同对象参与的一次联欢会——横看成岭侧成峰，远近高低各不同。正如歌词所言"借我一双慧眼吧"，这双"慧眼"应包含了横看、侧看、远看、近看，在山里到处看甚至于跳出山外看的多元并置与反思。

下文再以这特定二十年苗族的"盐"表述为个案，从歌谣口述、民族学、文学、地方史实录的史学等学科多角度地探讨多元表述并置的合理性。在这个时段的湘西民间，有一首关于盐的歌谣传唱，歌词为：

> 米不难，包谷红苕也可餐；菜不难，萝卜白菜也送饭；
> 酒不难，高粱谷酒也把盏；柴不难，荆棘枝丫可烧饭；
> 只有官盐实为难，没有白尝（银）没有尝。①

从申廓英搜集的地域背景可知，这首歌谣在湘西一带吟诵。吟诵内容没有太大变动的歌谣在四川古蔺一带亦有流传。全文没有较大变动，只有最后一句稍稍有所改动，将"只有官盐实为难，没有白尝（银）没有尝"修改为"只有盐巴最为难，要尝硬要白银元"。

在笔者的访谈中，食盐难求成为经历了那个时段生活之人不能抹去的忧伤记忆：

> 当时炒菜的盐巴是一块一块的，不像现在的盐面面（细盐粒）。盐巴块有大有小，贫穷的人家都要用绳子拴住它，炒菜的时候在锅子里打个滚赶快提起来，不然怕它化了，下次没得吃的了。盐是个好东西，放一点点菜就好吃得多，"龙肉无盐无味"嘛。但是盐太贵了，贫穷一点的人家一年到头都吃不到几次盐巴呢！那个时候，哪家请客要是能放够盐是不得了的。那个年代油水当然也少，做客的时候偶尔会碰到油水放得足的，也算得上大户人家。只有盐巴最老火（稀缺），贵得不得了，几十斤米换一斤，哪个吃得起？谁家要是放盐放得足，哎哟哟，那是一下子要传遍四乡八寨的。②

---

① 申廓英：《汉译苗疆民歌集》，大伦印刷所，1937，第20页。
② 根据2016年7月笔者在湘西州凤凰县腊尔山镇叭苟村对时年90岁的吴姓老人进行访谈的录音整理。

在同时期的苗族表述文本中，食盐紧缺的表述不胜列举：

> 盐，在边区社会中，为最严重之问题，运输困难，价值过高，使边胞常有淡食之苦。故在边僻之区，有以草烧灰代盐者，其中缺乏碘质，以致生颈瘤者为数甚伙。①
>
> 煮法，先注水于釜，扭菜使断，投诸釜，加米少许，以代油脂，淡食，不加盐，因盐不易购也。②
>
> 生苗的食品中，最缺乏的是盐和蔬菜……菜中仅放极少量的盐，简直使人不能感到盐味。③
>
> 威宁因土地硗瘠，气候寒冷，农产物仅有芋头、荞麦、青稞、包谷等。米产甚少，食米之家千无一二，即城内各机关除县政府外，仍多食包谷。威宁人民所吃之饭，可以分为四等，食米为特等，食包谷为一等，食青稞、荞麦为二等，普通人民所食，则为"三吹三打"，十天半月，见不到一粒米麦，尝不到一点油盐。④
>
> 炉山苗民烹饪少用食盐，当地既不产盐，各家须至场坝购买，其价甚昂，故赤贫苗民得盐不易，乃多淡食。⑤
>
> 安顺的苗民也种鸦片，然而他们并不抽吸。生活非常节俭，竟有日常必需的盐也舍不得钱去购买。有时从市上买了一块盐来，黔境都食四川盐。恐怕它卤化，先把它在油里一沸，然后挂在梁上，需用时把它放在菜里打一滚，又忙把捞起来挂好，其节俭如此，真是意想不到的。⑥

通过上文的歌谣、口述与文本表述可知，盐的缺乏在当时苗族地区是普遍现象。遗憾的是上述表述更多的是提及食盐稀少、昂贵，却无法了解其背后的社会和时代语境，下面我们从其他学者的多学科表述中加

---

① 杨森编著《贵州边胞风习写真》，贵州省政府边胞文化研究会，1947，第24—27页。
② 刘锡蕃：《苗荒小纪序引》，载于贵州省民族研究所编《民国年间苗族论文集》，1983，第6页。
③ 陈国钧：《生苗的食俗》，载于贵州省民族研究所编《民国年间苗族论文集》，1983，第205页。
④ 薛子中：《匹马苍山：黔滇川旅行记》，辽宁教育出版社，2013，第86页。
⑤ 吴泽霖、陈国钧等：《贵州苗夷社会研究》，载于贵州省文史研究馆编《民国贵州文献大系》第一辑下册，贵州人民出版社，2011，第303页。
⑥ 钱能欣：《西南三千五百里》，载于贵州省文史研究馆编《民国贵州文献大系》第七辑中册，贵州人民出版社，2015，第264页。

以了解。

笑岳在《滇边苗族杂谈》之饮食部分中写道：（苗人）饮食很简单，把玉蜀黍、甜黍等磨成面，和上些水，有时也加少许盐汁；不过这不是通例，因为他们有吃盐喘气的传说，所以不肯多吃，用盐聊以助味而已。① 按照这样的观点，食用食盐就不是经济问题而是体质问题，将食用食盐稀少归结为体质问题固然是荒谬的，但需要更多的佐证，下文从三个角度加以梳理。

首先，从地理而言，苗族地区不出产食盐。民族学家凌纯声在湘西实地调查三个月之后从苗族地区并非食盐出产地来解释这一现象：

> 苗人的喜食酸味，当非生性好酸辣，或因苗疆处于腹地，距海太远，附近又无盐井，得盐颇不易，所以苗人不知咸味，至今苗语中咸苦二味不分。苗人在无盐时代，只有多食酸辣以促进食欲。累世相传，至今虽已有盐，但仍保存好食酸辣的特性。②

凌纯声不仅从地理位置不出产食盐的角度来解释食盐昂贵的原因，由于有三个月的实地调查经验，他还从语言学的角度阐释湘西苗族长期缺少食盐的语音学证据是咸苦不分、甜咸不分。

在当时交通条件有限的情况下，食盐需通过人力之肩挑背驮，无形中增加了运输成本。同时代不少旅行于苗族地区的文人如林冰记录了背盐人的辛苦，作者不厌其烦地列举了背盐人一个月的收支情况：

> 他们的生活，一定是苦而无疑的，从黔北的松坎背到遵义，共计一百三十五公里，背着东西走要七天，载一百五十斤天平，可得四元五角，如能背一包二百斤可得六元。进账虽然是微少，可是他们的用处也有限。在沿途的各城镇有适合于他们的客栈可宿，每夜五百文即可。每餐饭三四百文左右已经可以吃炒肉丝了。所以每天的食住有大洋二角，就完全解决了，一月也不过六元。他们背一次七天，回程三天，一共十天，一月可三次，以一百五十斤计，每月可得十三元半。若能依照预算，每月可以余几元，这是不吸大烟的话；若是要抽两

---

① 笑岳：《滇边苗族杂谈》，载于贵州省民族研究所编《民国年间苗族论文集》，1983，第86页。
② 凌纯声、芮逸夫：《湘西苗族调查报告》，民族出版社，2003，第48页。

口，生活成问题就有些尴尬了。①

从上述表述可知，每个背盐人每个月可来回三次，每次负重约一百五十斤，月收入则仅为十三元半，这是体力较好的青壮年，如没有其他开销，勉强能够维持家庭开销。流行于四川古蔺的一首《二郎滩》歌谣印证了背盐人的心酸：

> 好个二郎滩，四面都是山。
> 家家背盐巴，户户盐巴淡。
> 三岁娃娃认不得自己的爹，
> 十岁孩子还没有裤子穿。

这首歌谣叙述了背盐人一年到头帮盐商辛辛苦苦将川盐背至他乡贩卖，但仅仅赚取一点可怜的路费钱，有时候由于盐商在秤砣上玩弄手脚，往往倒贴路费，从而落得歌谣所唱的可悲处境。

其次，食盐垄断导致私卖抬高价格。石堤在《黔东北的一角·半斤盐巴的纠纷》②中提供了"盐最难"的直接记录。按照规定，食盐只能通过公卖店出售，然而这正好为贵州盐务局垄断食盐提供借口，盐务局的各层工作人员利用职务之便私自贩卖食盐牟取暴利——"公卖成为幌子，走私才是实情"。食盐私卖导致两大恶果：一是价格昂贵，价格最高时达每斤135元；二是因为公开售卖窗口少，大家必须抢夺，有时候等候一天也不一定能够买到。正是因为拥挤不堪，没有时间让买家有机会复秤，所以公卖点经常缺斤少两，不少购买者只能自认倒霉。

最后，增收捐税无形中会增加食盐价格。陈渠珍割据湘西期间，不仅将苗族地区永绥、凤凰、保靖、古丈、麻阳等县每年7万多石"屯租"完全据为己有，而且还加收种种捐税，如盐税、木关税、特税（即鸦片税）、火坑捐等，名目达50余种。③

可见，正是因为原本不在食盐出产之地，运输成本加高，各地军阀任

---

① 林冰：《筑渝纪行》，载于贵州省文史研究馆编《民国贵州文献大系》第七辑上册，贵州人民出版社，2015，第16页。
② 石堤：《黔东北的一角·半斤盐巴的纠纷》，载于贵州省文史研究馆编《民国贵州文献大系》第七辑上册，贵州人民出版社，2015，第315—316页。
③ 伍新福：《中国苗族通史》（增订版），贵州民族出版社，2017，第399页。

意增加捐税，政府垄断出售，再加上出售时工作人员私卖谋利，苗族地区一斤食盐的价格被抬高到相当于四五十甚至一百多斤大米的售价，故而贫苦人家无盐可食，不得不终年淡食。

美国学者金介甫从人类学的角度研究沈从文的乡土作品时提到一个重要的概念即多学科的并置：

> 总之，上湘西的文化面貌色彩缤纷，任何民族家或小说家倘想说明或表达它，那么他只能依赖抽象概念，或者只能满足于反映它的部分，而无法将全貌和盘托出。湘西的山岭还需人们去踏探，但实地调查异常困难。
>
> 然而，凌纯声和芮逸夫对居住在凤凰附近的苗民的研究，为我们提供了我们所需的苗族文化方面足够资料。这样，我们就能更好地理解沈从文关于苗人的小说，也有了衡量他的观察是否正确的客观标准。[①]

承接于本书的论述，笔者认为即便最客位的表述、最优美的文笔、搜集最全的资料依然无法对一个事件进行独一的权威表述，在尽量占有较多资料的情况下去摸"象"也好，看"山"也罢，倾听蛙鸣多重奏并审视整个池塘语境都是较为科学的材料处理方式。总之，多学科、多身份、多角度与多媒介地进行多重表述是必需且必要的。

三 研究对象

1928—1948年这二十年，国内苗族文化表述表现为多重维度：苗族时政歌等口头诗歌，民族学家凌纯声等人的苗族调查，苗族知识分子石启贵等人的地方志实录，文学巨匠沈从文的文学表述。鉴于这是本书的主干框架，后文将详细论述，在此仅仅是略微梳理。本书主要内容如下。

第一章 1928—1948：苗族表述的重要转折 本书提出1928—1948年是苗族表述的重要转折，其依据来源于以下考量。较之于封建时期表述材料的道听途说，这个时段的表述者对苗族地区进行了多次或团体或个人的大量实地调查，表述资料的获得是通过实地田野而不是文献摘抄。从表述内容而言，这特定二十年的苗族表述出现了多学科、多身份、多角度与多

[①] 金介甫：《沈从文笔下的中国社会与文化》，虞建华、邵华强译，华东师范大学出版社，1994，第156页。

媒介的"四个多重"。从表述成果而言,这一时段的苗族表述开创了苗族表述的若干个第一,如产生了第一位在国内乃至国际有影响的作家沈从文,第一次国外表述大量出现,第一批苗族调查报告出版,第一本苗族(通)史写成,第一批苗族学者自觉性发声,第一次苗族整体文化被表述,第一次出现历史表述的反思等。

第二章 主位:苗族歌谣表述 苗族古歌、苗族情歌与苗族时政歌以民间诗歌的形式完成苗族文化的自我表述,可视为苗族社会的百科全书和历史教材。这些歌谣成为沈从文的文学表述、凌纯声的民族学表述以及石启贵等地方志实录的重要参照。正是因为创作与流传的大众性、全民性、集体性以及强烈的时代性与地域性,苗族歌谣可以反映当时苗乡的经济状况、社会生活及诸多文化事项。

第三章 客位:凌纯声等民族学表述 凌纯声等开启了苗族民族学研究的先例,这些民族学家基于实地调查所形成的苗族调查报告,就广度而言,囊括了当时苗族的族源地理、经济政治、婚丧嫁娶、宗教巫术、故事传说、语言歌舞等,可谓苗族文化的全景展示;就深度而言,具有博采古今中外的宏大视野,表现为中国史学特有的文献查阅和西方人类学实地田野的高度融合。之所以将凌纯声等民族学表述定性为客位表述,是因为就学术身份、学术修养、表述内容及表述目的而言,这批民族学家都可算得上苗族文化的"局外人"。本章以当时民族学表述的三部具有代表性的专著《湘西苗族调查报告》《民国年间苗族论文集》《贵州苗夷社会研究》为个案加以解读,在此基础上反思其表述的局限。

第四章 阈限:苗族知识分子表述 在这段时间内,东部苗族石启贵、中部苗族梁聚五与西部苗族杨汉先等先后著书,本土苗族知识分子参与了当时苗族的多重表述。区别于客位民族学者的猎奇与冷漠,本土苗族学者不仅是民族学调查的助手,更是本地苗族自我意识的发声者。由于当时苗族知识分子的多元性即不同的知识分子在民族文化上的取舍各不相同,故将其归类为阈限。

第五章 阈限:沈从文的文学表述 作为具有国内乃至国际影响的第一位苗族书面文学家,本章从与同时代的知识分子身份相比较、对于苗族文化的思考以及沈从文表述苗族的学科归属三个方面论证其阈限特征。先是从沈从文乡土作品创作的时空依托梳理出沈从文苗族文学表述的概况,然后从《七个野人与最后一个迎春节》这篇寓言体小说解读沈从文对苗族历史的反思，最后，以他的公开信《莫错过这千载难逢的报国机会》为个案，分析他对当时苗族命运的思考。沈从文的乡土作品能从边城走向世界，源于其走出苗区，取得了阈限阶段特有的冷静与悲悯视角。

可见，1928—1948年是苗族表述的转折时期，出现了主位、客位及阈限的互文与张力，为中华人民共和国成立初期的苗族识别①奠定了坚实的学术基础。下文简要梳理本书的研究价值、学术创新、研究思路与方法。

首先，就研究价值而言，本书的研究价值可以从学术价值和应用价值两个角度加以理解。

就学术价值来说，本书聚焦于多重表述角度的探讨。人类学在表述角度上提出主位与客位的二元之分，主位与客位都具有相对性，故而本书超越简单的二元对立，将主位、客位以及阈限的表述置于同一语境，丰富表述角度的探讨。从学科而言，本书拓展了文学人类学、民族学与人类学诗学以及口述史学的研究视野，从多学科相结合的角度进行研究。从不同身份"文化人"的文本表述中体现出来的主位、客位与阈限去说明1928—

---

① 中华人民共和国成立之后，中国共产党特别重视民族平等政策。在1949年9月召开的中国人民政治协商会议第一届全体会议上，民族平等原则和民族区域自治原则被写进了《中国人民政治协商会议共同纲领》。正是基于对民族平等的高度重视，中华人民共和国成立初期就开始了民族识别工作。中国的民族识别工作分为两个阶段即1950—1953年的第一阶段或曰发端阶段和1954—1964年的高潮阶段或曰第二阶段，苗族的民族认定在第一阶段。关于民族识别的指导方针，既有平等对待和称谓上"名从主人"的原则，又有斯大林"四个共同"的理论借鉴。中国民族识别工作就是对自报的那些在历史上形成的人类共同体的分布地域、族称、历史来源、语言、经济生活、物质文化、精神文化以及心理素质等特征进行广泛的调查，并参照历史学、语言学等资料，作综合对比研究，以确认待识别的各个族体的族属。具体到苗族的识别，最为重要的标志性事件为1950年6月中央西南访问团三分团由费孝通率领在贵州调研。此次调查访问了贵州的镇远等5个地区21个县，费孝通根据这次调查了解的情况，撰写了7篇文章，1951年以《兄弟民族在贵州》为书名结集由三联书店出版，基本理清了贵州各少数民族的情况。对于苗族，费孝通认为：有些民族集团分散在很广的地区，形成许多不相连接的聚居区，在语言、文化等方面都既有相似处又有较大的差别，长期以来被其他民族用同一名称相称，又自认是同一民族，各地苗族说着不同方言，住在不相连接甚至相距千里的村里，但是自觉是一个民族的心理十分显著。经过这一阶段的调查研究，苗族作为识别度很高的民族，和满族、蒙古族、回族、藏族、维吾尔族、瑶族、彝族、朝鲜族、黎族、高山族一起被确认。此外，这一时段的苗族多重表述一定程度上也为新中国的民族识别奠定了学术基础。学者杨志强提出，在新中国成立初期，苗族作为在这之前就被公认的中国的少数民族之一，基本上是按照鸟居龙藏当初所定的"狭义的苗族"的框架而成为新中国"多民族国家"中的一员。可见，苗族作为56个民族之一不是被"识别"，而是被正式确认为单一民族。少数苗族散居的地方性的苗族支系或群体，则经历过"识别"，即确认为苗族而不是其他民族的某一族群。

1948年的苗族表述，不仅具有丰富的民族学史研究价值，而且为文学人类学、民族志诗学的研究提供了跨学科的研究案例。

应用价值则体现为深化苗族与边疆历史研究。小而言之，这一时段的苗族表述上承历代封建正史的污蔑性表述，下启当代的民族学书写范式，是苗族从"蛮夷"走向"国民"的重要转折。特定时段的区域研究有利于对当时苗族的真实现状进行深入了解，有利于尊重民族地方性知识与民族感情，促进苗族地区的和谐稳定。大而言之，中国是一个多民族的国家，每个民族在不同时期所处的社会环境不同、人才储备和历史文化背景不一样，因而有着情况不一的政治、文化、教育及经济发展诉求并被表述在各种具体的文字文本中，而这些文化表述正好体现了一个民族对国家认同的过程。

其次，从创新角度来说，本书的创新分为学术思想创新和学术观点创新。就学术思想创新来说，本书试图将表述角度的多重维度与多学科并置。同一文本由于表述角度的不同会呈现差异、分歧甚至对立，多重角度的并置并非比较其优劣得失而是更综合立体地认识本体；精密的学科分类是近代教育的产物，在特定的民族区域文化研究中，需要突破单一的学科理论，整合同一对象的不同文本。就学术观点创新来说，这特定二十年的表述是苗族表述的重要转折。历史上他者的苗族表述，除了对奇风异俗的兴趣，就是注重对"顽苗"的征服与控制方略。1928—1948年的苗族表述出现了重要转折，苗族从"千里生界"的"蛮夷"转化为"五族共和"的"边民"，甚至成了拯救"颓废腐败的中华民族的新鲜血液"。[①]"以文字的力量，把新的生命之血注入衰老的机体；以蛮野气质为火炬，引燃民族青春之焰，这就是沈从文的创作动机与作品的功能、意义之所在。"[②] 苗族表述的井喷表现为文学巨匠沈从文的文学表述、民族学家凌纯声等的苗族调查、苗族知识分子石启贵等的调查实录，它们与苗族时政歌等口头诗歌共同构成苗族文化表述的四重维度。在四重维度中，本书凸显苗族歌谣的主位表述。由于无字，苗族时政歌为代表的苗族口头诗歌在苗族民众之间口口相传，被视为苗族社会的"编年史"和"百科全书"。石启贵等本土民族学者的表述固然是苗族的书面文字表述，然而在民间，苗族古歌等

[①] 沈晖编《苏雪林文集》三，安徽文艺出版社，1996，第300页。
[②] 俞兆平：《浪漫主义在中国的四种范式》，广西师范大学出版社，2011，第65页。

口头诗歌才是苗族真正的主位表述。除了文学与民族学的精英表述之外，底层的、饱含具体细节并具有时代气息的口头诗歌表述，构成了解苗族文化的重要一维。

最后，就研究思路与方法而言，本书的研究思路是通过深入的田野调查和文献分析，综合运用文学、民族学、口头诗学等理论与方法，引入多学科的方法与资料，研究沈从文的文学作品，拓展其文化研究的深度；梳理凌纯声等开启的苗族地区民族学与石启贵为代表的苗族地方志；借鉴国际口头诗学的理论，将苗族时政歌等口头诗歌置于当时的时代背景中，在多重表述角度的比较和参照下，更为完整与立体地认识当时的苗族文化本体。

在研究方法上，采用多重证据研究法，在对研究问题进行论证分析时，既关注纵向的深度论述，又通过横向比较去挖掘文化共性。本书的重要特色在于从整体性的视角探讨这一时段苗族出现多重表述的原因，从不同学者、作家和研究者在主位、客位、阈限的表述中揭示当时社会历史背景所导致的因果关系，具体研究方法有以下三种。

文献梳理法。这特定二十年的苗族表述涉及多学科的大量文本，需要大量的文献查阅。

比较研究法。多重表述的对象都是同一时段的苗族文化，通过文学、口头诗学、民族学与地方志的对比，在比较其异同的基础上更好地认识被表述的本体。

田野调查法。作为口头诗歌，苗族歌谣的吟诵语境需要深入地参与观察。此外，对当时苗族传诵的歌谣、故事与口述史等民间资料的收集，亦是田野调查的重点。

总之，本书从多重表述角度探讨1928—1948年的苗族表述。区别于传统主位与客位的二元对立，本书提出主位、客位与阈限三重视角，对这特定二十年苗族表述的口头诗歌、民族志、地方实录及文学进行多维度阐释，深入认识多种表述的合理性。

四 研究综述

（一）苗族歌谣研究综述

这个时段的苗族口头诗歌，就收集文本而言，有《民国时期湘西苗族调查实录》《贵州苗夷歌谣》《汉译苗疆民歌集》《西南采风录》等。就研究人员的学术背景而言，苗族歌谣的搜集、整理与研究表现出和文学、民族学齐头并进的趋势。

就文学而言，苗族作家沈从文早在1926年就根据其家乡镇筸①一带的山歌整理了40首《筸人谣曲》，1927年选编了8首《筸人谣曲选》，在前言和后记中，作者对搜集、整理的背景皆做了较为详细的解释，对每一首歌谣的吟诵内容和语境亦做了恰如其分的阐释，可以看成当时苗族歌谣搜集的肇始。

就民族学而言，1933年5月，凌纯声、芮逸夫等人受蔡元培委托，赴湘西凤凰、乾城、永绥三县进行了历时三个月的调查。其中，芮逸夫负责语言、歌谣和故事方面的搜集和研究，虽然在公开出版的《湘西苗族调查报告》中所搜录的44首苗歌篇幅短小，然而其科学的记录方法与精准的歌谣翻译，对当时的苗族歌谣搜集具有重要贡献。

凌纯声、芮逸夫两位民族学者的实地调查对本土学者石启贵产生了深远影响。虽然凌纯声等于1933年8月离开湘西，然而通过与有专业素养的民族学者三个月的朝夕相处，石启贵已经具备了实地调查的能力，其苗学研究经历了从自发到自觉的转变。他对苗族歌谣的调查、搜集和整理散见于《湘西苗族调查实录》《民国时期湘西苗族调查实录·文学卷》《民国时期湘西苗族调查实录·祭祀神辞卷》等。

抗日战争初期，上海大夏大学于1937年迁至贵阳，该校1938年成立"社会研究部"，之后组织了"西南边区考察团"。吴泽霖、陈国钧等人"不惜心力与时间，风餐露宿，博采周咨，阅时四年"②，分赴贵阳、安顺、炉山、下江、荔波等少数民族地区，进行了包括民间文学和民俗学在内的社会调查。在其后期成果之一的《贵州苗夷歌谣》中，就搜集了大量的苗族歌谣。不得不提及的还有陈国钧搜集整理了近千首歌谣即《贵州苗夷歌谣》，忠实记录了苗民的生产与生活。

抗日战争，长沙临时大学决定西迁，"湘黔滇旅行团"团员刘兆吉利用深入苗族地区的机会，搜集《西南采风录》，学者在给予了高度赞誉的同时也提出了反思：由于采集的个人力量有限，采集的时间仓促，《西南

---

① 镇筸即今湘西凤凰古城。
② 王建民、罗春寒：《导读》，载于吴泽霖、陈国钧等《贵州苗夷社会研究》，民族出版社，2004，第5页。

采风录》连采集者的姓名、族别、年龄等民族志基本的规范都无暇顾及，只简单地记录一个宽泛的地域，体现了田野调查的不足。①

纵观这一时段苗族歌谣的搜集、整理和研究，可以概括为三个突破两点不足，具体论述如下。

首先，这批学者皆意识到苗族歌谣研究的重要性。沈从文在《湘西苗族的艺术》中高度肯定歌谣在苗族社会的重要性：这个区域居住的三十多万苗族，除部分已习用汉文外，本族还无文字，热情多表现于歌声中。②在实地调查的基础上，芮逸夫在《湘西苗族调查报告》中也提到歌谣对于湘西苗族的重要作用和意义：歌谣在苗人的生活中，特别是在各种仪式中，占有很重要的位置……在仪式歌中，其内容自然也是浅薄粗野，但可以帮助我们对他们的习俗信仰获得相当的了解。③

从歌谣中可以认识苗族的情绪、习俗、信仰等，这使得民族学研究对于歌谣研究愈加重视。这样的观点最明显的阐释可参见申廓英《汉译苗疆民歌集》，作者明确提出：苗族文化多披露于歌谣之中，其风俗、习尚，听其歌义，历历如绘，故译以汉词，藉为关心苗疆事业者作贡献考镜之用。④

上述这几位学者都提到，正是因为没有"文以载道"的文字媒介，歌谣成了苗族传承文化、抒发情感的重要媒介。用歌谣来解读一个民族的历史与生活的观点，同样得到苗族知识分子杨汉先的赞同，他提出要研究一个民族，除了体质、语言外，还可以研究他们的民俗与艺术，诗歌与故事便是重要的研究参考之一。

从上述学者的论述可知，多数学者皆肯定苗族歌谣研究的重要性，因为苗民无文字，历史与文化传承通过歌谣口耳相传。此外，由于苗民爱唱歌，情感与情绪通过歌谣得到抒发。

其次，这批学者多注重歌谣研究的语境性。在《湘西苗族调查报告》中，芮逸夫梳理了还傩愿的整个仪式过程，共30节之多，在第13节唱傩歌中有巫师唱傩歌，歌词中有《傩神起源歌》及《傩公傩母歌》，叙述傩

---

① 田素庆：《一个人的"田野"——兼谈刘兆吉〈西南采风录〉少数民族民间歌谣的实录意义》，《民族文学研究》2012年第3期。
② 沈从文：《湘西苗族的艺术》，载于《沈从文全集》第31卷，北岳文艺出版社，2012，第107页。
③ 凌纯声、芮逸夫：《湘西苗族调查报告》，民族出版社，2003，第276、277页。
④ 申廓英：《汉译苗疆民歌集编辑大意》，载于申廓英《汉译苗疆民歌集》，大伦印刷所，1937，第1页。

神起源的故事。换而言之，《傩神起源歌》并非即兴式诗歌，其吟诵需要在特定的还傩愿仪式之中。根据《湘西苗族调查报告》，具体吟诵场景如下（见表0-1）。

表0-1 还傩愿仪式流程

第1节	第2节	第3节	第4节	第5节	第6节	第7节	第8节	第9节	第10节
安司命	祭锣鼓	安土地	铺坛	接街	作桥	封牢	会兵	接驾	求子
第11节	第12节	第13节	第14节	第15节	第16节	第17节	第18节	第19节	第20节
劝酒	下马饭	唱傩歌	点兵	讨筶	开洞	扮仙逢	扮送子	扮开山	扮算将
第21节	第22节	第23节	第24节	第25节	第26节	第27节	第28节	第29节	第30节
扮师娘	扮铁匠	扮和尚	交牲	扮八郎	尝熟	烧愿	扮土地	扮判官	进镖

陈国钧论及苗族神话首先由专人保存，这些保存者多为老者且为他们的出色领袖。他还提及这些神话的唱述有一定的时间。此外，陈国钧还强调这些神话讲述的场景为触犯规约者接受惩罚之际或重大纠纷事件排解之时，作用类似于法律制裁。

最应提及的是，当时苗族的两位本民族学者即西部方言区的杨汉先与东部方言区的石启贵对于歌谣语境研究的重要推进。

杨汉先在《黔西苗族调查报告》中对黔西苗族的各个支系做了梳理，在每个支系的丧葬部分收集了大量的开路古歌。在搜集文本之外，杨汉先多次论及其吟诵场景：有关宗教仪式用者，如开路时必须言开天辟地、祖宗历史、英雄故事等。[1]

对这一时段苗族歌谣的语境研究，石启贵有着重要的推动作用，他的研究历时长且调查详细。石启贵在《湘西苗族实地调查报告》中对每一首古歌的吟诵场景都做出了翔实的梳理，记录了婚姻礼辞在苗族婚礼上的吟诵场景：

> 期满散客，次天清晨，新娘挑水一担，倾入缸中，表示向夫家力勤工作之意旨。并奉行"话说婚姻"仪式，苗谓之"铺都秋"（pub dud qub）。设大桌两张于堂屋中，亦有设在地楼上方者苗称"芮不"

---

[1] 杨汉先：《黔西苗族调查报告》，载于杨万选等《贵州苗族考》，贵州大学出版社，2009，第122页。

（roix bul）。桌上摆肉酒酱碟，请媒人、证人及主客双方之族长，围桌上座。①

他同样记录了椎牛古歌在苗族椎牛时的吟诵场景，并提出，较之椎牛古歌，椎猪神辞的内容更为深奥：

> 彼时，有一觋师参入神场"卡果业"（chat ghot niex）。直译为讲述吃牛古根。讲古根有觋师者，亦有祭主和舅辈，双方各请一位"将都"（jang dut）。直译为语师。两位语师共同述说天地产生、山川形成，人类繁衍，苗族迁徙，吃牛原由等。
>
> 惟觋神咒，与椎牛神咒大异。椎牛神咒，虽属古体排偶，谐音押韵，但总可令人懂得一半。而椎猪神咒，句句不知是说何事，编者未深考究。②

可见，区别于单一文本的记录，这个时段的苗族歌谣搜集多数注重歌谣吟诵的语境，较之于半个世纪之后20世纪80年代初的三套集成单纯记录歌词，这一时段的歌谣研究对于语境的重视值得肯定。

最后，这批学者都注重科学的歌谣记录法。沈从文算是较早的苗族歌谣搜集人，他认为自己应该把苗话全都学会，好用音译与直译的方法，把苗歌介绍给世人。芮逸夫等在《歌谣》中记录苗歌的方式沿袭了他们在东北赫哲族"耳听口唱"的调查法。③ 这样的记录方式以追求音准为基础，要求歌唱者逐字逐句翻译后再次意译。精准的歌谣记录方法，使得其搜集的苗族歌谣既有国际音标的发音又有单独每一个字的译文，在最后部分则按照汉语表达将其梳理成较为流利的诗歌表达，在苗文创制之前属于最为可行的对歌谣记录的积极探索。

当时苗文还没有创制，东部苗族学者石启贵的记录数量众多，发表了汉字记音法即用汉文记苗音。这样的处理方式，可取之处在于记录时效快、可以望音生义。直到最近，东部方言区出版的歌谣搜集如石寿贵《湘西苗族古老歌话》依然沿袭这样的记录方式，然其不足在于这样的记录恰如记录者自制的音频密码，很难破译。如在《民国时期湘西苗族调查实

---

① 石启贵：《湘西苗族实地调查报告》，湖南人民出版社，1986，第178页。
② 石启贵：《湘西苗族实地调查报告》，湖南人民出版社，1986，第467、473页。
③ 凌纯声、芮逸夫：《湘西苗族调查报告》，民族出版社，2003，第278—279页。

录》中,整理者提到:1982年冬至1983年春,整理者曾携带"椎猪神辞"请教了石顺谦等几位八九十岁的老人,他们曾帮人举行过"椎猪"祭典,但亦未能逐词讲解和理解全意。幸运的是,石启贵的儿子石建中、儿媳麻树兰夫妇能猜测其大概的读音体系,并佐证当代依然存活在宗教祭祀中的巴兑神辞,从而破译了这部尘封近80年(1937—2009)的苗族第一手歌谣搜集材料,《椎猪古歌》成为东部方言区截至目前搜集到的唯一苗族椎猪古歌,非常珍贵。

陈国钧的《贵州苗夷歌谣》在民族分类上选择仲家歌谣最多,因为仲家较为接近汉人,歌谣采集直接用文字记录较为便捷,故而仲家苗的歌谣多达656首,然而其对黑苗、花苗、青苗等苗族歌谣的搜集,依然可看出他尊重民族文化的表述,叙事歌中的第二首《洪水歌》由苗族学者杨汉先搜集,其余的第三首至第七首《起源歌》可看成同一文本的不同版本,第七首即篇幅最长的《起源歌》附有国际音标,算得上对歌谣记录较为科学的探索。

除记录上的科学性之外,这批学者还曾积极地探讨苗族歌谣的分类。芮逸夫先将歌谣的演唱场景分为即兴歌与仪式歌,而后则按照内容将其分为仪式歌、游戏歌、情歌与叙事歌。较为复杂的分类则可参照《贵州苗夷歌谣》,陈国钧按照内容分为叙事歌、酒歌、婚歌、丧歌、劳作歌、儿歌与情歌七类。

苗族学者石启贵将苗族歌谣分为接亲嫁女歌、椎牛祭典歌、酒歌、秋千歌、情歌、字谜歌、故事歌等,这样的分类,实因其搜集歌谣的多样故而稍显随意和散漫。较为体系的分类探讨参见杨汉先所依照的两套标准。在《威宁花苗歌乐杂谈》中杨汉先将苗族诗歌分为史歌、情歌以及时代歌;而在《大花苗歌谣种类》中则进一步细分为创造天地歌、洪水歌、狩猎歌、农业歌、战事歌、移徙歌、婚嫁歌、祭祀歌与情歌九类。较之于前文的三大分类,后文的九大分类稍显繁琐,其实创造天地歌、洪水歌、战事歌与移徙歌可以归结为史歌或曰古歌,本书采用杨汉先之史歌、情歌及时代歌的三分法。

纵观这一时段的苗族歌谣搜集、整理和研究,成果显而易见。从数量而言,《贵州苗族歌谣》中有1000首诗歌(其中苗族歌谣310首),《汉译苗疆民歌集》共有318首,石启贵搜集了约360首,加上英国传教士张绍乔、西部苗族杨汉先等学者的搜集,这一时段搜集的苗族歌谣约有1300

首,这与之前搜集的屈指可数的苗族歌谣形成鲜明的对比,其中对苗族情歌与时政歌的搜集为我们今天的解读提供了较好的范本。从质量来看,这一时段苗族歌谣研究表现在对歌谣研究重要性的认识、对歌谣研究语境性的重视与较为科学的研究方法三个方面。

当然,这一时段苗族歌谣研究亦有缺憾,最为突出的表现在于对歌谣之歌即音乐性的漠视。这有以下几个原因:一是这些民族学者音乐修养较弱;二是这个时期的苗族歌谣搜集多集中在东部苗族和西部苗族,歌谣的曲调相对固定,变化较少;三是这一时段的苗族歌谣搜集的主要目的在于通过苗族歌词去解读甚至破译苗族文化,故而对于音乐的漠视似乎也在情理之中。但在当时,亦有学者对于歌谣研究音乐性的缺失提出反思:

> 大凡民歌,到了"文人"或"学士"之手,多半会变成呆板的东西,特别是一般搜集民歌者,多半都只注意词藻,而忽略了那作为民歌灵魂的曲调……你想,民歌如果只剩下几个呆呆板板的方块字,那还有什么?①

此外,这一时段的苗族歌谣搜集与研究不足还表现为歌谣种类上的厚此薄彼,搜集者对情歌大量记录,对苗族古歌与时政歌的搜集较少。苗族古歌搜集较少是因为语言隔膜,而时政歌因反映的矛盾冲突尖锐,为服务于当局的知识分子所避讳,故而收入数量稀少。

(二) 民族学等②表述研究综述

1928—1948年是苗族民族学表述的重要时期。由于这特定二十年苗族地区的民族学表述内容驳杂厚重,并且主客表述之间有较多交叉与重叠,故而文献综述需要单独探讨更需要并置两者,在此意义上,重新梳理这个时段的民族学表述可以从以下四个角度加以理解。

1. 团体而言:从学术史的角度赞誉其开创意义

这特定二十年苗族地区的民族学较有代表性的团体调查有两次:一次是中央研究院的湘西苗族调查,一次是大夏大学抗战之时在贵州的苗族调查。

---

① 方殷:《苗族民歌研究·苗族民歌选代序》,《东方杂志》1943年第39卷第12号。
② 之所以将客位表述的凌纯声等与阈限表述的石启贵等并置在此,是因为就表述内容来说,二者有较多交叉,就表述角度来说,二者形成对比与参照,故而放在一起比较与互证。

中央研究院历史研究所的湘西苗族调查成果是《湘西苗族调查报告》，王建民与麻三山提出，凌纯声等人的《湘西苗族调查报告》的出版，开垦了湘西民族学处女地，填补了中国学术界在民族调查研究方面的空白，提高了中国在国际上的学术地位，鼓舞了国人的士气，大大增强了民族自信心。①颜安则在《浅评〈湘西苗族调查报告〉》中肯定《湘西苗族调查报告》的成就为"一个推进，两个开创"；李绍明的《民族学在湘西的开创与发展》认为《湘西苗族调查报告》苗堪称湘西民族学的代表之作和奠基之作。

大夏大学社会研究部的苗族调查成果体现为《贵州苗夷社会研究》以及《民国年间苗族论文集》。石开忠的《民国时期贵州的民族研究》、郭士礼的《学术选择与国家建构——论抗战时期大夏大学对西南少数民族的调查与研究》与何长凤的《贵州近代少数民族调查研究的拓荒者》都提及这批民族学者对贵州少数民族进行的研究，并沿用了同一研究思路，即先交代此次大夏大学苗族研究的背景，再简介其调查过程，罗列其研究成果，最后概述此次调查对贵州少数民族生活的贡献和意义。

郭士礼提出，大夏大学通过田野调查还原了贵州少数民族的真实情况，通过学术研究开启了贵州少数民族研究的大门。②汤芸则从更宽广的社会语境着手，提出大夏大学社会研究部的苗族研究是抗战时期边疆研究的一个典范，采取了实地调查、报刊宣传、文物展览、政策建议等多种形式，这次考察研究活动成为一场影响深刻的"动员边疆"的社会工作。③

2. 个人角度：从学术贡献上肯定其个人表述价值

从个人贡献角度探讨这特定二十年苗族地区的民族学表述，既有关于客位学者的探讨又有关于苗族学者的论述，根据研究材料的多少呈现如下。

先说客位学者。客位学者的研究以吴泽霖、陈国钧、芮逸夫和凌纯声最为典型。关于吴泽霖的研究，可分为整体性研究与局部性研究。其中整体性研究如李然的《吴泽霖与中国人类学的发展》、王建民的《吴泽霖民

---

① 王建民、麻三山：《导读》，载于凌纯声、芮逸夫《湘西苗族调查报告》，民族出版社，2003，第10页。
② 郭士礼：《学术选择与国家建构——论抗战时期大夏大学对西南少数民族的调查与研究》，《贵州民族研究》2010年第4期。
③ 汤芸：《"边疆"的现代表征与视野传递——20世纪前期的苗疆构想与学术实践》，《云南师范大学学报》（哲学社会科学版）2013年第3期。

族学思想和学术生涯》等。罗成华的《吴泽霖研究综述》资料翔实,他认为对吴泽霖的研究分为学术生涯和学术思想两个方面:学术生涯的成果多为纪念性文章,由于研究者多数为吴泽霖的学生,故缺少"他者"的视角;学术思想研究具体分为民族学研究、民族博物馆研究和人类学研究以及其他综合性研究,不足在于研究方法固化、缺乏动态研究、成果多为论文、没有专门论述吴泽霖学术思想的专著等。[1]

吴泽霖苗族表述的研究以贵州苗族研究为重点,有吴丽君的《抗战时期吴泽霖民族风俗文化考察研究》、杨正文的《吴泽霖先生的苗族研究》与石开忠的《吴泽霖在贵州的民族研究工作及意义》等,其中王晓峰的《吴泽霖贵州苗夷社会研究及其贡献初论》提出,吴泽霖通过奔走于荒野僻壤,努力以田野工作来达到格物致知、经世致用而抗战救国的目的。此外,费孝通在《在人生的天平上——纪念吴泽霖先生》一文中肯定了吴泽霖对少数民族博物馆的贡献,高度赞誉他在大夏大学举办贵州少数民族文物展之"国内首创"的重要意义。

关于陈国钧的研究,翁泽红《国民政府时期贵州民族研究》与石开忠的《民国时期贵州的民族研究》稍稍提及,专文参见陈晓钢的《抗战时期陈国钧贵州民族社会考察之研究》。这篇文章交代了陈国钧贵州民族考察的背景,说明其贵州民族社会考察侧重于贵州民族之种类、贵州少数民族的生活以及贵州少数民族的婚俗。结语部分写道,作为学者的陈国钧在贵州考察工作的主要目的,是通过考察为政府开发贵州民族地区提供资料,由此不难看出陈国钧这类民族研究者所抱有的家国情怀以及学以致用之态度。[2]

芮逸夫与凌纯声对苗族表述的贡献,刘波儿在其博士学位论文《困顿与前行:民族国家建设中的民族学家》中进行了详细梳理。他提出,作为"官方"学者的凌纯声与芮逸夫必须按照主流学界认可的模式推进学术研究。[3] 此外,刘芳的《我国早期民族学家在川南叙永苗族地区的田野调查》和王明珂的《民族与国民在边疆:以历史语言研究所早期民族考察为例的探讨》都意识到芮逸夫对苗族故事、歌谣、亲属关系和称谓的重视。王明珂梳理了芮逸夫在苗族地区的历时考察过程,肯定芮逸夫完成了当时苗族

---

[1] 罗成华:《吴泽霖研究综述》,《劳动保障世界》2017年第27期。
[2] 陈晓钢:《抗战时期陈国钧贵州民族社会考察之研究》,《贵州民族研究》2013年第4期。
[3] 刘波儿:《困顿与前行:民族国家建设中的民族学家》,南京大学博士学位论文,2013。

地区的整体调查（湘苗、黔苗、滇苗、川苗）。王明珂还概括了芮逸夫苗族著述的表述逻辑，肯定了芮逸夫苗族表述的意义。①

再说苗族学者。伍新福提出，这个时期涌现出一批苗族的优秀知识分子，其中突出代表人物有梁聚五、石启贵和杨汉先。② 关于梁聚五的研究，多数集中在《梁聚五文集 民族·民主·政论》。此外，王金元以身份认同为关键词，提出国家的民族精英从民族认同到国家认同之间的动态性转换，不能简单地视为非此即彼的二元对立，亦不能归咎为选择何种层次和级序的认同，而取决于民族精英的社会地位与角色、政治权利与平等受到多大程度的尊重和承认。③ 就梁聚五的整体研究而言，《理想与超越：〈梁聚五文集〉暨苗族文化保护与传承研讨会论文集》可谓汇集众家之言。这本论文集除去开篇的年会讲话与致辞，共有39篇学术性文章探讨梁聚五的苗族表述，按照研究内容可将其分类为以下三种。

第一种肯定梁聚五提出"民族的民主"的重要意义，这是台湾中研院院士张灏的概括。张灏肯定梁聚五在民族不平等的社会语境下提出"民族的民主"，并将"民族的民主"之重要意义概括为：因他们长期处于弱势地位，很需要法律制度上有一些特殊的保障，才能消弭补偿弱势给他们带来的各种经济障碍与文化心理创伤，从而使他们逐渐变成真正的"自由与平等"的公民。④ 刘峰的《"民族民主"还要继续——纪念"民族民主"的先驱梁聚五先生》和吴正彪的《少数民族身份叙事与民主自由理想政治的诉求——〈梁聚王文集〉的学术思想评析》等文章从不同角度梳理并丰富了梁聚五"民族的民主"这一重要概念。张兆和在《从"民权的民主"到"民族的民主"：试释梁聚五先生的民主观念与民族政治的关系》中进一步阐释了这一重要概念，他提出：

> 梁先生对民主的讨论，有一种非常创新性的处理。他将三民主义中局限于民主政治、民权主义的问题，放进到民族政治的范畴，引申

---

① 王明珂：《民族与国民在边疆：以历史语言研究所早期民族考察为例的探讨》，《西北民族研究》2019年第2期。
② 伍新福：《中国苗族通史》（增订版），贵州民族出版社，2017，第499页。
③ 王金元：《认同与承认：苗族精英梁聚五的身份认同研究》，《湖北民族学院学报》（哲学社会科学版）2017年第3期。
④ 张兆和、李廷贵主编《梁聚五文集 民族·民主·政论》（上册），香港科技大学华南研究中心，2010，序一第vi页。

发挥到民族与民族之间的关系。具体地，他主张在西南地区的苗夷民族，应该得到国家承认他们的身份，像汉族和其他民族般平等地参与国家民主政治体制。①

第二种肯定其书写苗族文化的"自我表述"。历史上，苗族没有统一的长时段传承的文字，传统的苗族自我表述多数依靠口耳相传、服饰、祭祀仪式等非汉文方式在民族社区自我传承。这些生活在华夏政体边缘的"他者"，成为华夏文化中"异族表述"的一部分，在汉文典籍中鲜有自我表述的空间。② 在此参照下，梁聚五的自我表述具有重要的价值与意义。

第二种中以"自我表述"为关键词展开的论文数量不少。在《理想与超越:〈梁聚五文集〉暨苗族文化保护与传承研讨会论文集》文集中，龙海清的《在民族认同的坚守中不失有担当的文化自觉——〈梁聚五文集〉读后》和李一如的《苗学主体性呈现——以梁聚五先生为例》都集中肯定梁聚五的"我族表述"和"主位表述"的重要意义。他们承接苗族著名学者今旦先生提及的梁聚五苗族表述的政治意义大于学术意义的判断，其目的是通过自己的著述给苗族历史拨乱反正，以消除民族自卑，提高民族自豪感和自信心。③

杨正文的《理想与超越：作为公共知识分子的梁聚五先生》将梁聚五的自我表述与后现代的新史学流派并置解读，提出梁聚五想通过历史书写来彰显苗族是中华民族中一个具有悠久历史的成员，达到建构"我群"认同的目的，更重要的是向"他者"特别是掌控国家话语的人们表达民族民主的政治诉求。④

第三种研究集中于对梁聚五生命履历与学术著作的探讨。梳理梁聚五人生历程的学者多数为苗族同胞学者甚至梁聚五先生的亲朋，如梁聚五的外孙

---

① 张兆和：《从"民权的民主"到"民族的民主"：试释梁聚五先生的民主观念与民族政治的关系》，载于石朝江编《理想与超越：〈梁聚五文集〉暨苗族文化保护与传承研讨会论文集》，贵州民族出版社，2013，第24页。
② 张兆和：《梁聚五关于苗族身份认同的书写——近代中国边缘族群以汉语文表述我族身份认同的个案研究》，载于石朝江编《理想与超越：〈梁聚五文集〉暨苗族文化保护与传承研讨会论文集》，贵州民族出版社，2013，第190页。
③ 今旦：《序二》，载于张兆和、李廷贵主编《梁聚五文集 民族·民主·政论》（上册），香港科技大学华南研究中心，2010，第 xi 页。
④ 杨正文：《理想与超越：作为公共知识分子的梁聚五先生》，载于石朝江编《理想与超越：〈梁聚五文集〉暨苗族文化保护与传承研讨会论文集》，贵州民族出版社，2013，第49页。

许士仁在《为民族民主事业奋斗的梁聚五先生》《抗战时期的苗族爱国人士梁聚五》两篇论文中就提供了梁聚五先生的诸多生平事迹。此外，李廷贵的《隆重纪念梁聚五先生——在庆祝〈梁聚五文集〉公开出版座谈会上的发言提纲》、过竹的《精英文化与民族文化的融合、重组与再生——梁聚五先生对苗族文化发展的重要贡献》、罗义群的《论梁聚五在国家不同体制下的苗族身份认同观》等都集中于对梁聚五先生人生履历的梳理。石朝江的《梁聚五：苗学研究的先驱 民主革命的战士——读〈梁聚五文集〉》、邱宗功的《苗族文化的一面旗帜一座丰碑——〈梁聚五文集〉读后片语》、潘定发的《读〈梁聚五文集〉的几点体会》集中探讨了梁聚五学术表述的贡献。石朝江将《苗族发展史》的重要意义归结为"三个第一"：第一次理清了苗族历史发展的基本脉络，是第一个苗族学者写的第一本苗族史。

关于石启贵苗族表述的研究亦有大量论文，如石朝慧的《芒鞋竹杖三十载，等身著作留后人》、石建中的《回忆父亲石启贵的早期苗学研究》以及陈浩望和周世伟的《苗族民族学家石启贵》，这三篇文章皆围绕石启贵的生命履历而展开：早年立志民族研究事业；著书立说，书写《湘西苗族调查报告》研究体系；倡导科学振兴苗族经济；培训师资发展教育；为争取民族政治地位积极呼吁。由于石启贵的苗族表述放在他者表述的比较与参照中更为凸显，故下文再做补充。

杨汉先的研究论文有周永健的《杨汉先：考证黔西苗族的前世与今生》、林文君的《杨汉先年谱研究》等。龙基成在《社会变迁、基督教与中国苗族知识分子——苗族学者杨汉先传略》中肯定了杨汉先从口述史探讨大花苗历史中的迁徙的合理性和开创意义。[1] 截至当下，杨汉先的研究以张兆和的定位最为准确：杨汉先的民族志书写开创了一个以土著族群类别为根据的主体身份认同的研究方向，有别于汉文和外文文献中关于族群的话语建构。[2]

3. 比较角度：强调学者不同的主位与客位表述视角

以主位和客位为关键词，将同一时期本土学者与汉族学者表述的文本进行比较的文章为数不少。张秋东在《"文化猎奇"与"政治自觉"——

---

[1] 龙基成：《社会变迁、基督教与中国苗族知识分子——苗族学者杨汉先传略》，《贵州民族研究》1997年第1期。
[2] 张兆和：《黔西苗族身份的汉文书写与近代中国的族群认同——杨汉先的个案研究》，《西南民族大学学报》（人文社科版）2010年第3期。

凌纯声等与石启贵的湘西苗族研究比较分析》中简介了两本专著，指出了《湘西苗族调查报告》的猎奇色彩以及《湘西苗族实地调查报告》的细化特征。① 冯惠玲认为凌纯声等作为主流知识精英，从国民政府的民族理念出发，把苗民定位为宗族；而石启贵作为本土民族精英则努力维护本族的地位，试图赋予其民族的意义，证明苗族是一个有独立文化的民族。② 此外，龙基成提及，相比而言，杨汉先与同时代的吴泽霖和鲍克兰等外来学者相比，算得上当时具有较大学术影响的本土学者。③

将主位与客位对比，成果最为全面和客观的当属张兆和关于特定时段苗族表述的系列探讨。张兆和在《从"他者描写"到"自我表述"——民国时期石启贵关于湘西苗族身份的探索与实践》中提出：通过与汉人的接触，石启贵产生了强烈的族群和文化自觉，促使他对本族群的文化、社会和历史进行研究。之后，他生产出了作为族群身份认同"自我表述"的文本，并以此抗衡由汉人编写的"他者描写"文本。④ 在《黔西苗族身份的汉文书写与近代中国的族群认同——杨汉先的个案研究》中，张兆和将鲍克兰毫无批判地接受汉文族群称谓与杨汉先全盘否定汉文文献转而采用地方群体的口头叙事和本人田野调查后得到的民族志进行对比，高度评价了杨汉先的《黔西苗族调查报告》等系列苗族表述文本中"自我表述"的积极意义。在《梁聚五关于苗族身份认同的书写——近代中国边缘族群以汉语文表述我族身份认同的个案研究》中，张兆和提出正是因为梁聚五是苗族第一代"自我呈现"的杰出代表，梁聚五的个案意义表现在两个方面：一方面采用汉人的族群分类和异族表述作为文化资源；另一方面又根据土著观点和经验，来重新界定这些族群分类和修订转化这些异族表述，形成一种独特的文化斗争策略。⑤ 这三篇文章的表述逻

---

① 张秋东：《"文化猎奇"与"政治自觉"——凌纯声等与石启贵的湘西苗族研究比较分析》，《乐山师范学院学报》2010年第3期。
② 冯惠玲、陈心林：《国族建构与民族认同的博弈及互惠——民国时期武陵地区民族关系刍论》，《江西社会科学》2017年第2期。
③ 龙基成：《社会变迁、基督教与中国苗族知识分子——苗族学者杨汉先传略》，《贵州民族研究》1997年第1期。
④ 张兆和：《从"他者描写"到"自我表述"——民国时期石启贵关于湘西苗族身份的探索与实践》，李菲译，《广西民族大学学报》（哲学社会科学版）2008年第5期。
⑤ 张兆和：《梁聚五关于苗族身份认同的书写——近代中国边缘族群以汉语文表述我族身份认同的个案研究》，载于石朝江编《理想与超越：〈梁聚五文集〉暨苗族文化保护与传承研讨会论文集》，贵州民族出版社，2013，第190页。

辑都是在共时和历时对比基础上,指出苗族知识分子族群身份认同观念的产生与现代族群边界的变迁和现代民族国家的出现密切相关,从而提出这一时段苗族表述的研究需要并置主位与客位,以便获得相对完整的视角。

4. 当下反思:民族学表述的局限与不足

这二十年有关苗族的民族学表述,由于参与学者众多、身份复杂,学科分类多元,著述材料庞杂,故而不可避免地具有局限性,正如学者所言:

> 民国时期大批学人不远千里,来到边疆地区,深入实地调研……当然那时一些学人仍有自尊为"中心民族"的潜在心志,行文常有"我族"、"异族"之分,动辄以"同化"为良策,显然都是不合时宜的。[1]

在田野调查的方式上,有学者反思军队随行的弊端。[2] 在表述措辞上,杨培德在《民族志田野调查的视角态度——以〈苗族社会历史调查〉和〈贵州苗夷社会研究〉为例》一文中,就《贵州苗夷社会》中的表述措辞提出了反思:陈国钧在这段话中使用了"叛乱抗命""黑苗势力""大患""好勇斗狠""族势膨胀""巢穴""顽固称兵"等,这些词语反映了明显的种族主义价值,表现出狭隘的种族视角。[3] 陈国钧在《生苗的食俗》中记录了生苗一些已经淘汰的食俗,就是喜欢吃"生"。按人类的进化史观,最初人都是吃生的,即所谓"茹毛饮血"。受当时教育的影响,抗战时期的学者或多或少也在这一问题上表现出进化论模式中的文化中心主义,如大夏大学对贵州民族民俗文化的调查,多数为了配合政府尽快了解贵州苗族、宣传抗日救亡并推行边地教育,其苗族表述中多材料记录,少理性探讨。[4]

特定时段的民族学表述反思同样体现在苗族学者的表述中,赵树冈在

---

[1] 汪洪亮:《民国时期的边政与边政学(1931—1948)》,人民出版社,2014,第21页。
[2] 王明珂:《民族与国民在边疆:以历史语言研究所早期民族考察为例的探讨》,《西北民族研究》2019年第2期。
[3] 杨培德:《民族志田野调查的视角态度——以〈苗族社会历史调查〉和〈贵州苗夷社会研究〉为例》,《黔南民族师范学院学报》2015年第2期。
[4] 欧阳恩良:《抗战时期的贵州民族民俗文化调查研究》,首届中国近代社会史国际学术研讨会参会论文,2005。

《边地、边民与边界的型构：从清代湖南苗疆到民国湘西苗族》中提到，对苗族精英来说，苗文化大多成为他们要求严禁的"陋俗"，所以他们争取的是参政等政治权力，而非文化主体性。① 事实上，石启贵、梁聚五、杨汉先等苗族主位知识分子在国民政府时期积极著书立说、参政议政，极力争取政治认同，尽管在名称上有所让步，有"土著民族""边胞"等称呼，但这些苗族学者的表述至少在苗族史上呈现了"主位表述"，例如石启贵《湘西苗族实地调查报告》、梁聚五《苗族发展史》、杨汉先《黔西苗族调查报告》等。尽管各自立场或有差异，但他们的最终目的是相同的，就是使苗族获得政治地位和社会认同，享有同等的公民权利与义务。最终成就，莫过于石启贵于1946年以湖南土著民族代表身份出席国民代表大会，参与制定宪法。

先秦汉唐之时对三苗的记录渺茫难寻，明清的苗疆记录则一以贯之地集中于对奇风异俗的兴趣以及对"顽苗"的征服与控制方略。直至近代乃至现代，苗族的表述才呈现较为学术的客观研究。由于属于苗族表述的开创与摸索期，这一时段的苗族地区民族学表述不可避免地存在局限与不足，但其贡献大于局限。

（三）沈从文苗族作品的文学表述研究综述

从整体角度而言，作为新中国成立后沈从文研究最早的发起人与权威者，苗族学者凌宇在《沈从文研究的回顾与前瞻》中从四个时段历时梳理了沈从文研究的四个分期。第一个分期，新中国成立前的沈从文研究不管是从社会学批评模式还是从艺术批评模式都侧重于探讨沈从文的政治立场、沈从文文学作品的"真实性"，如汪馥泉等著的《一年来的中国小说——沈从文的〈边城〉》或刘西渭的《〈边城〉与〈八骏图〉》。第二个分期1949—1979年是沈从文国内研究受批判、被漠视的30年，国外研究关注沈从文对民族、人性流变的深层关怀。第三个分期是20世纪80年代的高峰期，分为反思与重构两个阶段。总体而言，80年代的沈从文研究打破了社会批判单一的政治意识格局，从人类学、美学、心理学、比较文学等不同学科多元地进行沈从文文学作品的四要素研究。具体来说，反思集中在从政治上为沈从文"平反"正名，解读沈从文的美学理

---

① 赵树冈：《边地、边民与边界的型构：从清代湖南苗疆到民国湘西苗族》，《民族研究》2018年第1期。

想基石即人性的价值，从"抒情小说"或"乡土文学"代表作家角度阐释沈从文创作的美学价值；重构阶段则表现为从世界文学角度考察沈从文的创作与世界文学共有的总体主题倾向、文化内涵及其内在品格，从不同角度阐释沈从文文学世界建构的独特性。最后，就沈从文研究的第四个分期即沈从文研究的前瞻性而言，凌宇提出今后的沈从文研究将会迎来更多从心理学、比较文学、叙事学以及沈从文的精神历程等角度切入的成果。①

邓琼在《90年代沈从文研究综述》中总结了90年代的沈从文研究，首先是研究思路由注重具体作品向注重主体研究倾斜，其次是研究方法以历史唯物主义为主导，同时大量引进西方的哲学理论和方法，最后在肯定沈从文文学成就的基础上，认识到沈从文研究的困境与局限，将这种局限上升到新旧交替的知识分子面临的心理悖论和精神苦难的更大时代背景之中。② 通过历时的时段梳理可知，沈从文的研究呈现由单一文本研究向文学四要素即作品（文本细读）、作者（沈从文）、世界（作品所依附的苗族文化）和读者研究（沈从文作品的接收者）四维扩展的态势。

从作品所依附的苗族文化来说，在中国知网以"沈从文"和"湘西"为主题词检索，有超过两千篇文章；同时检索"苗族"，仍有112篇文章；如若再检索"土家族"，则文章不足10篇。考虑到与本研究的紧密性，本书关注沈从文1928—1948年苗族表述的文学叙事。从内容而言，国内外对沈从文这部分题材的研究大多围绕以下三个方面展开。

一是从乡土作家的角度评价其文学成就。刘洪涛在《论"沈从文问题"》中提出沈从文是中国乡土文学之文化守成主义传统的开创者，也是东方现代主义文学的重要代表。凌宇的《二三十年代乡土小说中的乡土意识》、赵园的《沈从文构筑的湘西世界》等皆沿用类似的主题。由于关注着全中国人民的命运并且听从自己的艺术需求，他并没有成为一个"地方性"作家。③ 换言之，正是因为沈从文立足苗族而又超越它，在目睹大量莫名其妙的屠杀之后，他深刻意识到以暴制暴的解决方式只能加剧民族之间永无停息的恶性循环，故而他一直在探寻更好的出路，那就是通过书写

---

① 凌宇：《沈从文研究的回顾与前瞻》，《中国现代文学研究丛刊》1995年第2期。
② 邓琼：《90年代沈从文研究综述》，《南开学报》1998年第5期。
③ 金介甫：《沈从文乡土文学在现代中国文学中的运用》，徐新建译，《中国比较文学》1999年第2期。

表述、沟通、交流,在苗汉文化的对照下思考中华民族的整体命运。

二是阐释沈从文苗族题材的人性美、人情美。黄璇提出沈从文是现代文学史上独树一帜的作家,《边城》是他对苗族进行的最美丽的文本编织,他用浪漫主义表现手法歌颂了原始、古朴的农村生活图景和淳朴、完美的人性,构筑了心目中田园牧歌式的"世外桃源"。① 杨春认为沈从文对湘西世外桃源的形象通过两点建构:一是生命至上,信仰平和简单的生活方式及价值评判,二是宿命意识下的坚韧顽强及慎独自省。

三是论证苗族文化对沈从文创作的影响。凌宇的《从苗汉文化和中西文化的撞击看沈从文》提出,苗族文化、汉族文化与西方文化构成沈从文乡土表述的三大潜流。在沈从文文学表述的苗族题材研究中,国外以金介甫的成就最高,其著作《沈从文传》指出苗族文化影响了作家悲悯、忧郁的创作基调。在《沈从文笔下的中国社会与文化》中,金介甫运用文化人类学的视角,从地域、民族、时代与民俗等多重角度论述了沈从文乡土作品与苗族文化的紧密性:

> 本书是通过文学而进行的地方史研究;其中的见解主要来自沈从文的作品,而这些作品所具有的如我们所分析的那种力量,又主要来自沈从文本人在连年兵火和社会变迁中的亲身经历,实际上也就是他对中国农村一个地区的人类学现象的深刻体会。此书也得益于他对那个地区(湘西)的经久不衰的毕生兴趣;得益于他没有受社会分析模式的先入之见的约束;得益于他没有在描绘所看到的现象时的民族主义自我意识。②

纵观沈从文的苗族文本研究,多数将地域限定在湘西一隅,几乎从未提及其创作时间与素材背景时间多数集中在1928—1948年的苗乡。在本书第五章,笔者将以时间为经,空间为纬,分析沈从文作品的时代、地域与民族背景。

---

① 黄璇:《"世外桃源"的构筑与文明意向的破碎》,《北方文学》2012年第1期。
② 金介甫:《沈从文笔下的中国社会与文化》,虞建华、邵华强译,华东师范大学出版社,1994,引言第3页。

第一章　1928—1948：苗族表述的重要转折

追溯历史，苗疆在历代正史的表述里是沉重的遮蔽：周代的"荒服"、秦朝的"羁縻"、汉代的"武陵蛮"、明清的"化外生苗"，一直到近代甚至现代，不少他者对于苗族依然充满了神秘的想象。正如民族学家所言，关于苗族的生活很少有精确的调查或客观的叙述，所以苗族在汉人心中仍是一种谜，汉人对于苗族有着种种荒诞无稽的传说或污蔑。①

1928—1948年这二十年，苗族的表述出现了重大转折。至少有110位作者参与了苗族的表述，这个时期刊载有关苗族表述的杂志近100种，论文数量不少于200篇，数十个出版社出版了数量不少于15部的苗族著作，编印数量则远远超过出版数量。这个时段搜集的苗族歌谣不下1300首，囊括了苗族古歌、情歌以及时政歌等多种歌谣。就影视资料的整理而言，不同学者拍摄的照片总和不下1000张，本书附录二收入了600多张图片名称。最值得一提的是，这个时段的苗族地区表述还有两段珍贵的视频记录，其中之一标志着中国民族学影视拍摄的开始。②

虽然学科不同、身份有别、媒介不同，但1928—1948年这二十年的苗族表述出现了重要转折，下文将从三个部分加以探讨。

第一节　表述资料获得：苗族调查概述

这特定二十年苗族形象的转变来源于大量的实地调查，国内团体调查

---

① 参见吴泽霖、陈国钧等《贵州苗夷社会研究》，民族出版社，2004，著者序第1页。
② 幸运的是，随着《湘苗文书》的整理与出版，这段视频已经由台湾中研院傅斯年研究所转发给石启贵的家人，石启贵之孙女石朝慧女士将这份资料提供给笔者作为研究之用，在此深表感谢。

次数不下 10 次，个人调查行为则更为频繁。这一时段的苗族调查从发起团体性质而言，很多是大规模的政府行为。马玉华在《20 世纪上半叶民国政府对西南边疆少数民族的调查》中，以世界范围内风起云涌的民族主义、国民政府实用功能的加强统治和巩固国防以及抗日时代的紧迫性作为时代背景，梳理了当时政府在 1930 年、1934 年、1938 年和 1940 年对西南边疆少数民族进行的 4 次大规模的官方调查。①

较之上述大规模的政府调查，贵州省民政厅也曾对贵州苗族进行了长达两年的调查，从《贵州省苗民概况》中可知，调查具有明显的针对性：

> 本厅近两年来，鉴于苗民分布各县，故步自封，生活方式，殊形简陋，虽已较前进化，惟因风俗习惯之特殊，每虞推行政教扞格，于二十四年度，派员驰赴西路苗民集中县份，实地考察。②

除了政府组织的调查行为之外，这一时期的苗族调查更多地表现为学术机构调查人员的参与。从调查人员的身份分类而言，这一时段的苗族调查既有国内学者调查，也有国外人士参与，既有团体合作，又有个人行动，下文将详细梳理。

一　国外人士苗族调查概况

1928—1948 年的苗族调查，有一些是国外学者，如德国学者汉斯·史图博于 1931 年与 1932 年到海南岛进行苗族、黎族等民族的调查，其成果为《海南岛的黎族——为华南民族学研究而作》。鲍克兰女士于 1946 年 7 月与苗族学者杨汉先共同进入黔西南调查，其成果为《中国西部珠江上游少数民族的文明》。此外，史国禄曾在云南昆明做过调查。

关于国外学术人士的苗族调查，应重点提及鸟居龙藏。③ 关于鸟居龙藏在中国西南地区田野考察的路线和活动，有学者将其梳理出来（见表 1-1）。

---

① 马玉华：《20 世纪上半叶民国政府对西南边疆少数民族的调查》，《中国边疆史地研究》2005 年第 1 期。
② 贵州省政府民政厅编《贵州省苗民概况》，贵州省政府民政厅，1937，第 87—89 页。
③ 鸟居龙藏苗族调查时间是 1902 年，其考察成果《苗族调查报告》1907 年在日本东京出版，但由于其汉译本在中国的出版时间为 1936 年，故而从著作在中国的影响性而言，鸟居龙藏的《苗族调查报告》也可算得上这一时段的苗族表述。

表1-1　鸟居龙藏在中国西南地区田野考察的路线和活动

时间	地点	活动	被调查民族
1902.08.24—09.13	汉口—常德	古代三苗之地洞庭湖周边考察	
1902.09.13—10.02	常德—黔阳	考察桃源、辰州、泸溪、辰溪等地	
1902.10.02—10.10	黔阳—镇远府	经沅州、晃州、玉屏、青溪等地抵达镇远府	10月5日初遇"熟苗"
1902.10.10—10.17	镇远—贵阳	调查了黄平、清平、平越等地的黑苗；在贵定调查了花苗；经贵定入贵阳府	黑苗、花苗
1902.10.17—10.29	逗留贵阳府	调查贵阳府附近的苗族，考察了青岩和定番（今惠水）	花苗、青苗、白苗、打铁苗，仲家（布依族）
1902.10.29—10.31	贵阳府—安顺府	经清镇、安平（今平坝）到达安顺府	
1902.10.31—11.04	安顺府—镇宁		青苗、花苗
1902.11.04—11.23	镇宁—云南府城	经镇宁、郎岱、安南（今晴隆）、普安、平彝、沾益、马龙等地至云南府城	仲家（布依族），花苗，猓猡（彝族）
1902.11.23—11.26	云南府城	在云南府城做调查	散密猓猡
1902.11.26—12.30	云南府城—会理	赴呈贡、路南、弥勒、八砦、江川、通海等地调查	猓猡、苗族

资料来源：参见王晓梅《日本学者西南少数民族研究述评》，贵州大学出版社，2017，第43—44页。

从表1-1可知，鸟居龙藏此次西南调查涉及湘、黔、滇三省，重点为贵州苗族。在贵州，鸟居龙藏先调查了黄平等地的黑苗，后在贵定调查了花苗，随后经贵定入贵阳府并考察了青岩和定番（今惠水）附近的黑苗和花苗，最后考察了安顺的青苗与花苗后前往云南。鸟居龙藏此次的成果为《苗族调查报告》，共计30万字，除了文字表述之外，书后还附鸟居龙藏实地拍摄的苗族各支系照片90张。

除了上述提及的研究人员之外，这一时段的苗族国外表述多为传教士所为，他们当中多数以传教为主要目的，代表人物有伯格理与克拉克等。这些传教士当中亦有具备人类学素养的传教士，如葛维汉与萨维纳等。由于这些传教士在苗族地区停留的时间长，有着较多的机会接触苗族文化，故而其表述较为中肯与客观。

塞姆·伯格理1886年作为传教士来到中国，他先在云南昭通，1905年进入贵州石门坎传教，直至1915年离世。由于与苗民大量接触，他根据自身经历撰写的《苗族纪实》不仅是写实散文，也是具有人类学意义的民族志。伯格理文笔流畅、感情真挚，书写了当时苗族贫困的经济状况以及对于识字教育的高度热情。此外，他还记录了自己勇斗彝族土司、只身进入苗族地区传教、修建教堂、参与创制苗文等重大事件，伯格理的这些苗族表述直到当下依然是研究石门坎不可或缺的参考资料。

塞缪尔·克拉克（Samuel Clark）在中国西南传教长达33年，在贵州安顺居住了20多年。他对苗族表述最为集中的是《苗民的语言和风俗习惯》，其中提到了苗民的语言和风俗习惯，记录了大量的苗民传说，摘录了一首一千多行的关于洪水的创世纪古歌，从中可以看出克拉克对于苗族口传文献的重视。他提出酗酒是苗民贫困的原因，这个观点显然是偏执和片面的。身为宗教人士，他也书写苗民宗教信仰与传统活动，全书的重点是梳理基督教在贵州非汉部落的传教历史，在最后一节提及伯格理在石门坎一带传教的过程与胜利——这是一个乌云和阳光的经历、苦难和祝福的经历、迫害与胜利的经历，这一切事业还将"继续进行"。①

葛维汉曾五次对当时的苗族进行实地调查，田野点集中在川南。1927年，葛维汉开始在洛表镇的王武寨调查苗族文化。1934年7月到10月，他对川滇边境地区的川苗进行考察。1935年10月，他对川苗进行考察。在长期的实地调查后，葛维汉记录了川南苗族的艺术、习俗、历史与宗教等情况，汇编成《四川苗族民歌和故事》一书并译成英文出版。此外，他还发表了《川苗的仪式》《川苗的习俗》《川苗的宗教》等有关川南苗族文化研究的学术论文，详情见附录二。

这一时段的苗族国外表述首推萨维纳。从学科意义而言，萨维纳创造了苗族表述的两个第一：萨维纳是第一位撰写苗族史的人，编著了第一部苗法词典。

从表述质量而言，《苗族史》（*Histoire des Miao*）1924年首次出版，1930年再版，1972年再次印刷，2009年作为"国际视野中的贵州人类学·苗学部分"由贵州大学出版社出版，是国外人士苗族表述最为浓墨重

---

① 塞缪尔·克拉克：《在中国的西南部落中》，苏大龙译，贵州大学出版社，2009，第139页。

彩的一笔，海外苗族研究专家王富文提出：第一部关于苗族的著作是法国教会神父萨维纳写的《苗族史》，该书1924年在香港出版，知识量是非常大的，在很多方面像是一本苗族的百科全书。①

从方法论而言，这是第一本提出苗族表述必须基于实地调查的专著，萨维纳批判历代苗族表述的臆想和武断：

> 皇帝们有时也会派一些官员和学者去苗地……但是，官员和学者总是只肯到那些比较容易到达的地区，作一些最表面的寻访。他们害怕凶猛的野兽，也害怕更为凶悍的土著。他们所到的地方，通常人烟稠密。他们能够呆的时间又很短，只是问一些套话。这样，可以想见，他们每次了解的情况并不会比之前所知的增加多少。②

在反思历代表述的失真之后，他以传教士的身份进入苗族地区。他写道：我并不是预先带着问题进到苗寨中去的，当我的脑袋中钻出这些问题时，我早已身处苗乡山寨了。③ 正是对于实地调查的重视，他提出学会运用该民族的语言、长时段生活在一起并仔细观察，才是了解这个民族文化最为有效的方式：

> 必要先学会这个民族的语言，与他们生活在一起；跟他们生活一段时间，观察他们的每一个行为，听他们的每一句话，感受他们的快乐，跟他们一起体味辛苦；仔细地观察他们的信仰。④

从表述内容而言，这是第一本肯定苗族民族性的专著。

第一，萨维纳肯定苗族的独立性。鸟居龙藏在《苗族调查报告》中将苗族的性格归结为阴郁沉静，其观点从苗民的容貌、音乐、色彩及花纹中得出。萨维纳将苗族的特性概括为独立性，认为独立性从来都是苗族有别于其他民族的标志：4000多年来，他们一直在为自由而战。世界再也没有哪个民族像他们这样，为了太阳下的一块落脚之地付出如此高昂的代价。⑤

---

① 王富文：《海外苗族研究的回顾与反思》，肖唐金译，《华东师范大学学报》（哲学社会科学版）2019年第3期。
② 萨维纳：《苗族史》，立人等译，贵州大学出版社，2009，第156—157页。
③ 萨维纳：《苗族史》，立人等译，贵州大学出版社，2009，序言第5页。
④ 萨维纳：《苗族史》，立人等译，贵州大学出版社，2009，第284页。
⑤ 萨维纳：《苗族史》，立人等译，贵州大学出版社，2009，第190—191页。

联系苗族千年计时、万里计程的长时段、长距离的迁徙，对照同时代的苗族文学表述如沈从文的寓言作品《七个野人与最后一个迎春节》，萨维纳提出的苗族独立性的观点具有合理性。

第二，肯定苗族是有悠久历史的民族。萨维纳认为，所有关于这个民族的重大事件都被忠实地记录下来，通过口传的方式传给后人。① 对于口传尤其是歌谣传说的重视，使得萨维纳对于苗族历史除了肯定更有敬畏：我们必须重视这些传说，因为传说来源于历史，又超越历史。苗族传说中的内容，以我们现有的知识是无法解释，也不能否认的。②

第三，肯定苗族的民族文化特质。萨维纳摒弃了传统的对苗族的蔑视心理，转而肯定苗民的一些文化特质如对苗族道德和苗族反抗意识的肯定。又比如针对苗民不用阳历，《贵州边胞风习写真》提出：边胞则全用阴历。因为识字者少，大都不记得日期，备有历本之家，寥若晨星。按照这样的表述逻辑，边胞不用阳历是因为文化落后，萨维纳却提出：

> 这些苗人不会查阅历书，因为他们并不采用阴历记时法。他们只是凭着对山上植物的观察，看那些小灌木或者树木的开花或发芽来作判断……这些都以自然物性的观测为准。这里的自然物候历是上天所给予苗人的恩赐。③

换而言之，萨维纳认为自然物候观察法对于农耕民族的苗族更加具有合理性，运用阴历或阳历甚至既不用阴历也不用阳历并无文化优劣之分。此外，萨维纳还高度重视苗族语言的比较研究，这是十分难能可贵的。

除上文提及的这些民间性质的文化调查之外，当时还有为军事目的所进行的苗族调查，如日本东亚同文会为了编著《新修支那省别全志》在全国各地的调查，其有关苗族实地调查的著作出版时间和内容见表 1-2。

---

① 萨维纳：《苗族史》，立人等译，贵州大学出版社，2009，第 174—175 页。
② 萨维纳：《苗族史》，立人等译，贵州大学出版社，2009，第 187 页。
③ 萨维纳：《苗族史》，立人等译，贵州大学出版社，2009，第 249 页。事实上，由于是农耕民族，苗族对于物候有苗语社会的计算方式即苗历，苗历多数由巫师或活路头掌握。

表1-2 日本东亚同文会的中国苗族调查

书名	出版时间	相关章节
同舟渡江	1915年	访苗日记 云南纪行
粤射陇游	1921年	滇云蜀水 探访苗族
乘云骑月	1926年	翻越苗岭（云南四川调查）

资料来源：王晓梅《日本学者西南少数民族研究述评》，贵州大学出版社，2017，第58页。

《新修支那省别全志 贵州省（上）》涵盖了当时苗族地区的自然环境、人文、都市、产业资源、工业、商业贸易、财政、交通运输、历史及名胜古迹等，内容较为翔实。

二 国内苗族调查概况

国内学者这一时段的苗族调查，表现为团体调查次数较多及个人调查十分活跃。由于调查人员复杂、调查频率较高，故而所谓团体和个人的分类并非泾渭分明，两者之间呈现交叉。

1. 团体调查概况

这一时段对苗族的团队调查多属各类研究机构，诸如大夏大学社会研究部、中研院历史语言研究所与中山大学的语言历史学研究所。下面按照时间顺序梳理。

最早对苗族地区进行团体调查是在1928年，杨成志受蔡元培和戴季陶的委派，与俄国人史国禄夫妇及荣肇祖四人一起到云南昆明做调查。

第二次苗族调查是在1933年，中研院委派凌纯声、芮逸夫及勇士衡三人前往湘西凤凰、永绥与吉首一带调查苗族，从其调查结果《湘西苗族调查报告》的前言中可知，三人有具体的分工合作，大量本土知识分子和政界人士也积极参与其中。

第三次苗族调查是1934—1935年，凌纯声与芮逸夫到云南红河苗族地区进行调查。[①] 遗憾的是，笔者目前尚未收集到此次调查成果的相关文献。

第四次是1937年春，从王兴瑞所著的《考察海南岛黎苗民族日记》

---

① 王明珂：《导读并序》，载于芮逸夫《川南苗族调查日志1942—1943》，中研院历史语言所，2010，第XV页。

中可知，国立中山大学研究院文科研究所及私立岭南大学西南社会调查所组成海南岛黎苗考察团，由中大教授杨成志领队，团员共四人即岭大教授伍锐麟先生、何元炯君（代表岭大方面）、江应梁君及王兴瑞（代表中大方面），另有香港三星电影公司派技师邝伯鹗君随往摄制影片。① 王兴瑞因籍隶海南，通晓方言，故而奉命与岭大何元炯君逗留黎苗境许久，观察较详，最终成果为《海南岛之苗人》和《海南黎苗调查报告》。

第五次苗族调查开始于1939年11月，1940年2月结束，由庞薰琹主持，并借调中研院历史语言研究所芮逸夫任助理。他们深入贵阳、龙里、贵定、安顺等县的少数民族地区，调查了贵阳、安顺等地苗族村寨60余处，采集标本400余件，并绘制了民族服饰纹样和民俗风情图。庞薰琹绘制的《贵州山民图》等6幅图片表现出较为浓郁的苗族文化。芮逸夫所拍摄的几百张图片后来藏于台湾中研院历史语言所。其后，庞薰琹根据此次调研，先后举办了三次全国美术展览：第一次是在1940年7月，举办了贵州苗族衣饰及图画的展览，地点为昆明桃园村；第二次是在1944年至1945年，在四川李庄举办了《贵州夷苗族衣饰展览》；第三次是在1948年，在南京举办了《中国西南及南部边疆民族标本展览》。这三次展览在当时都产生了较大的影响。②

第六次苗族调查在1941年，据《中国民族学史》梳理，中研院吴定良将体质调查、测量和民族文化调查结合在一起进行，研究题目是"贵州苗夷体质与文化之调查"。③ 他们从1941年8月到当年年底，调查了贵州安顺的60多个村寨，调查了青苗、坝苗等。从《贵州苗夷社会研究》之《大夏大学社会研究部工作述要》可以查阅到，吴定良等此次调查得到大夏大学社会研究部的大力协助。

第七次调查是在1942—1943年，中研院史语所芮逸夫与胡庆钧前往川南与黔滇交界地区进行苗族调查。从芮逸夫的田野笔记《川南苗族调查日志1942—1943》④ 和胡庆钧的《汉村与苗乡——从20世纪前期滇东汉村与

---

① 王兴瑞：《考察海南岛黎苗民族日记》，载于贵州省民族研究所编《民国年间苗族论文集》，1983，第341页。
② 杜臻：《国立中央博物院贵州民间艺术考察初探——以庞薰琹为中心》，《美术设计》2015年第1期。
③ 王建民：《中国民族学史上卷（1903—1949）》，云南教育出版社，1997，第247—249页。
④ 芮逸夫：《川南苗族调查日志1942—1943》，中研院历史语言所，2010。

川南苗乡看传统中国》①中可知，在约半年的调查时间中，两人重点关注四川叙永县鸦雀苗的婚丧和宗教仪式，其中芮逸夫、管东贵的《川南鸦雀苗的婚丧礼俗》详细记录了川南苗族的婚丧仪式，是川南苗族文化不可多得的实地田野资料。胡庆钧则较为注意川南苗族的现实问题，他关注当时叙永苗族的生活状况，提及西南叙永相邻地区苗佃的沉重负担，分析苗族人口的品质，重点探讨边区土地问题。胡庆钧对汉化是否等同于现代化以及历代对苗族的表述皆提出质疑与反思：

> 至少在四十年以前，所有关乎苗族的文字或报告，无论是出乎中国人或西方人的手笔，都不自觉地以文明人的身份来对待苗族。由文化落伍的表象，而怀疑到他们的品质，这是一种很自然的趋势。换句话说，大多数的作者对于苗族都有一种轻视的心理。②

除了提出这种轻视心理，他还分析了产生这种心理的原因。他认为这种文化歧视根源于表述者与苗族生活态度之歧异、表述者与苗族社会价值标准之不同、槃弧犬种与化虎传说、文人学士的宣传、种族中心思想共五个方面。③ 胡庆钧的这种苗族文化表述，体现了当时民族学学者深刻的反省和批判意识。

除了上文所述的团体调查之外，大夏大学社会研究部从1939年到1942年组织了六次大规模的对贵州苗族地区的调查研究，由于参与人数广、调查次数多，只能放在此处简述。从《贵州苗夷社会研究》之《大夏大学社会研究部工作述要》可知，大夏大学对于贵州苗族地区的调查研究，既有社会研究部的学术行为如1940年3月至1941年4月对于黔东南、桂北少数民族生活状况的调查，1942年春历时三个月对北盘江各县少数民族状况的调查和1940年春至1942年对贵州各少数民族语言状况的调查，还有与政府的三次合作调查，分别是1939年春受中央内政部委托历时8个月、1939年受省教育厅民俗研究会委托历时半年、1940年春受省民政厅委

---

① 胡庆钧：《汉村与苗乡——从20世纪前期滇东汉村与川南苗乡看传统中国》，天津古籍出版社，2006。
② 胡庆钧：《汉村与苗乡——从20世纪前期滇东汉村与川南苗乡看传统中国》，天津古籍出版社，2006，第260页。
③ 胡庆钧：《汉村与苗乡——从20世纪前期滇东汉村与川南苗乡看传统中国》，天津古籍出版社，2006，第260—262页。

托历时5个月的调查。这些调查的成果集中为《贵州苗夷社会研究》《苗胞影荟》《民族学研究论文集》第一辑等，还见于大量的调查报告如《安顺县苗夷族调查报告》《定番县苗夷族调查报告》《炉山县苗夷族调查报告》《炉山黑苗生活》《贵州省各县少数民族社会状况调查报告》《贵州省东南边陲县黑苗、生苗、侗家、水家生活调查资料》《贵州省西北路各县苗夷社会调查报告》《北盘江流域各县苗夷社会调查报告》等。大夏大学的这些苗族团体调查，由于调查时段长，参与人数多，资料获得的渠道科学可靠，故而具有重要的意义。

社会研究部将贵州少数民族调查研究成果，或写成报告书、资料汇编，送给有关部门决策参考；或直接服务于各少数民族的教育、社会经济发展、语言研究；或撰写成论文发表，出版专著，奉献广大读者；或者进行实物、图片展览，公布于社会，与民相见，实现其价值，变成社会财富。①

2. 个人调查概况

这个时段的苗族个人调查根据调查者身份可以分为三类：第一类是客位的民族学专业学者；第二类是苗族知识分子；第三类是业余人员，多数是苗族地区的旅行者或工作人员。

就客位的民族学者而言，除了上文团体调查提到的诸多民族学家，丁文江、王文萱等也在苗族地区进行过短期调查。从调查成果而言，这一时段的苗族调查需要重点提及杨成志。

上文言及，1928年，杨成志受蔡元培和戴季陶的委派，与俄国人史国禄夫妇及荣肇祖一起去云南做调查。随后，他只身一人前往云南、四川交界的凉山地区做调查。在此期间，杨成志将涉及少部分花苗文化的成果撰写为论文《关于花苗的语言和惯俗一般》。他还拍摄了18张花苗照片。在这篇论文中，他梳理了苗族称谓源流：

苗的名称，根源于《书经》所载的"三苗"和"有苗"，或谓其语言似"猫声"而得名（如 T. de. Lacouperie 的主张是）；或谓其自称

---

① 何长凤：《贵州近代少数民族调查研究的拓荒者——抗战时期大夏大学社会研究部的成就》，《贵州民族研究》2002年第1期。

为"Mung"或"Hmung"而得名（如 L. D. Laionquiere 的主张是）；更有的说"苗"字的由来是从"Mu"，"Mun"，"Mu'n"，"A 'M' on"，"Mon"，"Naw"和"nHun"转变而成的（见苗族调查报告），然而我调查云南巧家和永善两县的花苗，他们称自己为"A Moau"，这又可值得注意的。[①]

除了借用苗族的本土音译之外，杨成志提出考苗族名称之繁多，实由汉人依照其姓氏、地域和装束来分门别类，但就实地调查的花苗来看，花苗的名称，因他们穿各种色泽的花衣而得名。[②] 在解释花苗名称之由来之后，他就花苗的特性、装束、信仰、婚姻、丧葬、传说、歌谣和语言等作出简单梳理。在寥寥数语中，他概括了花苗独特的文化，如花苗葬俗从前没有坟墓而且棺材是横埋，如今则与汉人一样，可谓当时花苗丧葬文化较为难得的文献记录。

从他后期的著述来看，杨成志此行的西南调查并非偶然行为，完全是学术自觉后的实际行动。

为什么要调查西南民族？杨成志给出了四个理由。首先是学术上的研究，具体为人类学的测验、社会学的考察、民俗学的探讨、语言学的比较、文字学的研究、历史学的旁证、考古学的推求。其次是民族主义的实现，要实现中国境内各民族一律平等，必须先明白其言语、心理、惯俗和文化，而这一切必须通过实地调查完成。再次为考察上的实行。他先是批评传统文人士子重读书轻调查，故对西南民族的表述数量较少且多为捕风捉影之谈，靠得住与写得实的记录，实不多见。此外，考察西南民族需要国内学者到民间去，而不能依靠外国人越俎代庖。最后，则是文化上的贡献。传统中国经史子集的文献全为汉族文明，西南民族的固有文化需要各类专家到民族深藏宝库中去开掘。[③]

此外，岑家梧1938年赴云南东北的嵩明对苗族进行调查，在《嵩明花苗调查》中，他不仅大量引用《云南通志》《嘉庆一统志》《黔南识异》等文献，还采用了同时代文人杨力行的著述《湘西的苗瑶和屯政》。

就苗族知识分子对苗族的调查情况而言，三个方言区都有人参与，东

[①] 杨成志：《杨成志人类学民族学文集》，民族出版社，2003，第67—68页。
[②] 杨成志：《杨成志人类学民族学文集》，民族出版社，2003，第68页。
[③] 杨成志：《杨成志人类学民族学文集》，民族出版社，2003，第138—139页。

部方言区的石启贵、中部方言区的梁聚五与西部方言区的杨汉先下文将专节梳理，此处省略。这一时段的苗族调查以西部方言区石门坎成就最大，由于有教会的教育系统，不少苗族有了学习汉文的机会，民族意识觉醒，他们当中不少人或调查或记录当时的苗族文化，表现出较为活跃积极的态势。

王建明、王建光兄弟是较为突出的代表。1938年，即将大学毕业的王建明选取了苗民社会的课题作为毕业论文的研究方向，他沿贵州的贵阳、安顺、水城、威宁一直到云南的昭通、大关，四川的筠连、宜宾、珙县等苗民居住区，走访调查山区苗民的生活、生产情况，历时3个月，最终完成1万多字的毕业论文《西南苗民的社会形态》。这篇论文较为全面地反映了西南苗民的社会地位、经济状况、文化教育、生活习俗、宗教信仰和婚礼丧葬等情况。较之于客位民族学家对于文化的关注，王建明在论文中重点探讨了西南苗民的土地、教育等民生问题，表现出苗族学者对广大苗族同胞的深切关怀。

王建明的兄弟王建光1939年毕业后被留在教育部，当年即随着教育部西南边疆教育考察团到川、黔、滇、桂四省考察。他耳闻目睹少数民族教育状况的落后，萌生"教育救国"的理想，关注苗族教育，悉心研究苗族文字，编有《苗族字典》，并发表论文《苗民的文字》。

同为石门坎的第一代知识分子，王明基、杨芝等人积极搜集苗族古歌与故事。王明基对苗族古歌、故事、传说颇有研究。他利用在教会担任巡视员的机会，调查拜访了各地苗族老艺人、老歌手，并用苗文将他们的说唱内容记录下来，还收集了大量的苗族神话故事、古歌、传说、祭祀辞等苗学史料，为抢救苗族文化遗产作出了重要贡献。

这段时间的苗族调查除了上述梳理的这些个人调查之外，因为抗战或工作或旅游等机缘，不少外来者也曾对苗族地区进行过不同程度的调查，这属于第三种调查，即业余人士的苗族调查。

薛子中1934年曾在中国西南进行了一年多的漫游，在《匹马苍山》中，他提到苗民土地权丧失、苗匪畏官如虎、威宁苗族三吹三打和鹑衣千结的极度贫困现象。[①] 正如他者评论：在中国西南地区旅行期间，薛子中进入了当时尚乏人涉足的苗族等少数民族区域，记录了一些难得的第一手

---

① 薛子中：《匹马苍山：黔滇川旅行记》，辽宁教育出版社，2013。

田野资料，受到了学界的重视。①

林冰因为工作的原因，曾有机会接触苗族文化：本人因为职务的关系，奉调到贵阳服务，曾取道西南公路的湘黔段，现更奉派到东线工作，在这一段公路上已经过了两次来回，虽说不上有什么经验，但就表面上看得见听得到的略知道了一些。② 其苗族表述记录了当时苗族的一些交通现状，可视为苗族地区交通志的实时记录。

1938年春，长沙临时大学西迁。师生三百人组成"湘黔滇旅行团"，从长沙走到昆明。旅途中，团员各就性之所好，学之所专，从事种种考察和研究。其中钱能欣的《西南三千五百里》、杨式德的《湘黔滇旅行记》都是这次旅行调查的结果，这些以散文形式书写的游记成为当时苗族文学表述的重要内容。

除在团体调查中提到的艺术家庞薰琹之外，叶浅予、关山月、黄尧、董希文、黄异、马得等画家亦在抗战之时来到贵州，深入苗族地区采风。抗战期间，叶浅予大部分时间寄身于西南大后方。1942年他从桂林去重庆，在贵阳换车，偶然一次在花溪镇赶集，为满身绣花的苗家打扮所吸引，决定推迟重庆之行，前往惠水，深入摆金，体察苗族地区的生活，搜集形象资料，准备用中国画笔墨描绘色彩丰富的苗区生活风貌。1943年春季，他曾试写苗区人物画，在重庆展出，画已散失，而原始速写尚在手头。③ 他所作的7幅《苗区画》，画风明丽活泼，较之历代《百苗图》的简略勾勒，更立体更生动地呈现了苗族形象。

除画家之外，当时不少在苗族地区工作的工作人员利用地理优势搜集了大量苗族歌谣。刘兆吉在《西南采风录》中坦言，虽然旅途辗转于湘黔滇三省，经过很多苗家的城镇村落，也有大量的机会接触苗家同胞，然而由于言语不通，他仅采集了两首严格意义上的苗歌。④ 比较而言，申廓英在苗族地区的歌谣调查工作可谓得心应手。他提及自己曾服务于湘川公路，利用时间和地理优势广泛采集：

---

① 杨万选等：《贵州苗族考》，贵州大学出版社，2009，第262页。
② 林冰：《西南公路——湘黔段》，载于贵州省文史研究馆编《民国贵州文献大系》第七辑上册，贵州人民出版社，2015，第3页。
③ 叶浅予：《在苗区作画》，载于贵州省文史研究馆编《民国贵州文献大系》第七辑下册，贵州人民出版社，2015，第151页。
④ 刘兆吉：《西南采风录》，载于贵州省文史研究馆编《民国贵州文献大系》第二辑下册，贵州人民出版社，2011，第388页。

特于公退之暇，走上茅庐草舍，田畔森林，洞口寨上，溪边渡头，遇着苗僮村女，樵夫牛郎，辄向其采风问俗，叩水询山……费时十余越月，跑路数十乡，辗转介绍之人，亦达数十余人，共搜罗三百余首。①

前文言及，1928—1948 是苗族表述的重要转折。这样的转折绝非意外，而是基于大量的实地调查以及第一手田野调查所呈现的整体而系统的苗族表述。曾任贵州省政府主席杨森评价历代关于苗族表述的虚构与想象时提及：中国古代学者，矜奇炫异，贵耳贱目，对边胞风习生活记载，往往向壁虚造，或传闻失实，实鲜正确之报道。② 这个时期的实地调查改变了传统的表述方式，大量的田野调查、田野日志记录了真实、客观与鲜活的苗族生活场景。由于调查次数多、参与人员身份复杂，既有国外人士，又有国内学者、工作人员、旅行人士，故而上文仅仅是略微梳理其大概脉络。

第二节　表述内容概述：苗族表述的四个多重

1928—1948 年是苗族表述的分水岭，这一时段的苗族多重表述可概括为四个多重即多学科、多角度、多身份与多媒介。

一　多学科：文学、民族学等

这一时段的苗族表述出现了多学科的众声喧哗，文学、民族学、语言学、地质学等多学科的专家皆参与苗族表述，其中以文学和民族学成就最为突出。

就文学角度而言，这一时段的文学表述有作家文学和口传文学两种。后者在当时多注重搜集整理，较少有研究论及，下文将详细论述，此处不作展开。

至于作家文学，这一时期的苗族文学表述以沈从文为翘楚。同为苗族作家的紫沫在其文学作品《旅伴》和《在绥东》中表述了当时苗族民众深受官僚欺凌、匪患抢夺的悲惨境况。此外，余道南、陈兰荪、林冰、施蛰存、谢六逸、李绍良、余范传、李祥金、龙雨农、冬野、王成、朱家森、

---

① 申廓英：《汉译苗疆民歌集》，大伦印刷所，1937，自序第 2 页。
② 杨森编著《贵州边胞风习写真》，贵州省政府边胞文化研究会，1947，自序第 1 页。

芳尘、李霖燦、石堤等不下 20 位文学家皆用文学书写的形式表述了这一时段的苗族地区境况。值得一提的是杨式德的《湘黔滇旅行记》、钱能欣的《西南三千五百里》，在这两部游记体的散文集中，作者记录了当时湘黔滇苗民的生活境况，文笔流畅。

从民族学角度而言，这一时段的苗族地区民族学表述开启了苗族表述的重要转折。这一时段的苗族民族学表述不仅参与者数量众多，而且表述成果丰富。就参与人员而言，至少有罗荣宗、盛襄子、凌纯声、芮逸夫、刘锡蕃、童振藻、王静宸、孙家俭、笑岳、林名均、王文萱、何士能、皮自牖、王嗣鸿、彭启文、姚人明、阮镜清、邱纪凤、何健民、杨力行、梁瓯第、胡鉴民、李德芳、陈国钧、吴泽霖、李植人、李振麟、吴修勤、柴骋陆、张少微、张为钢、岑家梧、江应樑、王云路、张昆、田家武、杨成志、管东贵、雷雨、王兴瑞、胡庆钧、检曙峦、张敷荣、邓平平、觉迷、黄平安、区作霖、李震一、吴文藻、杨万选、管承泽、刘汉源、马毅、白敦厚、王治远、杨岱、杨大器、葛维汉、萨维纳、伯格理、克拉克、鸟居龙藏、王树德、张绍乔、张继乔、鲍克兰等 70 余人曾对此撰文。

除了文学与民族学表述，还有其他学科的学者参与了这一时段的苗族表述，如人类学博士吴定良先生，语言学者李方桂先生，中英庚款董事会社会学研究生李植人、杨汉先以及邝荣埧（邝充）、覃恩泽、冯枒和社会系学生、大夏大学黔籍学生等，皆从不同角度参与了苗族的表述。[①]

二 多角度：主位、客位与阈限

自从美国人类学家哈里斯提出主位研究和客位研究这组二元对立的研究方法后，究竟是主位研究即像本地人那样去思考和表述文化还是客位研究即以外来者的身份去理解和表述文化较为合理，就成为人类学界悬而未决的一段公案。实质上，人类学的表述从客位研究的一统天下到客位研究与主位研究的分庭抗礼，不仅仅是研究方法的转变，更是社会思潮与哲学思想的投射：早期的人类学家以客位身份进入某一异文化，试图用科学民族志传达出对他者的准确表达，但由于多数情况下这些民族志的拟定读者并非这些被研究的异文化主位持有者，故而其表述以科学为上，且忽略当

---

① 何长凤：《贵州近代少数民族调查研究的拓荒者——抗战时期大夏大学社会研究部的成就》，《贵州民族研究》2002 年第 1 期。

地人的情感与伦理。自人类学经典民族志案例数次被批判与解构之后，人类学逐渐被引入主位表述，从之前关注科学性开始转向关注人文性。

主位和客位一直是人类学表述的一组悖论：客位由于其固有的身份隔膜，所以总是与被表述文化之间存在一定的距离，加上后现代对于民族志书写权威的解构，从而使得人类学意义上的客位表述陷入制造民族志的困境与危机；较之于客位的疏离与陌生，作为被表述文化的持有者，主位因为熟悉与接近，似乎是较为理想的表述者，却又由于"靠得太近"，往往陷入"不识庐山真面目，只缘身在此山中"的尴尬处境，从而使得任何一种文化的表述都没有一种理想的表述者。

对于1928—1948年苗族文化，结合表述者身份、表述媒介和表述的拟定读者，本书提出以下三种分类：第一种是主位即苗族民众用苗语诗歌表述自己，第二种是客位即他者用汉语（或英语或法语或日语等）向读者表述苗族文化，第三种是阈限即苗族知识分子用汉语向读者呈现自我的苗族文化。

之所以将苗族歌谣的表述界定为主位，有以下两个原因：一是从表述者身份而言，歌谣是大众的、集体的歌谣，故而歌谣是苗族民众对自己文化的自我表述，它的创作者为广大民众；二是从表述内容而言，这一时段的苗族现状可以从苗族歌谣得以了解。

之所以将凌纯声等民族学家的表述定性为客位有以下四个原因：首先，就身份而言，这些民族学家几乎都是汉族，他们从地理到文化都属于他者身份；其次，就学术素养而言，这些民族学家多数都受过专业的学科训练，具备民族学家客位表述的专业素养；再次，就表述内容而言，客位表述囊括了整体性的苗族文化；最后，就表述目的而言，这一时段的民族学表述具有强烈的时代要求与政治背景。鉴于下文将展开详细论述，此处仅仅是简单梳理。

之所以将这一时段苗族的知识分子表述界定为阈限，有两个重要原因。首先，这些知识分子对待苗族文化的取向不尽相同，表现出耻苗、挣扎于苗汉文化之间与强烈反对汉化三种类型。其次，这些知识分子的作品同时呈现主位与客位的双重表述。如石启贵、杨汉先与梁聚五的苗族表述既有主位的政治身份诉求，也有客位的学术研究，亦有主位与客位交融的文化介绍和现实关怀。至于沈从文的文学表述，既有主位表述如对苗族被污名化的正名，对苗族生存苦难的文学书写与同情，对苗族文化的高度礼赞及对民族文化融合的展望①，又有客位表述如对童养媳早婚习俗的批判，对相互打斗结下世仇的反思，更有阈限视角对"车路"与"马路"、"渡船"与"碾坊"的思考。借鉴叙事学的视角分类，以沈从文作为第一人称或第三人称也可以将其文学表述的作品作出主位或客位的简单划分，沈从文的文学表述同时兼顾了主位与客位的双重视角（见表1-3）。

表1-3　沈从文作品主位、客位分析

主位	沈从文全集《小说·第一集》 沈从文全集《小说·第二集》 《湘行散记》《湘西》《芸庐纪事》 《一个传奇的故事》《莫错过这千载难逢的报国机会》	在这些文本中，沈从文多以第一人称叙事或以自己亲友的生命履历叙事，作品呈现了当时苗族民众的众生百态。
客位	《阿丽思中国游记》《男子须知》《七个野人与最后一个迎春节》《一个女人》《龙朱》《媚金·豹子·与那羊》《神巫之爱》《牛》《建设》《黔小景》《凤子》《阿黑小史》《边城》《贵生》《顾问官》《丈夫》《柏子》《月下小景》《长河》《小砦》《动静》《雪晴》《张大相》	在这部分文本中，沈从文多是以第三人称来叙事，涉及宗教部分的表述多重场景铺陈少仪式流程介绍，涉及日常生活的表述则冷静、旁观，跳出当事人的主观感受，用文字传达出同情与悲悯。

需要申明的是，此处用阈限二字不同于仪式理论中的三阶段划分即分离（前阈限）——过渡（阈限）——组合（后阈限）之一种动态的历时转换过程，毕竟阈限在仪式的终极目的是达成身份的转换或完成生命履历，强调中转性。而本书提出主位、客位与阈限的多重表述角度，是为了凸显阈限的中间性。

三　多身份：民族学家、文学家等

就表述身份而言，这一时段苗族的多重表述表现为多身份的著者参与，他们中有民族学家、苗族知识分子、文学家、官员、传教士等。

（一）民族学家

这一时段的苗族表述以民族学家为骨干，包括陈国钧、吴泽霖、杨成

---

① 课题结项时专家撰写的意见。

志等，正如前文所述，这些学者利用科学的田野调查法，深入苗族地区实地研究与记录苗族文化，人数达 70 位以上。他们撰写了大量的调查报告、学术专著与期刊论文。

芮逸夫先生可谓当时苗族客位调查第一人。从时间而言，他于 1933 年与凌纯声和勇士衡一起深入湘西进行苗族考察，写出《湘西苗族调查报告》；1934 年至 1935 年，他与凌纯声到云南红河苗族地区进行考察；1939 年至 1940 年，芮逸夫和庞薰琹又到贵州花溪、青岩、贵定等地进行贵州苗族调查，拍摄照片数百张，今存放在台湾中研院历史语言研究所；1943 年，他带领胡庆钧去叙永县考察鸦雀苗，成果为《川南鸦雀苗的婚丧礼俗》《川南苗族调查日志》。

芮逸夫对于苗族的民族学调查不仅在于他对地方歌谣、口述史与婚丧礼仪仪式的高度重视，还在于他是完成当时苗族地区整体研究的第一人。概言之，芮逸夫是当时进行苗族调查时间最长的民族学家。从空间而言，从湘西到云南，从贵州到川南，他对于苗族歌谣与故事、苗族婚丧礼仪的详细记录，算得上当时苗族调查最为完整的第一人。借用王明珂的评价：涵盖了当时所谓"湘苗、黔苗、滇苗、川苗"之整体苗族社会文化调查。①

（二）苗族知识分子

这个时期，少数苗族知识分子试图通过著述传达苗族地区的政治、经济、文化状况。如梁聚五撰写了本民族学者的第一本苗族通史，朱焕章则编写了苗乡第一本乡土扫盲读本《西南边区平民千字课》。

本节重点提及西部方言区的韩杰编著的《花苗史略》②，将《花苗史略》作为当时苗族学者的典型成果分析有以下三个原因。

首先，《花苗史略》大量引用苗族口述资料，凸显对民族心史的重视。该书第二章记录了杨亚射日月与公鸡唤太阳两则故事，将这两则故事看成苗族迁徙的心史记忆。他将苗族的迁徙线路概括为由热道至寒道至温道，具体阐述为：

---

① 王明珂：《导读并序》，载于《川南苗族调查日志 1942—1943》，台湾中研院历史语言研究所，2010。
② 《花苗史略》从苗族的远古写到苗族的当下，最后用大约一半的篇幅记录了基督教传入大花苗之后的境况，重点介绍了伯格理牧师在苗族地区传教的情况。

迁至黄道，日直射而酷烈之，必曰：非怪如是之酷热，见天已有七日之发现矣。渐迁于寒道，半年不见日光，则曰：怪杨亚射惊而避匿耳。然后转移温道，气候温和，则曰：幸有鸡唤出一日一月，故其热度温和矣。①

苗民无文字，古歌为其心史，这样的解读固然没有实证的论据，然而设如参照汉文文献记载，似乎可以印证三苗由洞庭湖出发，迁至甘肃一带的三危山，经雪山寒道入川西，最后进入温道的乌蒙高原。

在第三章，韩杰用西部苗族流传甚广的猪心之仇、龙心之恨两则故事解释西部苗族不吃动物心脏的禁忌："因一牛心而丧其子，又因一龙心，而丧其命，逐其族，故子孙永远禁心不食。以为伤惨之纪念也。"②

其次，出现了自我表述的新颖视角。在第三章中，他作出本民族学者特有的主位表述。第一，他肯定苗族是一个完整的民族，没有细分的必要。正如专著所言：夫苗族，原属有苗之宗，一族之本，决无所分。这与历代他者对于苗族的驳杂分类截然不同。第二，针对居住各异、职责不同、语言差异的苗族，他批判客位学者一贯引用的生苗与熟苗之分，认为苗族之间的区分只是在于和汉族互动时是否丢失其语言与风俗。

最后，他首次发出苗族的心声。韩杰在第四章中列举了众多土目虐待苗族的酷刑，歌颂梭戛土目善待苗民，认为土目与佃苗之关系"应如主客之平等，决不以奴隶之看待"，"力扶佃苗之读书，提倡民权，以重人道"。从韩杰的著述中可以看出，随着基督教在石门坎的传播，苗族逐渐产生了自由、平等的民族意识。正因如此，韩杰爱憎分明地表达出苗族的心声。在第十二章中，他从柏牧荣伟、柏牧爱孩提、柏牧善劝和睦、得逐鬼之灵、得移山之信、善敬老人、引民爱国、实行拯救、提高苗族、善救罪人、改正人误、改良风俗、沾泽不忘、柏牧逝世、为苗流泪15个小节，用短短数语刻画了基督教牧师伯格理善良正直的形象。此外，他还记录了12位基督教牧师，重点书写了汉族牧师李司提文。李司提文撰写了伯格理墓志铭与《石门坎溯源碑》，这是一份不可多得的李司提文研究资料，为后来的石门坎研究者提供了较为翔实的原始资料。中华人民共和国成立后出

---

① 韩杰：《〈花苗史略〉校释》，中央民族大学出版社，2013，第87页。
② 韩杰：《〈花苗史略〉校释》，中央民族大学出版社，2013，第93页。

版的《从石门坎走来的苗族先辈们》[1]列举了众多的石门坎优秀文化人，其结构章节深受这本著作的影响。

(三) 文学家

从附录二可知，这一时段有较多的文学家表述苗族。除了影响较大的苗族文学家沈从文之外，还有大量的客籍文人。不少旅行于苗族地区的文人亦以不同的形式参与了苗族表述，这样的个案不在少数，如上文提及的杨式德的《湘黔滇旅行记》，钱能欣的《西南三千五百里》等。值得一提的是，1937年抗日战争爆发，不少大学迁往西南，韩北屏、余道南、陈兰荪、刘兆吉等利用歌谣搜集、散文创作等形式不同程度地表述了当时的苗族形象。

(四) 官员

在这特定时段中，不少官员利用在苗族地区工作的机会也先后参与了当时的苗族表述，如杨森、杨万选、管承泽、白敦厚、雷雨等。其中杨森不仅走入石门坎，而且参与编著了《贵州边胞风习写真》。从其篇幅涵盖之广，可看出当时苗族地区官员的表述不仅仅限于对军事与地理的关注。

> 本书所述，边胞风俗，虽非全貌；然按图索骥，亦可见其梗概。冀我黔民从此改进，化历代干戈，开万世太平，本三民主义，全力以图实现。元首指示改造天时地理人力，融合边汉同胞，统一意志，集中力量，建设新贵州，则国家幸甚，民族幸甚。[2]

(五) 传教士

当时，既有民族学者如鸟居龙藏、鲍克兰、史禄国等参与苗族表述，也有不少传教士利用在苗族地区传教的机会，创作了《苗族史》《苗族救星》《在中国的西南部落》《石门坎与花苗》等著作。其中值得一提的是

---

[1] 陶绍虎编《从石门坎走来的苗族先辈们》，云南民族出版社，2012。
[2] 参见杨森编著《贵州边胞风习写真》，贵州省政府边胞文化研究会，1947，第75页。

法国传教士萨维纳,他不仅完成了苗族第一部通史《苗族史》①,而且在1917年出版了《苗法字典》,这是第一本苗法字典。萨维纳不仅简略梳理了苗族发展史,而且就苗族的语言、苗族的家园即地理分布与苗族的信仰作出了客观的梳理。这本专著表现出传教士特有的悲悯和同情,书中对苗族的赞誉之词比比皆是。

四 多媒介:文字、图片、视频、歌谣与碑刻

1928—1948年的苗族表述延续了明清以来的文字表述、图片表述这两种最为重要的表述方式,然而表述媒介出现了重大转变。就媒介而言,增加了视频表述和歌谣表述,后两者同样构成了当时苗族表述的重要维度。

(一)文字表述

在这二十年里,苗族的文字表述不仅在表述数量上超过历代表述苗族的文字总和,而且在表述内容上出现了重大转折。上文言及的多学科、多角度、多身份多数表现为文字表述。就著作而言,已经公开出版的作品既有文学性的表述如沈从文的《边城》《长河》《湘西》《湘行散记》等,韩北屏的《苗寨汉家女》,钱能欣的《西南三千五百里》等,又有民族学的调查报告如凌纯声等的《湘西苗族调查报告》、鸟居龙藏的《苗族调查报告》以及研究性的文集《贵州苗夷社会研究》《海南岛之苗人》《贵州边胞风习写真》《苗族史》《在中国的西南部落》等,不下15部。这一时期编印的著作包括《湘西土著民族考察报告书》《苗夷民族发展史》《花苗史略》《西南边区平民千字课》《湘西苗族考察纪要》等,数量远远超过出版的著作。

(二)图片表述

图片表述包括照片、绘图。先说照片,这一时期的民族学家掌握了摄影技术,故而他们在田野调查的同时充分利用了这一工具,笔者粗略地对这一时期收入在不同的文集中的照片进行了梳理,具体如表1-4所示。

---

① 萨维纳:《苗族史》,立人等译,贵州大学出版社,2009。

表1-4　1928—1948年苗族照片汇总

著作	张数	图片内容
苗胞影荟[①]	20	苗族服饰如短裙黑苗便装等
湘西苗族调查报告[②]	120	因张数过多，故按照主题分类，具体包括苗疆的人生地理26张、苗族的经济生活30张、巫术与宗教19张、鼓舞与游技43张、屯田2张
"窄门"前的石门坎[③]	58	图片多集中于传教士的传教活动展开，多为个人图片如伯格理的照片、三位最早的苗族布道员等
在中国的西南部落中[④]	33	这些图片多集中表现基督教传入中国后的苗民生活如19世纪初传教士镜头下的大花苗生活
苗族史[⑤]	31	这一部分图片多数是传教士拍摄，集中于川黔滇西部方言区的苗族
贵州苗族考[⑥]	4	记录了黔西、毕节、安顺苗族妇女装束等
苗族调查报告[⑦]	90	多数集中于苗人的肖像，有黑苗、白苗、青苗等人物照片多幅，且一张照片有两个不同的拍摄角度
光华之子[⑧]	5	1. 石门坎远景 2. 朱焕章先生大学毕业时合影 3. 石门坎女校低年级部分师生合影 4. 参加运动会的苗族群众 5. 朱玉芳和弟弟明宗的合影
中国石门坎百年影像纪实[⑨]	36	这组照片有一部分与其他著作中的照片重合，记录石门坎影像
川南苗族调查日志1942—1943[⑩]	57	这些照片多为苗族的日常生活，可谓苗族生活的影像记录，如苗妇背水、荷锄等
云南民族调查报告[⑪]	16	关于花苗的照片共有16张，具体包括射猎用的弓弩、女孩背面的装束、吃饭的情况、族长韩万选等
贵州边胞风习写真[⑫]	61	图片内容多为苗族的衣食住行
从石门坎走来的苗族先辈们[⑬]	25	石门坎第一批苗族精英人士的照片，如1916年杨雅各的出国护照，张志城、王正科、韩杰和夫人张心爱女士、杨可荃与夫人、吴性纯博士等人的照片
西南三千五百里[⑭]	15	1. 沅水晚渡 2. 桃花源的"古桃花潭"和"秦人古洞"

续表

著作	张数	图片内容
西南三千五百里[14]	15	3. 湘西晃州潕水上的浮桥 4. 湘西晃县的侗家 5. 黔东镇远大土寨的青苗妇女盛装 6. 黔西安顺县的青苗妇女 7. 黔西镇宁县的西苗妇女 8. 黔东重安江上的仡兜苗妇女 9. 黔西镇宁县的花苗妇女 10. 黔西安顺县已汉化的倮俪妇女 11. 黔西靖镇县的尖顶苗妇女 12. 黔西安顺县的仲家妇女盛装 13. 黔西平坝县的市集 14. 黔东炉山县汉苗联欢会中的仡兜苗 15. 黔西黄果树大瀑布
影印在老照片上的文化[15]	29	图1. 鸟居龙藏博士 图2. 与德岛八万里田园风光相似的贵州潕阳河畔的梯田 图3. 东京地学协会给鸟居龙藏的委托书 图4. 鸟居龙藏中国西南调查的旅行路线图 图5. 鸟居龙藏到中国西南使用的护照 图6. 鸟居龙藏和翻译王氏在沅江畔留影 图7. 贵州、湖南两省的物资集散地洪江司 图8. 改装后的鸟居龙藏及其一行 图9. 重庆横穴式坟墓（蛮子洞） 图10. 贵州重安江苗族男青年 图11. 贵州省安顺苗族妇女和儿童 图12. 贵州省青岩苗族男青年的体形特征 图13. 贵州省安顺附近的苗族和"屯堡人"的村落、田园 图14. 贵州省安顺苗族青年吹芦笙 图15. 贵州省青岩苗族妇女和儿童 图16. 贵州省坡贡苗族妇女在织布 图17. 贵州省青岩苗族芦笙手 图18. 贵州省惠水苗族芦笙手 图19. 鸟居龙藏在贵州青岩采集的芦笙 图20. 鸟居龙藏记录的苗族甲、乙两种芦笙的乐谱 图21. 贵州省安顺苗族背小孩的妇女，背扇为铜鼓涡旋纹饰 图22. 鸟居龙藏分析的铜鼓表面纹饰 图23. 鸟居龙藏分析的铜鼓胴部纹饰 图24. 贵州省惠水苗族少女

续表

著作	张数	图片内容
影印在老照片上的文化[15]	29	图 25. 贵州省安顺苗族妇女 图 26. 贵州省贵定苗族 图 27. 鸟居龙藏于1902年拍摄的黄果树瀑布 图 28. 居住在红崖山麓的苗族老人 图 29. 鸟居龙藏路经的湘黔滇驿道
《新修支那省别全志》[16]	3	1. 贵州省苗族妇女 2. 苗族妇女 3. 补笼仲家（贵州苗族）欢快地敲击铜鼓

注：因部分文集里收入的照片较多，故此处不详细列举，详见本书附录二。
资料来源：①大夏大学社会研究部：《苗胞影荟》第一辑，贵阳大夏大学社会研究部，1940。
②凌纯声、芮逸夫：《湘西苗族调查报告》，商务印书馆，1947。
③张坦：《"窄门"前的石门坎——基督教文化与川滇黔边苗族社会》，贵州大学出版社，2009。
④塞缪尔·克拉克：《在中国的西南部落中》，苏大龙译，贵州大学出版社，2009。
⑤萨维纳：《苗族史》，立人等译，贵州大学出版社，2009。
⑥杨万选等：《贵州苗族考》，贵州大学出版社，2009。
⑦鸟居龙藏：《苗族调查报告》，国立编译馆译，贵州大学出版社，2009。
⑧朱玉芳：《光华之子：我的父亲朱焕章》，云南民族出版社，2012。
⑨杜应国：《中国石门坎百年影像纪实》，云南民族出版社，2007。
⑩芮逸夫：《川南苗族调查日志 1942—1943》，中研院历史语言所，2010。
⑪杨成志：《云南民族调查报告》，载于《杨成志人类学民族学文集》，民族出版社，2003。
⑫杨森著《贵州边胞风习写真》，贵州省政府边胞文化研究会，1947。
⑬陶绍虎编《从石门坎走来的苗族先辈们》，云南民族出版社，2012。
⑭钱能欣：《西南三千五百里》，商务印书馆，1939。
⑮黄才贵：《影印在老照片上的文化》，贵州民族出版社，2000。
⑯支那省别全志刊行会编纂《新修支那省别全志》第四、五卷 贵州省（上、下），贵州省文史研究馆编《民国贵州文献大系》第五辑中、下册，杨德芳译，贵州人民出版社，2016。

  芮逸夫、陈国钧的调查资料显示，当时他们拍摄的苗族照片至少在一千张以上。由于年代久远，笔者只梳理到600余张照片，这些照片涵盖了苗族的三个方言区。其中，西部方言区基督教传教士的力量渗透较强，记录了石门坎大量与传教相关的图片，约占照片总量的60%。中部方言区目前只搜集到《苗胞影荟》和《贵州边胞风习写真》所收录的照片，近60张，这显然与大夏大学在当地的数次调查中所拍摄的数量众多的图片不成比例。从照片内容而言，与西部方言区侧重教会内容的照片不同，中部方言区的照片侧重展现女性服饰与民俗。东部方言区除了勇士衡在《湘西苗族调查报告》中拍摄的近120张照片之外，本土学者石启贵也拍摄了大量珍贵的照片，这些照片涵盖了当时苗族地区的地理、经济、宗教、服饰等，遗憾的是这些照片至今没有正式出版。①

再说绘画。这一时段的苗族绘画更多地在展示苗族丰富的日常生活。如庞薰琹的《贵州山民图》、叶浅予的《苗区画》、关山月的《贵州苗族写生图》、黄尧的《漫画贵阳》、董希文的《苗女赶场》、黄异的《安顺苗人生活写实》等多幅绘画都是当时苗族生活的真实写照。这些绘画内容丰满活泼，人物形象正面立体。最值得一提的是马得，他在《苗夷情歌》中创作了61幅苗族男女恋爱主题的绘画，形成诗歌与绘画两相结合的诗画模式，形象诙谐活泼，从中可以了解当时苗族婚恋的诸多文化因素，这里将这些绘画整理如下（见表1-5）。

表1-5 1928—1948年苗族绘画目录汇总

画册名称	作者	数量	图片名称
贵州山民图	庞薰琹	6	跳场、射背牌、苗人畅饮图、笙舞、情话、跳花
苗区画	叶浅予	7	贵州苗女、苗乡山水、苗家姑娘、苗家女、苗家少女、苗岭踏青、苗乡集市
贵州苗族写生图	关山月	2	吹六笙、苗胞墟集图
漫画贵阳	黄尧	13	很具风趣的"苗家男"、"花苗"背着柴枝来换钱、"花苗"卖抹着黄磷的引火柴片、常带着大布伞的"花苗"、常背着笋筐来往着的苗女、幽雅的"六笙"吹着、苗家上坟张着伞挂满生前喜欢的东西、苗家结亲要"比鸡眼"、苗新娘出嫁是张着伞走去、"恋爱"的苗家名词叫"摇马郎"、俏皮的"苗少"用木叶吹着情调、"青苗"穿着长褶裙跳舞、"黑苗"的盛装很像古代的宫装
苗女赶场	董希文	1	苗女赶场
安顺苗人生活写实	黄异	2	安顺苗人生活写实之一——水西苗女卖煤者、安顺牛场
苗族情歌	马得	61	因内容较多，此处省略

---

① 根据笔者与协助凌纯声湘西调查的石启贵之孙女石朝慧2012年4月19日的谈话整理。据石朝慧女士讲述，石启贵这段时间拍摄的大量照片曾在北京旧物市场被一日本人购买，他意识到可能是石启贵拍摄的，经确认后他无偿地将照片还给石启贵的大儿子中央民族大学石建中教授。因为石启贵的两部重要著作《湘西苗族实地调查报告》和《民国时期湘西调查调查实录》都已经出版，故而这些照片没有被收进这两部著作。

可见，就内容而言，这些绘画内容侧重于服饰、民俗，可谓当时苗族民众的生活素描，具有强烈的时代感与民族感。

（三）视频表述

这一时段的苗族表述视频有两段。其中一段是勇士衡1933年在湘西苗族调查时拍摄的。王建民曾在《中国民族史》中提及1933年勇士衡在湘西调查时所录的一段影片至今下落不明。这是中国民族学家运用活动影视手段记录民族学资料的最早记录，如果谈到中国影视人类学的出现，其标尺应当定在此时。① 这段视频共长8分24秒，包含苗人之鼓舞、苗人之武术、苗人之游戏与调查团信息共四个方面的内容②，拍摄时长、拍摄内容详情如表1-6所示。

表1-6　1933年拍摄短片内容详解

内容	时长①	具体内容	备注②
苗人之鼓舞	40秒（00—00：40）	男子鼓舞	这三段视频都是一人敲击鼓面、一人在鼓侧敲打节奏。
	31秒（00：40—01：11）	苗女鼓舞	
	25秒（01：11—01：36）	盛装苗女单人鼓舞	
	1分（01：36—02：36）	盛装苗女双人鼓舞	
	34秒（02：36—03：10）	大鼓单人舞	这两部分敲打的是架起来略高于成人的大鼓，旁边且有较多的苗民观众。
	30秒（03：10—03：40）	大鼓四人舞	
	苗人之鼓舞共时长3分40秒		从动作的僵硬和表情的严肃且观众参与较少可知这应该是专门为调查团录制。
苗人之武术	14秒（03：46—04：00）	苗兵表演拳术	与苗人鼓舞的快放不同，苗人之武术部分大多采用正常速度录制与播放。加上这部分的拍摄充分考虑了苗寨背景，故而较之苗人之鼓舞部分，苗人之武术部分较为自然。
	21秒（04：00—04：21）	苗兵表演大刀	
	12秒（04：25—04：37）	苗兵表演长矛	
	26秒（04：38—05：04）	苗兵表演投掷手榴弹	
	23秒（05：05—05：28）	苗兵队伍下山	
	苗人之武术共时长1分36秒		

---

① 王建民：《中国民族学史上卷（1903—1949）》，云南教育出版社，1997，第180页。
② 根据笔者与协助凌纯声湘西调查的石启贵之孙女石朝慧2012年4月19日的谈话整理。王建民在《中国民族学史》中提及这段录像资料至今没有下落。2009年前后，因为《民国时期湘西苗族调查实录》（原《湘苗文书》）的整理与出版，石建中（石启贵之子）与台湾中研院取得联系，中研院将此段视频转发给他，经石朝慧女士中转，笔者获得这段视频资料。

续表

内容	时长	具体内容	备注
苗人之游戏	46秒（05∶34—06∶20）	苗人玩龙灯	这一部分的拍摄除了舞龙灯之外时长都较短。其中苗人赶场与苗人耍狮子在视频与字幕上出现混乱，画面先是显示苗人赶集，事实上应该是苗人耍狮子在前，赶集在后，字幕正好相反。最后一部分的苗人赶场与第四部分考察团背景的交代有交叉。
	24秒（06∶23—06∶47）	苗人男女打秋	
	28秒（06∶58—07∶26）	苗女打秋	
	07秒（07∶51—07∶58）	苗人赶场	
	09秒（07∶35—07∶44）	苗人耍狮子	
	苗人之游戏共时长1分54秒		
调查团信息	28秒（07∶56—08∶24）	调查团视频	从这段视频可知，调查团有军队随行[3]。

注：①因字幕出现后与视频播放起始之间有较长的时差，故而统计并非完全精确。

②整段视频右侧都出现"中研院历史语言研究所收藏"字幕，从视频拍摄的主要内容苗人之鼓舞、苗人之武术、苗人之游戏，加上有军队随行的调查团和手持国民党党旗的士兵，可以推出这段视频正是1933年中研院在湘西苗拍摄，算得上中国民族学史上最早的视频录制。

③当年历史语言研究所之正式民族考察皆有军队相随，成员们常受各级地方首长接待，此亦显示当时从中央到地方政府对民族考察之重视。参见王明珂《民族与国民在边疆：以历史语言研究所早期民族考察为例的探讨》，《西北民族研究》2019年第2期。

此外，还有一段疑为抗战时期国外人士录制的视频，共长1分21秒。这是一段彩色视频，从其英文配音提及的抗战与镜头出现的军官形象，可推测拍摄地为1937年前后的苗族地区，内容多数为赶集中的苗族女性形象，表述充满了对苗族生活境遇的同情和对苗族女性的赞美，英语配音翻译后字幕内容如下：

中国幅员辽阔，有很多少数民族，画中是一位正在赶集的苗族妇女。几百年前，苗族迁徙到大山之中，现在，他们仍然身着传统服饰，保持着古老的部落传统和语言，他们只在赶集的日子才去往乡镇。在中国，人们认为苗族人比较腼腆内向，但即使苗族人性格内向，他们仍然肩负着抗日的任务，当战争蔓延到中缅印公路附近的时候，少数民族亦志愿从军，在中国的部队中，有五分之一的士兵来自少数民族。画面中的苗族女孩看起来聪明机灵，但在面对镜头的时候，她仍然有点害羞。[1]

---

① 参见http://m.kuwo.cn/newh5/mv/play2017。

（四）歌谣表述

国内方面，同时期的苗族歌谣搜集和研究多为个人行为，比较成规模的有以下六次。第一次是沈从文 1926 年根据家乡镇筸一带的山歌整理的 40 首《筸人谣曲》，1927 年选编了 8 首《筸人谣曲选》。第二次是 1933 年 5 月，凌纯声等执行中央研究院的湘西苗族调查，在凤凰、乾城、永绥 3 县进行了历时 3 个月的调查，其中芮逸夫负责语言、歌谣和故事方面的搜集和研究，在公开出版的《湘西苗族调查报告》歌谣部分搜录了 44 首苗歌。第三次是自 1933 年直至中华人民共和国成立前，石启贵在调查的同时一直坚持对苗族歌谣的搜集和整理，成果散见于《湘西苗族调查实录》《民国时期湘西苗族调查实录·祭祀神辞卷》《民国时期湘西苗族调查实录·文学卷》等，石启贵对于当时苗族地区的歌谣搜集之庞杂，迄今为止无人能比。第四次是自 1936 年春开始，申廊英利用自己服务于湘川公路的机会深入湘西川边，费时十余月，奔走数十乡，共搜罗 300 余首苗歌。第五次是 1938 年前后，陈国钧在大夏大学工作期间，利用深入苗族地区的机会，搜集近一千首歌谣，最后编著成《贵州苗夷歌谣》。第六次是 1938 年春，长沙临时大学西迁，刘兆吉利用各种机会，沿途搜集歌谣两千多首，最后编辑出《西南采风录》。此外，长期在四川大学工作的葛维汉也搜集苗族歌谣 700 首，长期服务于川黔滇方言区的传教士克拉克、伯格理等人也搜集了一些苗歌。

除了上文梳理的这些较成规模的搜集之外，杨汉先、王兴瑞等人也致力于搜集苗族民歌。多数调查者和研究者都意识到歌谣研究之于苗族的重要性：

> 苗民重视歌曲，凡遇聚会，必有歌咏，互相唱答，以抒双方情感。考其酷嗜歌曲之原因，实以苗民无历史，关于古今事迹，或个人生平之遭遇，多隐寓于歌曲中，凡个人之喜怒哀乐，亦无不以歌曲表现之，就苗民全体言，歌曲为代替文献之历史。①

之所以这个时期会有学者对苗族歌谣产生浓厚兴趣，一方面是受到北大歌谣运动的影响，另一方面他们认为这是他者进入苗族文化研究的重要

---

① 贵州省政府民政厅编《贵州省苗民概况》，贵州省政府民政厅，1937，第 60—61 页。

媒介。正因如此，这一时段有数十人参与苗族歌谣的搜集和调查。此外，不少学者对苗族歌谣进行分类探讨、主题概括、内容解读，体现了对歌谣搜集与研究工作的高度重视。

除上文言及的文字表述、图片表述、视频表述与歌谣表述，这一时期的苗族表述还有少许的碑刻表述，限于学科素养与资料匮乏，笔者无法展开论述。

第三节　表述成果梳理：苗族表述的若干第一

这二十年里苗族的表述成果丰富，具体而言可概括为出现了苗族表述历史上的若干个第一，具体如下。

一　第一位有国际影响的作家产生

改土归流之后，不少苗族地区开设义学，苗族知识分子有机会学习汉文，故而在《苗族历代诗歌选》等诗歌选集中陆续有苗族知识分子运用汉文以诗歌的形式表意抒情。1928—1948年，真正在国内乃至国际产生深远影响的苗族作家当首推沈从文，正如苗族专家伍新福所言：

> 文坛泰斗沈从文，从湘西苗乡脱颖而出，独树一帜，创作了大量的小说和散文作品，开苗族现代作家文学之先河，不仅为苗族书面文学的发展做出了卓越的贡献，而且在中国文学史和世界文坛上占有重要的地位。①

沈从文被认定为苗族作家，一是因为其有苗族血统，二是因为其对苗族有族群认同，此外还在于他对苗族的历史、当下与未来都有着悲悯而深层的思考。

沈从文对于当时苗族的现状思考成为他乡土作品的主题，从时间而言，1928—1948年是沈从文乡土作品的重要时期；从空间而言，苗族地区是其乡土作品依托的重要地标。鉴于本书第五章将专门讨论沈从文的文学表述，此处不作展开。

---

① 伍新福：《中国苗族通史》（增订版），贵州民族出版社，2017，第494页。

总之，作为第一位影响深远的苗族书面文学作家，沈从文的作品能从边城走向世界，源于其出生于苗区的主位悲悯以及走出苗区后的客位冷静。

沈从文毕竟用文学缔造了一个孔武有力又充满人情的湘西社会，率先用文学的方式书写了一个历史悠久的民族——苗族。这种书写即便部分地源自于"他者"的想象，也远远超越了历代汉文文献对苗疆的记载。①

二 第一次苗族国外表述大量出现

西方对于苗族的表述，自哥伦布开始就已经零星出现。鸦片战争以后，帝国列强在军事侵略的同时加快了对中国的文化研究。从国别而言，先是日本派出学者鸟居龙藏以及东亚同文会深入苗族地区，后来法国、英国、德国和美国的传教士也到中国内陆尤其是西南地区考察。19世纪末20世纪初，他们当中开始出现一些研究苗族的专著。据统计，自1915年至1947年，国外研究苗族的论文和专著多达42部。② 这一时段的苗族国外表述出现井喷之势，下文列举影响较大的作品。

就目前搜集而言，鸟居龙藏的《苗族调查报告》算得上是这一时期关于苗族表述的重要著作。鸟居龙藏搜集了中国史料中有关苗族的记载，深入中国西南对苗族展开长时段的田野调查，收集了大量的田野资料并拍摄了许多照片。鸟居龙藏的《苗族调查报告》是第一本严格意义上的苗学专著，长达30万字。除文字表述外，书后还附有鸟居龙藏实地拍摄的苗族各支系照片90张，其重要意义表现为以下四点。

第一，《苗族调查报告》把苗族作为一个民族加以研究。他提出：

所谓苗族为何？亦为急需决定之问题。其解释有二：一为广义之苗族，系包含苗、傜、侗、黎、土人、㑩保等种族而言；二为狭义之苗族，则专指"苗"之一种。余以为在学术上应从后者，故本书所记

---

① 李国太：《"表述他者"还是"呈现自我"？——论沈从文的苗族书写》，《民族文学研究》2017年第4期。
② 王慧琴：《关于国外研究苗族的情况》，载于贵州民族研究所编《民族研究参考资料》第4集，贵州省民族研究所，1980，第32—34页。

则仅纯粹之"苗"也。①

正是基于田野调查，鸟居龙藏把苗族分为广义的苗族和狭义的苗族，避免了封建时期历代官员和文人对于苗族分类的混乱和模糊。在进行清晰的民族界定后，鸟居龙藏第一次将苗族作为一个民族加以研究。

第二，《苗族调查报告》第一次学术性、系统性地表述了苗族文化。《苗族调查报告》分为九章，具体内容如下：第一章"关于苗族之文献"，第二章"苗族之名称区别及其地理的分布与神话"，第三章"苗族之体质"，第四章"苗族之语言"，第五章"苗族之土俗及土司"，第六章"苗族之花纹"，第七章"苗族之笙"，第八章"铜鼓"，第九章"结论"。参照人类学研究体质、语言、考古与文化的四分法，在第一章关于苗族文献的梳理和第二章关于苗族名称及地理分布的介绍之后，鸟居龙藏提出研究一个民族体质、语言、土俗及心理状态的重要性，第三章到第八章的章节安排几乎可以从他以下的论述中找到印证：

> 顾依一民族之特征及性格以说明其人种之所属，必也首先注意于其体质，此于民族之研究上盖属最重要之条件。体质既明，次则及其语言，语言既明，又须注意于其心理状态，心理状态既明，最后乃研究此民族过去现在所特有之土俗。②

第三，《苗族调查报告》激励了国内民族学者对苗族的研究。《苗族调查报告》是国外学者系统研究苗族的第一部专著，在当时的中国学术界掀起了轩然大波：

> 今日之国人皆醉心于民族复兴之谈论，但对自己国内民族之认识，却又极端隔膜。西南民族为中华民族中的一系派，过去国人对西南民族谬误之传统的恶见解固无论也，而今日言民族之统一，民族平等者，能有几人亲身到西南民族集团中做实地之调查研究？反之，外国却有花毕生精力，冒最大的危险，往我国西南腹地做实际考察，考察报告这一类书籍，在国内如凤毛麟角，在欧美以致日本学术界中，却有不少专门论著，这不仅为国人极大耻辱，且为民族

---

① 鸟居龙藏：《苗族调查报告》，国立编译馆译，贵州大学出版社，2009，第13页。
② 鸟居龙藏：《苗族调查报告》，国立编译馆译，贵州大学出版社，2009，第238—239页。

前途极大之危机。①

第四，有学者总结，从学术史而言，鸟居龙藏开创了文献记载与田野调查结合的研究方法。② 鸟居龙藏对比了台湾生番的研究，台湾生番没有文字记载，故而不需要文献资料，而对于西南民族尤其是苗族，因为中外文献较多，故而只专注于实地调查的做法是不可取的。正是基于如此反思，在第一章中，鸟居龙藏列举了28种中国书籍、5种日本书籍、40本欧美书籍对苗族的记载，既列出了文献名称，还简介了部分文献的基本内容。

《苗族调查报告》处于苗学研究的发轫时期，故而其不足表现在有关苗族内部支系的分类标准是按照服饰而不是按照语言来划分，显然有失科学性。此外，关于苗族的宗教问题，由于调查时间过短，语言不通，鸟居龙藏得出的结论为：余所访问之苗族，均已失去其固有之宗教，而多信佛教，且多少道教化。室内皆设观音像或关帝等像。③ 这与后期凌纯声在湘西的调查、吴泽霖在贵州的调查有出入。最后，在民族心理的认定上，鸟居龙藏认为苗族阴郁沉静，这一结论从对苗族的容貌、音乐、色彩及花纹等观察得出，虽然有一定道理，但对于一个民族以单一的性格特质概括显然是片面的。

法国传教士萨维纳的《苗族史》上文已提及。他笔下的苗族历史悠久、宁死不愿遭受奴役、艺术感悟能力强。出于宗教的悲悯，他较为中肯地表述了他对苗族的总体认知：

> 这些人虽然是世界上最无文化的人，但他们绝不是最愚蠢的人群。如果有人认为他们是"劣等的生物"（minus habens），那绝对是错误的；我承认，我在教他们读和写的时候花了好多时间。但他们中有非常多的优秀人物。我知道，在云南那边，就有一些信奉天主教的苗人学习成绩非常优异。他们除了说自己的母语，还能说流利的汉语、法语，甚至还有拉丁语。④

---

① 王建民、麻三山：《导读》，载于凌纯声、芮逸夫《湘西苗族调查报告》，民族出版社，2003，第8页。
② 参见杨志强、罗婷《20世纪初鸟居龙藏在中国西南地区的人类学调查及其影响》，《民族研究》2016年第6期。
③ 鸟居龙藏：《苗族调查报告》，国立编译馆译，贵州大学出版社，2009，第177页。
④ 萨维纳：《苗族史》，立人等译，贵州大学出版社，2009，第269页。

此外，克拉克、伯格理、葛维汉等传教士先后著书，构成了当时苗族国外表述的重要组成部分。值得一提的是，德国鲍克兰女士先后在《云南大花苗的一个村庄》《中国西部珠江上游少数民族的文明》中提及苗族的分布与文化，是当时国外研究苗族的女性杰出代表。

三　第一批苗族调查报告出版

随着大量民族学学者进入苗族地区开展实地调查，大量调查报告陆续出版。

日本学者鸟居龙藏于1902年10月调查了黄平等地的黑苗，随后在贵定调查了花苗，最后经贵定入贵阳府并考察了青岩和定番附近的黑苗和花苗，其成果为《苗族调查报告》。虽然《苗族调查报告》一直到1937年才在中国翻译出版，但就中国范围而言，鸟居龙藏的《苗族调查报告》是用规范的人类学理论进行苗族调查研究的第一份苗族调查报告。

即便将调查和出版的时间严格控制在1928—1948年，这个时段也诞生了苗族的第一本调查报告即凌纯声等1933年在湘西开展调查的成果《湘西苗族调查报告》（1947年由商务印书馆出版）。在此意义上，凌纯声等开启了国内苗族调查研究的先例。他们在这个时期的苗族调查，突破了长期以来封建帝国关于征苗、剿苗等表述，表现出客位表述的冷静和客观。

继《湘西苗族调查报告》之后，苗族学者石启贵的《湘西土著民族考察报告书》也于1940年完成初稿。这是苗族学者的第一本调查报告，由于著者长期从事实地调研，这本调查报告不仅内容翔实，被誉为"苗族文化的百科全书"，而且体例合理，既有对苗族古代历史的探讨，也有对当时苗族文化实况的记录，还有关于苗族未来的思考。

调查对象同为湘西苗族，调查时间同在相近时段，既然凌纯声、芮逸夫经过实际调查已经有了一部《湘西苗族调查报告》，为何石启贵还要重写一部同类性质的调查报告呢？石启贵长子石建中在《回忆父亲石启贵早期的苗学研究》中写道：

> 这是因为，家父对本民族的命运和处境深感忧虑，他经常感叹地说：丰富多彩的苗族文化人人喜爱，可怜我苗族同胞，贫穷和落后，缺吃少穿的问题，谁来帮助解决。他怀着强烈的民族感情，并深受凌纯声、芮逸夫两位专家的启迪，决心要以苗族人自己写本民族的事……

这就是他萌生再写一部调查报告的缘故。①

对比同时段同区域的这两份苗族调查报告,可以看出,由于调查身份不同,侧重与表述也不同。

四 第一本苗族(通)史写成

从宽泛的意义而言,第一本苗族史应该是由法国传教士萨维纳书写的,他曾在专著《苗族史》结尾中写道:至于我,我只是想成为最先撰写他们历史的第一人。② 在《苗族史》中,真正关于苗族历史的论述仅仅集中在第二章,第一章主要围绕苗族语言展开研究,第三章从地理的角度探讨苗族的家园。因为传教士的身份,第四章集中讨论苗族的信仰。就篇幅而言,全书仅仅用了不足五分之一的篇幅讨论苗族的历史,而且从严格意义上而言,其主干即历史纪年表与关于苗族的各种引述文字所梳理的苗族史十分简略模糊,但对于一个国外传教士而言,这样的苗族史书写显然有着重要的意义。萨维纳根据中国文献记载和苗族自己的传说,把苗族的渊源追溯到伏羲与女娲。③ 萨维纳在撰写苗族通史的同时,还难能可贵地反思客位书写苗族史的不足:仅仅满足于通过中国的编年史来认识苗族,对苗族的认识肯定很不完整。编年史向我们展示的苗族是汉人所描绘的苗族,而非现实中的苗族。④

除了萨维纳撰写的《苗族史》,本民族学者梁聚五1947年完成了《苗族发展史》,这本书具有重要的学术价值,具体可从以下三个角度予以认识。

首先,这是数千年以来第一本断代明晰的苗族通史。这本苗族史严格按照时代编年史的手法,将苗族的历史分为三个大时段即公元前2797年到公元前2205年、公元前1766年至1126年、公元1280年至1949年。⑤ 然后,梁聚五又根据汉族的朝代再次细分,依次为夏禹前、殷商与西周、春秋战国前后、秦汉以来、唐宋时代、元代、明代、清代迄民国。

---

① 石建中:《回忆父亲石启贵早期的苗学研究》,载于石朝江编《理想与超越:〈梁聚五文集〉暨苗族文化保护与传承研讨会论文集》,贵州民族出版社,2013,第252—253页。
② 萨维纳:《苗族史》,立人等译,贵州大学出版社,2009,第330页。
③ 石朝江:《苗族百年研究与十部苗学经典著作》,中国少数民族哲学及社会思想史学会年会中国石油大学(华东)60周年校庆学术研讨会,2013。
④ 萨维纳:《苗族史》,立人等译,贵州大学出版社,2009,第2—3页。
⑤ 这样的断代很难令人信服,此处引用尊重文献原貌。

其次，这是苗族作者书写的第一本苗族通史，较之于他者书写的污蔑和嘲讽基调，本书对苗族充满同情与肯定。《苗族发展史》不仅正面肯定了三苗即苗族，而且明确提到其祖先为蚩尤，并论证了蚩尤对中国历史的三大杰出贡献即兵器、刑法和宗教。

最后，梁聚五在论著中反思"五族共和"的失败，质疑同化运动对苗族文化的破坏。其实，梁聚五的著述最为重要的目的是为当时的苗族争取一个合法的政治身份，如将他的这部苗族史与它的姊妹篇文章《贵州苗族人民在反清斗争中跃进》加以比较，就可以看出他的目的，那就是通过自己的工作，把歪曲了的苗族历史纠正过来，以消除民族自卑感，提振民族自豪感和自信心。[1]

五　第一批苗族学者自觉性发声

由于无字，在这之前的苗族自我叙事更多地表现为服饰、碑刻、诗歌、家谱等。1928年前后涌现一批苗族学者，他们人数众多，成果丰富，不乏优秀的代表，具体可参见附录二。如以方言区分类，则有东部方言区之石启贵，他的《湘西土著民族考察报告书》[2]和《湘苗文书》[3]都是在1937—1940年完成初稿的撰写。石宏规的《湘西苗族考察纪要》完成于1933年。在《板塘诗歌选》中，石板塘以诗歌创作和苗歌汉译表达了苗族学者的呼声。中部方言区以梁聚五为杰出代表，因为下文将专门讨论，此处不作展开。最值得一提的是西部方言区石门坎崛起的知识分子，比如杨汉先，他在《黔西苗族调查报告》《川南八十家苗民人口调查》《苗族述略》中首次运用民族学、社会学的理论和方法，向他者表述苗族文化。此外，朱焕章编著了苗族第一本乡土文化普及读本《西南边区平民千字课》，王建光编著了《苗族字典》。

六　第一次苗族整体文化被表述

此处所言的整体有两个层面：一是地域的整体，二是文化的整体即文

---

[1] 今旦：《永远的怀念不尽的哀思》，载于张兆和、李廷贵主编《梁聚五文集　民族·民主·政论》（上册），香港科技大学华南研究中心，2010，第 xi 页。
[2] 《湘西苗族实地调查报告》在1940年编撰的30万字的《湘西土著民族考察报告书》基础上修改而成。
[3] 《湘苗文书》整理出版为《民国时期湘西苗族调查实录》。

化系统性。

就地域整体性而言，由于传统的苗族表述的主要目的是武力上的征讨和平定，故而在这之前的苗族表述地域多集中在"生苗"区，尤其是贵州"黑苗区"和湖南"红苗区"，如《苗防备览》《苗疆闻见录》《黔书》《湖南苗防屯政考》等。到了这个时段，苗族表述的地域逐渐扩大，不仅人口较为集中的苗族地区如贵州、湖南被书写，就连人口较少的苗族地区亦被调查并表述，如四川叙永《汉村与苗乡——从20世纪前期滇东汉村与川南苗乡看传统中国》、四川古蔺《川南鸦雀苗的婚丧礼俗》、云南凉山《杨成志人类学民族学文集》、广西西隆《广西西隆县苗冲纪闻》、海南岛《海南岛之苗人》，地域上呈现整体性。

就内容的整体性而言，则注重苗族文化表述的系统性。正如学者反思的那样，就明清之际外来者的叙事而言，从叙事的社会文化动因上看，有着意识形态的教化冲动，其内容多围绕"奇风异俗的苗疆"展开。此外，从经济开发的战略考虑，主题多围绕"奇货可居"的苗疆展开叙事，其背后是文化资源和经济资本的权力争夺。[①] 类似的表述忽视苗族文化的有机性和整体性，较之于历史上传统苗族的表述内容以防、征、平、抚为核心，在1928—1948年这二十年里，苗族表述呈现百科全书式的整体表述（见表1-7）。

表1-7　1928—1948年苗族表述文本概况

著作	时间	地域	表述内容
湘西苗族调查报告[①]	1947年	湘西	苗疆的人生地理、苗族名称的递变、苗族的地理分布、家庭及婚丧习俗、苗族的经济生活、政治组织、屯田、苗官、鼓舞与游技、巫术与宗教故事、语言、歌谣
贵州苗夷社会研究[②]	1942年	贵州	概述综论、族源来源与歌谣传说、女性与生育、饮食习惯、经济生活、宗教信仰、教育、岁时娱乐、地理分布、婚丧嫁娶、语言文字、巫蛊专题、习惯法、其他
民国年间苗族论文集[③]	1983年编印	贵州、云南、湖南、四川	综述、族源、名称、分布、经济生活、语言文字、文化教育、习俗、其它

---

① 张中奎：《清帝国时期的苗疆叙事考察》，《西南民族大学学报》（人文社科版）2010年第3期。

第一章 1928—1948：苗族表述的重要转折

续表

著作	时间	地域	表述内容
贵州省苗民概况	1937年印刷	贵州	导言；第一章 生活；第二章 语文；第三章 乐歌；第四章 婚丧；第五章 习俗；第六章 生产；第七章 交易——赶场；结论
湘西土著民族考察报告书[5]	1940年编写	湖南	第一章 地理概貌；第二章 历史纪略；第三章 经济生产；第四章 生活习俗；第五章 婚姻家庭；第六章 政治司法；第七章 教育卫体；第八章 文化娱乐；第九章 诗赋词章；第十章 宗教信仰；第十一章 语言文字；第十二章 苗疆建设
民族学论文集[6]	1940年	云南、贵州	贵州短裙黑苗的概况、论调查苗夷语言的技术、苗族中祖先来源的传说、安顺苗民的娱乐情形、贵州苗族婚姻的概述、青苗的婚姻习俗、水家苗的妇女生活、川南八十家苗民人口调查
广西西隆县苗冲纪闻[7]	1933年	广西	第一 自古迄今；第二 苗冲与苗冲延长带；第三 到苗冲去；第四 苗冲之地理与交通；第五 苗冲之物产；第六 苗人之族别与衣饰；第七 苗人之住与食；第八 苗人之生计；第九 苗人之婚丧祭吊；第十 苗人之团体生活；第十一 苗人之语言与文化；第十二 苗冲苗人近世史略
贵州边胞风习写真[8]	1947年	贵州	第一章 绪论；第二章 生活；第三章 宗教；第四章 婚丧；第五章 集会；第六章 节令；第七章 工艺；第八章 娱乐；第九章 结论
苗夷民族发展史[9]	1949年撰写	贵州	第一篇 绪论 第二篇 苗夷民族由黄河流域发展到长江流域——夏禹前（公元前2797年至前2205年） 第三篇 苗夷民族由长江流域发展到澧水、沅水、乌江、柳江、澜沧江、金沙江等流域——殷周迄唐宋（公元前1766年至公元1126年） 第四篇 苗夷民族由澧水、沅水、乌江、柳江、澜沧江、金沙江等流域，发展到伊洛瓦底江、萨尔温江、湄公河等流域——元明清迄民国（公元1280年至1949年）
川南鸦雀苗的婚丧礼俗[10]	1962年	四川	上篇：婚姻礼俗 第一章 议婚；第二章 订婚；第三章 成婚；第四章 回门 中篇：丧葬礼俗 第一章 始丧；第二章 指路；第三章 入殓；第四章 吊奠；第五章 殡葬 下篇：祭祀礼俗 第一章 回阳；第二章 周年祭；第三章 做斋；第四章 翻尸；第五章 做祭

著作	时间	地域	表述内容
海南岛之苗人[11]	1948年	海南	自序；第一章 来源、分布及人口；第二章 语言；第三章 经济状况；第四章 社会组织；第五章 日常生活；第六章 风俗习惯；第七章 宗教迷信及其他；第八章 歌谣传说；第九章 汉、黎、苗诸族间的相互关系；附录 考察日记；后记

注：①凌纯声、芮逸夫：《湘西苗族调查报告》，民族出版社，2003。
②吴泽霖、陈国钧等：《贵州苗夷社会研究》，民族出版社，2004。
③这本论文集共收入了32位作者的59篇论文，1983年由贵州省民族研究院编印，直到当下都还未正式出版，但论文的撰写多数集中在1928—1948年这二十年里。
④贵州省政府民政厅编《贵州省苗民概况》，贵州省政府民政厅，1937。
⑤这本调查报告即1986年整理出版的《湘西苗族实地调查报告》的原始素材。
⑥贵阳大夏大学社会研究部：《民族学论文集》第一辑，文通书局，1940。
⑦雷雨：《广西西隆县苗冲纪闻》，广西民政厅秘书处，1933。
⑧杨森编著《贵州边胞风习写真》，贵州省政府边胞文化研究会，1947。
⑨这份资料即1950年铅印的《苗夷民族发展史》的原始素材。
⑩这些材料虽然1962年才在台湾出版，但资料收集于芮逸夫1942—1943年的川南调查。
⑪王兴瑞：《海南岛之苗人》，珠海大学编辑委员会，1948。

可见，这一时段苗族表述的地域范围之广泛、表述内容之完整有着重要的突破。

七 第一次出现历史表述的反思

这一时段的苗族表述第一次出现了对苗族历史表述的反思，这是表述转折的重要基础：

> 历代以来，对于各地苗夷，视同化外，只注重在苗防工作上，求其安边守土而已，故专事武力高压，变则剿之，顺者存之。余此次游历湘西，苗疆一带，自沅陵而上，如泸溪、凤凰、乾城、永绥、保靖、古丈以及川边之秀山、茶洞、黔边之松桃、铜仁等地，长途共计不过千里，所有衙署，文官少而武弁多……。①
>
> 远的且不说，即至元明清三朝，政府锐意经营西南，汉人逐渐移居腹地，在政治军事财赋上虽有莫大兴革，形成今日的规模，但于苗

---

① 申廓英：《湘西苗疆考察纪要》，载于《汉译苗疆民歌集》，大伦印刷所，1937，第2页。

族之生活习惯，特别是有关人口品质方面，完全没有具体的叙述和描写，有则光怪陆离，唯恐其不荒奇异诞，动人视听，与事实相去甚远，且多辗转抄袭，陈陈相因。这一方面固因当时社会与学术思想，受空间与时间的限制，不能多所发挥；另一方面也表示一般流官疆史，对苗情颇为隔膜，道听途说，少有实地考察调查。①

正如上文两位作者所言，申廓英认为苗族地区文官少而武弁多体现了历代王朝对苗族以征服与平定为目的。胡庆钧除了上文对于苗族历史表述的批判之外，还对产生这种历史的原因作出了较为精当的概括与分析。

在反思的基础上，这一时段的苗族表述在态度上由鄙夷、歧视改为同情与肯定。例如在苗人的恋爱方式问题上，传统表述多用"奔而不禁""放野"等鄙夷之辞。到了现代，苗人的恋爱方式如游方、摇马郎②、赶边边场等得到外族学者的肯定甚至赞誉。有学者指出，游方在许多人的意识中是一种邪秽不堪的举动，然而它是神圣崇高且带有几分神秘的，是值得歌颂与称羡的一种伟大崇高的举动。③梁瓯第在《摇马郎》中高度赞誉了苗族的这种恋爱方式。他首先讨论摇马郎的文化背景即时间、地点，其次简介摇马郎的活动过程，如男子在马郎坡上对女郎的招徕方式（如吹口哨、吹木叶、拍树叶、唱马郎歌等），然后他重点梳理了摇马郎的契约精神，最后提出摇马郎虽然有浓厚的旧形式，但在精神上符合新时代要求，是合法的、节约的和有礼貌的。总之，他高度肯定了摇马郎的合理性。④

除了对摇马郎的赞美，还有学者肯定了游方歌的抒情和记史功能：

在"游方歌"里，我们听到了青年们向往幸福生活的呼声，我们

---

① 胡庆钧：《汉村与苗乡——从20世纪前期滇东汉村与川南苗乡看传统中国》，天津古籍出版社，2006，第255页。
② "摇马郎"是汉人用汉语对苗族男女青年交友谈恋爱活动的他称。传统社会的汉人以儒家"男女授受不亲"的观念，猜测苗族男女青年自由交友谈恋爱的集体活动是在野外不正当的"性交野合"，男儿郎"野合"就像骑在马上摇，所以称为"摇马郎"。这种歧视性的汉语称呼，曾出现在20世纪50年代的《贵州日报》上，引起苗族知识分子的反对，后改用苗语称呼"游方"代替，于是"游方"一词被《现代汉语词典》收入。
③ 王嗣鸿：《台江边胞生活概述》，载于贵州省民族研究所编《民国年间苗族论文集》，1983，第179页。
④ 梁瓯第：《摇马郎》，载于贵州省民族研究所编《民国年间苗族论文集》，1983，第307页。

感触到了情侣们的心弦的动荡,他们以美丽的词句,通过本人的衷怀,在抑扬的音调中表达了对意中人的真情热爱,终于达到完成婚姻的目的,这是一种何等巧妙的艺术!①

民族学家吴泽霖也肯定这种恋爱方式,认为游方虽很自由,但并不淫乱,在行为上很检点。②对于苗族女性,此时的苗族表述已经由蔑视污蔑改为同情肯定。陈国钧以亲身经历表述了对她们的敬佩与赞同:苗族妇女可以说在中国是最艰苦耐劳,最自重自立,于社会,于国家,是最有贡献,最使我们敬佩的妇女。③为什么会出现这样的转折,时任贵州省政府主席杨森指出:卢沟桥事变后,政府对苗族的政策由消极的武力强化转为施以积极的德化。④换而言之,在对历史表述进行反思的基础上,当时苗族表述的文化沟通意义大于军事征服目的。

除了上文梳理的诸多第一,这一时段的苗族表述还出现了更多较小范围的第一。例如,苗族地区第一本乡土扫盲教材即朱焕章编著的《西南边区平民千字课》印行,提高了石门坎的文化教育水平,改变了当地民众的生活习惯。在基督教传播教义与普及教育的背景下,石门坎苗族知识分子形成良性的培养梯队,正如学者评论:石门坎取得了令人瞩目的成就——创建了第一所学制完整的苗民学校,创办了西南苗区的第一所正式中学,开办了第一所双语学校,培养了量多质优的各族人才,成为"西南苗族最高文化区"⑤。

---

① 吴泽霖、陈国钧等:《贵州苗夷社会研究》,载于贵州省文史研究馆编《民国贵州文献大系》第一辑下册,贵州人民出版社,2011,第384页。
② 吴泽霖:《吴泽霖民族研究文集》,民族出版社,1991,第3页。
③ 陈国钧:《苗族妇女的特质》,载于贵州省民族研究所编《民国年间苗族论文集》,1983,第364页。
④ 孙家俭:《湘西的苗人》,载于贵州省民族研究所编《民国年间苗族论文集》,1983,第75页。
⑤ 参见何嵩昱《"石门坎现象"对我国西部民族地区农村基础教育的启示》,中国社会科学出版社,2016,第2—6页。

第二章 主位：苗族歌谣表述

因为无字，苗族的文化依靠口耳相传。苗族文化的传承具有多样性，就神圣空间而言，苗族有议榔、开亲碑、埋岩文化等；就节庆空间而言，开秧门、吃新节、芦笙节、四月八、鼓藏节、赶秋、苗年等都有举行；就世俗空间来说，苗族遵循着传统的男耕女织，建筑、服饰、歌谣、舞蹈等文化代代相传。本书选择歌谣作为苗族多重表述的论述对象，原因有以下两点。

第一，苗族歌谣的重要性。苗族一生随歌，苗族有民谚曰："饭要吃，歌要唱。"具体而言，即以歌生、以歌养、以歌恋、以歌婚、以歌葬、以歌祭。[1] 歌谣与苗民生活息息相关，成为解读民意的一个重要维度。正如学者所言：歌谣因其自然真实的特性，而成为最有效的代表民意的文化符号。[2]

第二，北大歌谣运动的重要影响。讨论这一时期的表述有一个绕不过去的背景即新文化运动，新文化运动催生了中国文化的一场"眼光向下的革命"，对文学界或民俗学界最为明显的影响即歌谣运动。从文化的角度来看，歌谣与社会生活有着最为密切的关联；从历史的角度来看，歌谣在20世纪中国文学和社会发展进程中扮演了重要角色。[3] 关于歌谣运动的线性发展，有学者作出这样的梳理：

> 在中国现代民俗学史上，北京大学作为发祥地，以其1918年至1926年的活动，揭开了现代民间文学研究的第一页。自此之后，广州中山大学作为新的学术中心，在1927年至1934年的活动中，谱写了

---

[1] 龙仙艳：《文本与唱本——苗族古歌的文学人类学研究》，社会科学文献出版社，2018，第249页。
[2] 曹成竹：《歌谣与中国文学的审美革新——以20世纪早期"歌谣"运动为核心》，人民出版社，2019，第8页。
[3] 王杰：《序》，载于曹成竹《歌谣与中国文学的审美革新——以20世纪早期"歌谣"运动为核心》，人民出版社，2019，第1页。

民俗学运动的续篇。1935 年至 1937 年，北京大学重新出版了《歌谣》周刊，开启了这场运动的第三阶段。①

正是受新文化运动尤其是歌谣运动的深远影响，苗族歌谣第一次被学者搜集、整理并出版。不少明清文献略微提及苗族歌谣，然而，由于语言与文化的诸多隔膜，在这之前只有少量文本搜集到零星的苗族歌谣。1928—1948 年，出现了一大批苗族歌谣的搜集者，既有本民族的学者如石启贵、杨汉先等，又有汉族学者如陈国钧、芮逸夫、申廓英等。中华人民共和国成立之前苗族没有取得法定的少数民族身份，更别说苗文创制，所以这一时期苗族歌谣的搜集、整理和研究皆处于起步阶段且记录方式多为意译，无法考证其在苗族社区中的吟诵情形。但可喜的是，这一时期的苗族歌谣搜集和研究都呈现良好的发展势头，搜集者共搜集了约 1300 首苗族歌谣，详见表 2 - 1。

表 2 - 1　苗族歌谣搜集目录①

搜集者	歌谣集或歌谣名称	数量	歌谣分类	搜集时间地点
陈国钧	贵州苗夷歌谣②	310	叙事歌、酒歌、婚丧歌、劳作歌、情歌、儿歌	贵州，1940 年前后
申廓英	汉译苗疆民歌集	321	历史类、道德类、武勇类、生活类、劳动类、风俗类、信仰类、社交类、爱情类、杂咏类等	湘西，1931 年
石启贵	湘苗文书③	360	情歌、祭祀神辞	湘西，1937 年前后
杨汉先	杨汉先文集④	5	创造天地歌、洪水歌、移徙歌、祭祀歌	威宁、黔西，1928—1948 年
沈从文	篁人谣曲	40	情歌	凤凰一带，1926 年
刘兆吉	西南采风录⑤	2	苗歌	川黔滇，1938 年
张绍乔等	中国西部苗族口碑文化资料集成⑥	200	创世纪篇、历史篇	黔西北，1920—1948 年
芮逸夫	湘西苗族调查报告	44	仪式歌、游戏歌、情歌、叙事歌	湘西，1937 年
王兴瑞	海南岛之苗人	12	村老歌、神歌、仪式歌、情歌、婚宴歌、送别歌	保亭县，1937 年

---

① 洪长泰：《到民间去：中国知识分子与民间文学 1918—1937》，董晓萍译，中国人民大学出版社，2015，第 64 页。

续表

搜集者	歌谣集或歌谣名称	数量	歌谣分类	搜集时间地点
陈志良	广西特种部族歌谣	20	新年歌、茶歌、情歌、出征送别歌、解闷歌	广西，1942年
葛维汉	四川民歌和故事	不详	不详	川西，1927年前后

注：①另有这一时期苗族时政歌近120首，大多数搜集时间在中华人民共和国成立后，参见表2-4。
②这部歌谣集中苗族歌谣有310首。
③《湘苗文书》即整理后的《民国时期湘西苗族调查实录》，共8卷，搜集情歌约260首、祭祀神辞100首，共约360首，近70万字。
④杨汉先1940年前后搜集了苗族在葬礼上吟诵的古歌，这些丧葬古歌已具备《亚鲁王》古歌雏形，参见李文汉编《杨汉先文集》，云南民族出版社，2016。
⑤刘兆吉在这个歌谣集里共搜集歌谣771首，其中包括：情歌640首、童谣35首、抗战歌谣20首、民怨13首、采茶歌4首及杂类59首。据刘兆吉所言：在这次采集民歌的工作中，抱着最大的希望，结果最失望的，就是搜集苗歌的工作。在湘黔滇三省的旅程中，自湖南晃县，一直到昆明，再到蒙自，经过了许多住有苗家的城镇村落，到处都可见苗家同胞。并且在黄平的皎沙村，在炉山县城，都曾与苗家举行过联欢会，请他们歌舞多次。一路上，也常听到一声两声的苗歌。可是因为语言不通，不易探访采录，所以在三千多里的旅途中，仅得两首苗歌。但是这并不能说苗歌少。苗家唱歌是很普遍的。苗胞男女没有一个不会唱歌的，除非是哑子。因为唱歌是男女恋爱的媒介。这次采录的民歌中，有许多首虽系用汉语组成，但歌中所流露的风俗，很似苗歌，这大概是受苗歌的影响，也许是汉化的苗胞作的。参见刘兆吉《西南采风录》，载于贵州省文史研究馆编《民国贵州文献大系》第二辑下册，贵州人民出版社，2011，第388页。
⑥张绍乔、张继乔搜集整理，毕节地区民族事务委员会、毕节地区民族研究所编《中国西部苗族口碑文化资料集成》，杨忠信等译，云南民族出版社，2007。

之所以将苗族歌谣定位为主位表述，是基于以下两个原因。

一方面，苗族歌谣吟诵者的全民性。就全民性来说，可以参照石启贵在《湘西苗族实地调查报告·诗赋词章》与《民国时期湘西苗族调查实录·文学卷》中的分类。从体裁而言，这一时期的苗族歌谣包含民间口头文学如苗族古歌、情歌与时政歌，也包含当地文人的诗、赋、文、联、苗族竹枝词等。从创作者而言，包括书面文学署名的龙骧、石廷珪等，还包含民间口头文学之椎牛椎猪打鼓歌、接亲歌、谢媒人歌、谢娘家歌、谢婆家歌、老年人无子感慨命苦情歌、杂古歌、谜语歌、童谣、情歌、佛堂对歌等，从歌谣歌唱形式的丰富性可以知道吟诵者身份的多元性。苗族歌谣的全民性使得它与整个民族的现实生活血肉相连。①

另一方面，苗族歌谣与苗族生活的紧密性。由于无字，苗族歌谣在苗

---

① 徐新建：《从文化到文学》，贵州教育出版社，1991，第361页。

族民众之间口口相传，苗族民众一直将歌谣视为苗族社会的历史文献和情感储存所。正如搜集者所言：

> 歌唱是传达人类意志的最自然的工具，在苗人是完全利用到了。男女相逢，两情缱绻，他们会用歌唱来表达彼此倾慕的心曲；久别相遇，乐不可言，他们会用歌唱来互道相思的情怀；歧路言别，不忍遽离，他们会用歌唱来倾诉离情别绪；在胼手胝足，农事正忙时，他们会用歌唱来排遣躯体的疲劳；在佳期宴会，少长咸集时，他们会用歌唱来点缀热闹。总之，他们一切苦乐悲喜，都在歌唱中赤裸裸地表现出来了。①

故而正如学者所言：民谣中的社会评价，主要是社会群体从自身的需要和利益出发对事物和现象所作的价值判断。② 由于这一时期社会动荡，军阀混战，百姓民不聊生，出现了大量的时政歌，如苦歌与反歌。以兵役苦歌为例，大量的歌谣批判当局抓壮丁的频繁和粗暴。在此意义上，歌谣成为这一时期苗族表述真正意义上的主位表述载体。正如搜集者评论：苗族文化，多披露于歌谣之中，其风俗、习尚、听其歌义，历历如绘。③

下文将从苗族古歌、情歌与时政歌三个方面展开研究。

第一节　苗族古歌概述

本书选择苗族古歌④作为特定的研究对象，主要是基于苗族古歌在苗族

---

① 王兴瑞：《海南岛之苗人》，珠海大学编辑委员会，1948，第70页。
② 陈新汉：《关于民谣的社会评价论思考》，《人文杂志》1996年第6期。
③ 申廓英：《汉译苗疆民歌集编辑大意》，载于申廓英《汉译苗疆民歌集》，大伦印刷所，1937，第1页。
④ 苗族古歌的界定按照人类学主位与客位的二分法有自称和他称之别。自称而言，苗族古歌在东部方言区称为"dut ghot dut yos"（音译：都果都谣）、中部方言为"hxak lul hxak ghot"（音译：夏鲁夏个）、西部方言区为"hmongb ngoux loul"（音译：蒙歌老）等。他称则有"苗族古歌""苗族史诗""古老话""苗族创世纪史话"等不同称谓。在本书中，苗族古歌指在苗族聚居地用苗语流传的开天辟地、万物起源、苗族族源与迁徙等创世性题材的歌谣。苗族古歌在地域分布上表现为神意盎然之中部古歌、巫风傩影之东部古歌与战争浸染之西部古歌。具体而言，东部方言区的古歌为三大主题即 dut sob（雷神古辞）、dut niex（椎牛古辞）和 ghot sob ghot bens（洪水神话）；中部方言区为十二路大歌即开天辟地、运金运银、打柱撑天、铸日造月、犁东耙西、栽枫香树、砍枫香树、妹榜妹留、十二个蛋、洪水滔天、兄妹结婚、沿河西迁；西部方言区的苗族古歌有一条战争题材的主线贯穿其中即亚鲁古歌，此外西部方言区在丧葬仪式上吟诵的开路古歌涉及开天辟地与苗族迁徙的主题部分也属于本书论及的苗族古歌。

民众生活中所占的重要地位。表面而言，苗族古歌的创作时代是在远古，肯定早于1928年，但由于苗族古歌的稳定性与代际传承性，故而在这一时段，苗族古歌对于苗族民众的精神信仰有着重要的引导和维持作用。

苗族古歌是维系苗族族源记忆、族属认同和族群意识的重要依据，并影响着苗族日常的婚丧嫁娶和宗教祭祀。在苗族古歌的表述里，古歌叙述了众生和谐的生命观，表现了积极的劳动创世观，构筑了苗族畏感文化的逻辑基点。[①]

由于语言的隔膜，这一时段古歌的调查属于起步阶段。除了陈国钧调查的六首《起源歌》与一首《开路古歌》之外，多数由当地学者完成，其中以石启贵的调查最为系统，杨汉先则偏重开路古歌的搜集。

石启贵对于苗族古歌的调查较为完整，不仅在《湘西苗族实地调查报告》中整理了《傩神起源歌》，而且在《民国时期湘西苗族调查实录》中也搜集了大量苗族古歌。由于东部方言区古歌夹杂在祭祀活动中，故就广义而言，《民国时期湘西苗族调查实录》几乎全部可以算为苗族古歌，即便就最狭义的创世、迁徙与战争的主题而言，《民国时期湘西苗族调查实录·祭祀神辞汉译卷·椎牛·讲述椎牛古根 Chat Ghot Niex》《民国时期湘西苗族调查实录·祭祀神辞汉译卷·椎猪·讲述椎猪根源 Chat Ghot Nbeat》《民国时期湘西苗族调查实录·还傩愿卷·唱傩歌·抄本之二傩神起源歌》皆为严格意义上的苗族古歌，现将石启贵对于东部苗族古歌的调查成果整理如下（见表2-2）。

表2-2　石启贵对东部苗族古歌主题的整理

歌名	傩神起源歌	椎牛古歌	椎猪古根
篇幅	216句	232句	314句
场景	还傩愿	椎牛	椎猪
内容简介	洪水滔天后世人灭绝，仅剩兄妹二人，经天神赐教，兄妹二人婚后生下瓜形孩子，成为人类始祖。	由两部分组成。前半部分讲述创世即天地形成、万物起源，后半部分讲述苗族椎牛和鼓舞的来源。	讲述开天辟地、万物山川形成，苗汉同根，后因苗族不得父母心意在遗产分配时汉族得到书籍与好田地，苗族被迫迁徙。在泸溪峒、泸溪坝做鼓会之时被恶魔吃掉很多族人，后举行椎猪祭祀祈求祖灵保佑。

---

① 龙仙艳：《文本与唱本——苗族古歌的文学人类学研究》，社会科学文献出版社，2018，第1—7页。

从表2-2可知，石启贵对东部苗族古歌的搜集除Dut Sob（雷神之战）之外，几乎囊括了整个东部古歌的主题。此外，不得不提及的是，石启贵搜集到了《讲述椎猪根源Chat Ghot Nbeat》①，十分珍贵。

这一时段苗族古歌的搜集，必须提及苗族学者杨汉先。他搜集了一首104句的《洪水滔天歌》以及多首开路古歌（见表2-3）。

表2-3 杨汉先搜集苗族古歌一览

苗族分支	吟诵者	场景	吟诵基本主题
大花苗	不详	不详	《洪水滔天歌》叙述洪水发生前因始祖触犯天命，长子被淹死，次子得救，后与其妹成婚。
坝苗	熊德安	丧葬开路	介绍死者家支信息，讲述开天辟地、引路鸡来源、杨亚射日、打牛祭母之来源，并交代亡灵回归祖神之路的线路。
水西苗	王姓老翁	丧葬开路	六郎与杨芳猪心之仇、龙心争夺战并交代亡灵之回归线路。
安顺青苗	熊焕清	丧葬开路	叙述病因根由，唱述女娲兄妹开天辟地，杨六与客家因天宝地宝之纷争，后被客家设计骗走，杨六战败被迫一路向西，迁徙至黄平、遵义、贵定、贵阳。

可见，由于熟悉本民族语言，杨汉先所搜集的坝苗开路古歌除了丧者家支情况叙述外，还包含开天辟地、繁衍人类、杨亚射日、鸡叫太阳、打牛祭祖、亡灵回归路线等基本主题；水西苗的历史传说亦记录了以杨芳与六郎为首领名的猪心之仇、龙心之战故事；安顺青苗之丧葬部分详细记录了女娲造人，杨六与客家为天宝地宝纷争，杨六之女被骗走宝物最后被迫迁徙的歌谣。这些歌谣的主题与2011年出版的苗族英雄史诗《亚鲁王》②的主干即创世史诗、亚鲁身世、龙心之战、盐井之战、智慧撤退、辗转迁徙、二次创世等基本吻合，加之吟诵场景明确提及是在丧葬之开路仪式上，吟诵步骤与吟诵内容极为相似。

---

① Chat Ghot Nbeat，汉语意思为讲述椎猪根源。内容包括天地产生，山川形成，苗汉同根，苗族迁徙，椎猪原由，到湘西定居，等等。这与吴龙廖石麻等姓椎牛根源的内容大同小异，其表现形式亦相似。参见石启贵编著《民国时期湘西苗族调查实录·祭祀神辞汉译卷》，民族出版社，2009，第309页。
② 中国民间文艺家协会主编《亚鲁王》，中华书局，2011。

可见，尽管这一时期杨汉先将西部苗族首领译为杨六，后期的西部苗族古歌搜集文本中亦有杨娄古仑（yangx lous gud nenb）、亚鲁、亚奴、杨鲁、杨陆、杨洛、羊鲁、央鲁、央洛、牙鲁等不同称谓，但根据其吟诵场域与吟诵步骤乃至内容的相似性，可推测杨六即亚鲁。他搜集的这些丧葬古歌与《亚鲁王》为同一古歌的不同版本，杨汉先对西部亚鲁古歌搜集内容之完整与丰富值得肯定。

第二节　苗族情歌概述

从上文可知，尽管杨汉先、石启贵、陈国钧与申廓英等对于歌谣的分类各不相同，但他们搜集的苗族歌谣中苗族情歌皆占较大的比例。何为情歌？情歌乃恋歌也，苗人男女社交素从自由，男女青年之表情，恒以长歌为媒介，其歌辞之优美，表情之深刻，皆为无比。[①] 众多学者皆重视苗族情歌的搜集和研究，是由于谈情说爱的社会活动开展较为广泛，而谈爱又必须以歌为媒、为导引甚至为盟誓和缔约，情歌自然就丰富众多了。[②]

下文从苗族情歌搜集概况、情歌美学审视与情歌文化解读共三个角度予以阐述。

一　苗族情歌搜集概况

这一时段苗族情歌搜集的代表人物有陈国钧、石启贵、沈从文、申廓英与刘兆吉等人。

陈国钧在《贵州苗夷歌谣》中共搜集苗族情歌200多首，他首先阐述苗族情歌广泛存在的原因在于苗族男女社交公开，见面时多互相唱答，以抒发双方情感。此外，他将情歌分为黑苗情歌、生苗情歌、花衣苗情歌、青苗情歌、红苗情歌、白苗情歌、花苗情歌、水西苗情歌，水家情歌，侗家情歌，仲家情歌。其中，仲家接近汉人，歌谣搜集较为容易，所以仲家情歌占比最多，约占70%。

[①] 杨汉先：《威宁花苗歌乐杂谈》，载于吴泽霖、陈国钧等《贵州苗夷社会研究》，民族出版社，2004，第175页。

[②] 苏晓星：《苗族文学史》，四川民族出版社，2003，第417页。

石启贵在《民国时期湘西苗族调查实录·文学卷》中搜集了 15 首苗语情歌、128 首男女唱和以及约 100 首说唱体的风流说唱，加之《湘西苗族实地调查报告》中的情歌，石启贵在当时的苗族地区共搜集情歌约 260 首。石启贵将情歌分为两类，即苗语演唱的情歌与汉语演唱的情歌，苗乡传统情歌是用苗语演唱的。到了近代，苗汉杂居区出现了一种具有湘西苗区特色的纯汉语或苗汉混合词句的情歌，湘西俗称山歌或风流歌。① 石启贵的独特之处在于，他对苗族情歌的分类以语言为标准，这是较为客观和科学的分类方法。此外，在分类的基础上，石启贵论述了苗族苗语情歌演唱的重要特征为翻面唱，而汉语苗歌的特点则传承中国传统民歌的七言四句体。

沈从文在《筸人谣曲》中收入了 40 首情歌，这些情歌并非沈从文自己采撷，而是家乡一带一群二十来岁的兵士同乡为他搜集。虽然沈从文认为他应该把苗话全都学会，好用音译与直译的方法，把苗歌介绍一点给世人，然而这些选录的《筸人谣曲》最后还是全用汉语。较为成功之处在于他的搜集尽量保持原汁原味的地方风情，并在每首歌谣前后对这首歌谣演唱的相关语境作出简介和对歌词作出赏析，较之于单纯的歌词搜集，他更为注重场景叙述。除了歌谣的搜集之外，沈从文还在他的小说《边城》《萧萧》《凤子》等作品中大量引用苗族歌谣。正如学者评论：沈从文纯粹是因为对家乡湘西苗族的欣赏，被天然质朴而又不乏情趣的湘西苗族民歌所吸引，禁不住把它们融入自己的作品中。②

申廓英在《汉译苗疆民歌集》中共搜集了 63 首苗族情歌，虽然他并没有将苗族情歌做出进一步分类，但都在每首歌之前对歌唱的背景做了较为简易的梳理。更值得一提的是，申廓英虽然并非本民族学者，但他尊重苗族文化的原生性，故而其搜集既有汉语的直译又夹杂着苗语的音译，如《丽妆》中的第一句就是：阿娅姑娘马若扒，又美又白又年轻。其中，"阿娅"为苗族年轻女性的苗语称谓，而马若扒则为"mat rut npab"即"美丽女性"的音译。

1938 年，长沙临时大学往西南迁移。作为民间歌谣组的组员，刘兆

---

① 石启贵编著《民国时期湘西苗族调查实录·文学卷》，麻树兰、石建中整理译注，民族出版社，2009，第 288 页。
② 洪长泰：《到民间去：中国知识分子与民间文学 1918—1937》，董晓萍译，中国人民大学出版社，2015，第 205 页。

吉趁此深入湘、黔、滇的机会搜集歌谣。在歌谣分类上，刘兆吉将歌谣分为情歌、儿童歌谣、抗日歌谣、采茶歌、民怨与杂类共六种。刘兆吉将情歌作为重点进行搜集，他批判情歌是淫词有伤风化的观点，提出男女的爱情是神圣的，是关不住的，它若是从声调言语发泄出来便是情歌。① 在《西南采风录》的情歌部分，刘兆吉根据地域分类，收入了数百首情歌，接近整本歌谣集60%的比例。

在这之前，限于语言与文化的隔膜，苗族歌谣的搜集较少，具体到苗族情歌的搜集更是屈指可数。从共识而言，这一时段的苗族情歌区别于苗族古歌的相对固定，不同于苗族时政歌具有明显的地域特色，下文将简短探讨这一时段情歌的美学追求。

二 苗族情歌美学审视

这一时段苗族情歌的美学特征可以从内容与形式两个角度加以探讨。

第一，表达内容的情真意切。民歌最强烈最有价值的特色，是它们的真挚与诚信，这是艺术品的共通的精魂。② 一如苗族人特有的率性与率真，苗族情歌多为直抒胸臆的表达。苗民的生活环境以及日常生活方式使得他们的诗歌创作有别于生不逢时的才子、深闺大院的佳人，缺少那种缠绵低吟的韵味，然而发自肺腑的东西总是能叩击人心。尽管学界对艺术的产生众说纷纭，但艺术的来源一定是艺术家的真情实感，所谓"不精不诚不感人"。苗族情歌之所以能够在不同时间、不同地点成为苗族青年恋爱首选的表达方式，就在于它表现的内容十分广泛，贯穿其中的是真情实感，没有半点的矫揉造作。

申廓英搜集的《汉译苗疆民歌集》中就有一首《玉蜀黍喻》，歌词如下：一颗包谷百颗子，颗颗附着同生死，我郎纵有千条心，为何一颗也不真！好个负心人！这首情歌先以一颗包谷、百颗颗粒同生死为铺垫，突转情郎纵有千颗心却无一真心，最后以"好个负心人"作为结语，似乎显得突兀，然却将情郎的薄情、歌唱者的痛心疾首刻画得淋漓尽致，无怪乎搜集者在前言导入语中提示：此歌系一老年苗女所授，余译时口羡心惊，深

---

① 刘兆吉编《西南采风录》，商务印书馆，1946，第15页。
② 周作人：《歌谣》，《自己的园地》，北新书局，1923，转引自曹成竹《歌谣与中国文学的审美革新——以20世纪早期"歌谣"运动为核心》，人民出版社，2019，第81页。

异比喻贴切、情感逼真,诗经三百篇亦不过如是思想如是比赋而已。①

其实,苗族情歌虽然有一定的形式规定,但并不像唐诗宋词那样必须依据严格的格式来填写,苗族情歌因地制宜的表达方式,要求歌唱者思维灵活、真情流露,石启贵搜集的一首苗语情歌堪称范例:

> 想你干活精神恍,心浮跟跄似醉汉;飞蛾痴痴绕油灯!旱田时时盼雨降,秧苗生长靠甘泉;烈日晒禾焦如焚!纱头倒断锭里藏,刷把能将纱头掉;思乱如麻告谁人?天天想去你村庄,总想两家屋相连,同风共雨不离分。

> 想你干活精神恍,心浮跟跄似醉汉;飞蛾痴痴环灯绕!旱田时时盼雨降,秧苗生长靠甘泉;烈日晒禾似火烧!纱头倒断锭里藏,刷把能将纱头掸;心病谁能给医疗!天天想去你村庄,总想两家屋相连,同风共雨同到老。②

这是一首典型的东部苗族情歌。首先,从表现形式而言,唱完一遍后返回再唱一遍。第二遍的奇数句几乎没有变动,只是在偶数句的末端替换字词或全句更换。从吟诵内容而言,以醉汉跟跄、飞蛾扑火、旱田等雨、纱头剪不断理还乱等意象营造出一唱三叹的意境,情真意切。

第二,表达方式的直抒胸臆。苗族情歌虽然有时也借用一些修饰手法显得比较含蓄,但大多借用日常生活中很容易见到的意象直接抒发内心的真情实感。如《哥脸儿红像救兵粮》:

> 哥脸儿红像救兵粮,三月山野苞果样,好想伸手摘一颗,又怕刺手难得尝;

> 哥脸儿红像救兵粮,好像三月甜苞样,妹想伸手摘一粒,又怕刺脚难收场。

这首情歌,不仅内容质朴,通过救兵粮这一比喻通俗易懂地将小伙子红红的脸以及健康的体魄形象地勾勒出来,而且将自己欲言又止、欲说还休的心情用"怕刺手难得尝"和"怕刺脚难收场"形象地表达了出来。

---

① 申旡英:《汉译苗疆民歌集》,大伦印刷所,1937,第72页。
② 石启贵:《湘西苗族实地调查报告》,湖南省人民出版社,1986,第320—321页。

苗族情歌有固定的音律，歌词内容多为即兴创作、随性而起，只要能表达情意即可。由于苗家女性受儒家伦理影响很小，所以一般会以酣畅淋漓或直抒胸臆的歌词来传达情感，情歌里可以传达出活泼率性的生命律动，如《盟心》：

> 口讲有情不为难，过后无情没主张，
> 郎若有情来爱我，要把合同写一张，
> 祷告田地盟誓显，哪个无情遭灾殃。

在这首情歌里，姑娘以口说无凭、写纸盟约传达出一片赤诚，却在最后发出"哪个无情遭灾殃"的毒誓，可谓直抒胸臆。此外，《不得情歌心不甘》更传达出苗族女子的一片赤诚之情：

> 吃了早饭爬大山，抓把木叶丢下滩，
> 大鱼小鱼都死了，不得情哥心不甘！

这首歌曲虽然用字极为简练，但其"不得情哥心不甘！"表达得直接袒露。此外，在苗族小伙的吟诵里，这样的情感流露亦随处可见：

> 自从和姐分别后，三天未有一天悦。每日坐地痴呆想，眼泪如同水打车。
> 想娇无有计来设，提笔描画姐颜色。纸画真身喊不应，无奈只好把胸拍。

较之于这两首男唱情歌的直抒胸臆，下面这首陈国钧搜集的情歌则以较为低沉的叙说表达了失去恋人的刻骨铭心：

> 山是永远在，人生如过客，
> 如花在枝上，一人有一时，
> 年轻时才玩，顿时分离去，
> 菜落到锅里煮，妹逢伴别人，
> 留别话思想，害我想好苦，
> 就这样苦一辈子。

这首失恋情歌既有情人远去、恋人变心之感慨，又将生命无常、人生苦短、青春易逝等意象逐一叠加，最后道出"就这样苦一辈子"的无奈与辛酸，传达出不经雕琢的天然流露。诚如《汉译苗疆民歌集》搜集者申廓英所言：

> 苗族男女相悦，系一种纯洁恋爱，出于情之所钟，非为金钱、势力、贪慕虚荣而然，故发为歌词，完全由心坎中流露而出，乐而不淫，正而无邪，较诸坊间谣词小曲不同，读者宜注意此点。①

三 苗族情歌文化解读

情歌对于苗族社会的研究具有重要的参考意义，诚如学者石启贵所言：

> 情歌，湘西苗族称"莎嘎楚"（sead ghad chut），即青年男女在野外或赶"边边场"时所唱的歌……它不仅数量丰富，而且在各类歌谣中所表现出来的艺术性也最高……情歌不仅反映了苗族社会生活的一个侧面，而且在一定程度上，也充分表现了苗族人民的道德和伦理观念，具有较高的社会、学术研究价值。②

苗族情歌具有较为深远的人类学意义，我们从中可以解读出当时苗族地区的恋爱方式与婚配方式，下文将论述之。

1. "以歌为媒"的恋爱方式

沈从文曾在短篇小说《龙朱》中写道，白耳族苗人的恋爱方式是对歌，在这种情形下，男女恋爱可谓以歌为媒：抓出自己的心，放在爱人的面前，方法不是钱，不是貌，不是门阀也不是假装的一切，只有真实热情的歌。③ 情歌对苗族地区男女恋爱的重要性，正如搜集者申廓英所言：苗族社交，以歌唱为媒介，男女求偶，多在寨前洞后，林中桑涧，互相歌唱，一经双方理明辞达，意合情投，即由此山盟海誓，共请媒妁定百年之好。④ 在

---

① 申廓英：《汉译苗疆民歌集编辑大意》，载于申廓英《汉译苗疆民歌集》，大伦印刷所，1937，第3页。
② 石启贵编著《民国时期湘西苗族调查实录·文学卷》，麻树兰、石建中整理译注，民族出版社，2009，第288页。
③ 沈从文：《龙朱》，载于《沈从文全集》第5卷，北岳文艺出版社，2009，第327页。
④ 申廓英：《汉译苗疆民歌集编辑大意》，载于申廓英《汉译苗疆民歌集》，大伦印刷所，1937，第1页。

游方场上、在马郎坡中、在赶边边场的途中,随处可见以歌探情:一块大田四角方,一耙打去亮汤汤,捡颗石头来试水,唱首山歌来试娘。

如若要对这一时段的苗族情歌的内容进行分类,正如上文所言,可谓十分驳杂。为了叙述简洁,本节只将情歌分为两类,即相劝歌与相思歌。其中,相劝歌既有对于青春一去不复返需及时恋爱之劝,又有离别时依依不舍的挽留之劝,如:

  出来人,出来人,莫在家中配门神,莫在家中配门神,出来相会远来人。

  十七十八花正红,二十四五花落虫。三十四五当家了,舀水浇花花不红。

此外,沈从文汇集的《篁人谣曲》中情郎对于女性的相劝更是巧妙:

  唱个山歌把娇逗,看娇抬头不抬头,马不抬头吃嫩草,人不抬头少风流。

  姐啊!十七十八正当时,你不联郎到几时?阎王取人无老少,怕你黄土盖脸悔后迟!

虽然苗族社会男女平等,然而在恋爱开始,似乎还是男性主动,故而相劝歌多为男性所唱,而相思歌则不然,既有情郎独唱又有女性吟唱还有男女对唱,如:

  心想焦,心想焦,鸳鸯枕上想成痨,妹你不信打开看,眼泪发芽三寸高。

  想娘多来想娘多,想娘吃饭像吃药,白天想娘打瞌睡,晚间想娘睡不着。

上述这两首情歌显然为情郎所唱,其中第一首以"眼泪发芽三寸高"的奇特夸张,说明相思之久相思之痛;而第二首则以"吃饭像吃药",直接明了地抒发了对情人的思念。较之于男性赤裸裸的情感流露,女性所唱的相思歌较为含蓄内敛:送郎送到房当头,手靠房屋眼泪流,爹娘问你哭什么,渣滓落在眼睛头。而男女对唱的相思歌则显得珠联璧合,如沈从文搜集的《篁人谣曲选》之《想娇想郎》中就有男女之间明显的互动唱和。

95

想娇呆,想娇呆,坐到地上懒走来,头上戴了迷魂帽,脚上穿了迷魂鞋。

想郎只有我想郎,开饭忘了撑米汤。猪楼门前丢稻草,牛栏边旁送瓢糠。

陈国钧论及安顺苗族的娱乐时曾提及,男女青年之结合,多以唱歌为媒介,如不善唱歌,则婚姻问题较难解决。在此意义上,苗族情歌充当着连缀男女情感的媒介,可谓"以歌为媒"。

2. "双轨制"共存的婚姻方式

在沈从文如诗如画的小说《边城》中,作者借助翠翠的外祖父老船夫向作为媒人的中介人说出了苗族婚姻的"双轨制"即自由婚与媒妁婚二者并存:

车是车路,马是马路,各有走法。大老走的是车路,应当由大老爹爹作主,请了媒人来正正经经同我说。走的是马路,应当自己作主,站在渡口对溪高崖上,为翠翠唱三年六个月的歌。①

可见,媒妁婚也就是通过媒妁之言并经过双方父母认可的婚嫁,除了姑舅婚②较有苗族特色之外,媒妁婚的其他习俗多与汉族类似;马路则暗示着青年男女的主动选择,代表上文言及的"以歌为媒"恋爱方式。其实,双轨制并存的婚恋也散见于民族学者的调查报告中:

青苗中父母作主的婚姻要占十分之七八,完全自由作主的,仅占十分之一二。但是仅管③作主由父母而青年男女间的交友谈爱,则仍可公开进行。④

苗族中的婚姻由于青年两性吸引而成立的实属多数,例如长裙黑苗,短裙黑苗中的婚姻都由于自由恋爱而成立的。所谓"摇马郎",大即指青年直接恋爱的活动,他们用唱歌的方式来赞赏试探,并挑动

---

① 沈从文:《边城》,载于《沈从文全集》第8卷,北岳文艺出版社,2009,第105页。
② 姑舅婚即姑舅表婚,就是姑姑与舅舅的子女婚配,这是一种近亲婚配方式,在传统苗族地区较为常见。
③ 仅管应为尽管。
④ 参见吴泽霖《贵阳青苗中的求婚》,载于贵州省民族研究所编《民国年间苗族论文集》,1983,第313页。

对方……八寨苗中完全由青年自主的婚姻约占三分之一……在安顺的青苗情形也是这样，如男女私下订婚，即请媒向女家父母征求同意，要是女家父母不允，常有约好女子于黑夜私逃至男家实行同居。①

炉山凯里青苗婚姻，分媒妁婚与自由婚两种，媒妁婚必议女子身价银，故可称买卖婚。自由婚以私奔结合，故亦可称为私奔婚。②

参照同时代研究者的表述可知如下情况。首先，能够自由地"以歌为媒"的青年男女，在情感成熟之后具有主动选择婚姻的可能，不擅演唱情歌的青年男女只有依靠媒妁成婚。其次，在汉化程度较深的地区，媒妁婚比例较重；在苗族文化盛行的地方，自由婚较为普遍。最后，经济宽裕的家庭多偏向媒妁婚，反之则多以自由婚的方式结合。

由于媒妁婚与汉礼类似，不再赘述，此处单提自由婚。苗族青年对于婚恋的自由选择由来已久。清人方亨咸在《苗俗纪闻》中记载了贵州苗族的婚姻习俗："吹树叶呦呦声，则知马郎（未婚男子）至矣，未字之女，群径之，任自相择。"可见，苗族青年男女进入青春期后，便各自利用走亲访友、赶场集会等机会进行社交活动。在这些活动中，如果有意中人，便以歌传情，表达爱慕。赶乡场、节日"踩歌堂"、游方、赶场都是青年谈情说爱的好日子。他们齐聚在空坪同饮共食，唱歌，跳芦笙舞，有时甚至通宵达旦。

正是在这样的环境下，苗族青年对自由婚恋较为推崇，甚至奔婚也显得理所当然。苗族学者石启贵提出："凡以奔而成婚者，父母不陪嫁奁物品。夫妇关系即时确立，演成正式之婚姻，父母亲族，始不加以干涉矣。"③ 奔婚之所以在苗族地区能够长久不衰，其原因正如罗荣宗分析：即餍青年男女爱恋之私衷，尤其订婚结婚之靡费，是以父母知而不禁，而风俗亦靡然从之。

通过对情歌的解读即可知，当时苗族地区的青年恋爱方式是"以歌为媒"，在此基础上形成了自由婚与媒妁婚两种婚姻方式。自由婚即完全由两情相悦的男女自主结合的婚姻方式。媒妁婚则一分为二：一种媒妁婚是

---

① 吴泽霖：《贵州苗夷族婚姻的概述》，载于吴泽霖、陈国钧等《贵州苗夷社会研究》，民族出版社，2004，第224页。
② 罗荣宗：《苗族的婚姻》，载于贵州省民族研究所编《民国年间苗族论文集》，1983，第320页。
③ 石启贵：《湘西苗族实地调查报告》，湖南人民出版社，1986，第181页。

在自由选择的基础上，双方父母为之主持，故而基本可算成是在歌唱基础上两情相悦而结合的婚配；另一种则完全由父母包办，或双方父母相互中意或媒人撮合从而成婚。《从江县加勉乡苗族社会历史调查资料》显示，在调查的 50 对夫妇中，属于完全自由婚的占总数的 32%；属于自由选择加上父母主持的占 52%，完全由父母包办的仅占 16%。① 个案的调查不免具有偶然性，并不能够代表当时所有苗族地区的婚姻整体状况，但从另一个角度而言，依然可以看出自由婚的合法存在及"以歌为媒"的恋爱方式在苗区的受欢迎程度。在此意义上，苗族情歌成为了解当时苗族恋爱习俗、婚姻文化的重要媒介。

第三节　苗族时政歌概述

上文言及，不少苗族文化研究的学者不仅搜集了大量的苗族歌谣，而且对其做出了开拓性的研究。就分类而言，较为突出者有陈国钧、杨汉先与申廓英等，遗憾的是，较少有人搜集当时的时政歌，在约 1300 首苗族歌谣中，仅有申廓英搜集了四首时政歌，即《何为难》《终岁勤劳》《屯租之苦》《吸鸦片自述》，还有芮逸夫在《湘西苗族调查报告》中搜集了两首土匪歌。就数量而言，这一时期的时政歌在当时民族学者所搜集的歌谣中占据不到 10% 的比例。有学者对于当时影响较大的《歌谣》周刊几乎没有搜集反抗色彩的歌谣做出这样精彩的分析：

> 《歌谣》周刊于 1920 至 1930 年代曾刊登过带有反抗色彩的民歌，但也都局限于抨击腐朽的传统道德和封建家庭制度，对时事政治领域是绝少涉及的……时政歌谣会使军阀政府或国民党政权大光其火，当时也不可能出版，故民俗学者之间似乎也形成一种共识，彼此都不碰政治，以保存学术实力。②

其实，不同于苗族古歌的相对固定与传统、苗族情歌的率真与灵动，

---

① 《中国少数民族社会历史调查资料丛刊》修订编辑委员会编《苗族社会历史调查》（二），民族出版社，2009，第 64 页。
② 洪长泰：《到民间去：中国知识分子与民间文学 1918—1937》，董晓萍译，中国人民大学出版社，2015，第 94—95 页。

苗族时政歌内容贴近苗民社会生活，可以作为解读当时苗族地区经济、政治与文化的重要媒介。这一时段的苗族时政歌具有以下特征。首先，它根植于苗族民众，多为集体创作，吟诵者为广大苗族同胞，故而表达了底层百姓的呼声，是真正意义上的主位表述。其次，自改土归流以来，随着汉文化的不断渗透，明清以后不少苗族地区出现了以汉语表达情感的民歌体，下文所搜集的材料除少量为苗歌译文外，多数属于直接用汉语传唱的时政歌。

时政歌较为完整地反映了当时苗族地区的政治、经济与文化状况，下文将从时政歌的搜集、分类及解读三个部分来论述。

一 苗族时政歌搜集概况

这一时段苗族时政歌的搜集没有特定的专著，笔者采用文献查阅与田野调查相结合的方法，对苗族时政歌进行了搜集与整理（见表2-4）。

表2-4 苗族时政歌搜集文本目录

著作	搜集者	数量	歌谣名称
苗族文学史[1]	田兵	21	《国民党不太平》《国民党》《天见张平》《国民党抓大兵》《日本鬼子坏良心》《高坡高岭田连丘》《十冬腊月大雪飘》《官家土目虎般凶》《为了养活土目的老命》《龙街子土目的心太坏》《哪天河水倒着流》《天上星多月不明》《苦心歌》《大反攻》《交手打一仗》《民国二六起战争》《活活要把日本鬼子捉》《美国兵是狗养》《蒋介石和美国狼》《一年四季闷悠悠》《春耕、夏耘忙又忙》
苗族文学史[2]	苏晓星	1	《滚你的蛋吧，洋佬》共13首[3]
湖北苗族[4]	龙子建	5	《山上云里钻》《去年教八个》《听说抓壮丁》《鸦片烟》《月亮我的灯》
湘西文史资料第13集[5]		5	《匪如梳》《大刀兵百万》《打官府、捉土豪》《张天师》《如今地方一下穷》
汉译苗疆民歌集[6]	申廓英	4	《何为难》《终岁勤劳》《屯租之苦》《吸鸦片自述》
苗家史[7]		14	《糠菜半年粮》《望乡台》《地租重》《抬轿歌》《云遮雾锁雪山关》《二郎滩》《川滇路》《韦吉周》《晏家坝》《抓壮丁》《红岩脚》《帮人不帮这家人》《早晨天不见亮就动工》《二月惊蛰天》

续表

著作	搜集者	数量	歌谣名称
湘西苗族调查报告[8]	芮逸夫	2	《闹土匪歌（其一）》《闹土匪歌（其二）》
贵州苗族歌谣选[9]	燕宝	2	《抓兵歌》《老鸦无树柱》
湘西苗族实地调查报告[10]	石启贵	2	《鸦片烟》《对国民党反动政府痛恨歌》
湘西苗民革屯抗日辑略[11]	雷安平	7	《龙潭豆旺好坝田》《年年起屋没人住》《餐餐都吃罐糊糊》《朝耕土哟夕锄土》[12]《顺水漂呀顺水流》《今日登门来拜访》《兴坝百骑劫魏营》
苗族文学概论[13]	巴略等	6	《大田大坝官家占》《苗家砍柴没山砍》《说到秋》《冬月里来冬月冰》《民国十年闹纷纷》《这也税》
"布将帅"运动述略[14]	吴荣臻	3	《冷水不要人一口》《做好人》《要像雄鹰和鸽子一样地展翅飞翔》
湘西苗族[15]	编写组	1	《路边草踩光》
黔东南苗族抗日民间歌谣文化意蕴[16]	罗义群	7	《可恨东洋小日本》《万家劫后无完瓦》《妈妈，你不要去挖红苕了》《飞虎队》《白人兄弟，你不能死》《雷震是雷公》《兄弟，我不能再等了》
民国湘西苗乡纪实[17]	隆名骥	3	《抓丁派款害人民》《要像雄鹰展翅翔》[18]《家家户户种洋烟》
四川苗族志[19]	编委会	1	《躲丁歌》
湘西苗民革屯史志[20]	刘善述	3	《下七出了英雄汉》《革屯起义把歌唱》《纪念革屯70周年》
中国苗族通史[21]	伍新福	2	《长工歌》《跑壮丁歌》
民间文学资料第29集[22]		16	《可恨国民党》《抓兵苦》《蒋介石压迫我们多惨啊》《莫忘古时人》《二天领袖来》《太平日子会到来》《要反趁早反》《哪知受了骗》《脚踏两只船》《怎样得太平》《龙王哪里去了》《共同打官兵》《官家真狠心》《蒋匪办事不合理》《把官家赶跑》《搞秘密一点》
花垣歌谣集[23]		3	《湘西革屯史之歌》《革屯杀官焚屯仓》《捉我儿子当壮丁》
苗族起义史诗[24]	杨正保等	1	《起义者的歌》
湘西歌谣大观[25]	刘黎光	4	《反歌》《骂张平》《官在头上受人骂》《无钱死有钱生》

续表

著作	搜集者	数量	歌谣名称
	龙仙艳	5	《一年辛苦一年金》《农民身上两把刀》《蒋贼税款真是多》《高山苗》《金元券》

注：①田兵等编著《苗族文学史》，贵州人民出版社，1981。
②苏晓星：《苗族文学史》，四川民族出版社，2003。
③除了第13首《滚你的蛋吧，洋佬》外，其余的《国民党不太平》《天见张平》《国民党》《国民党抓大兵》《日本鬼子坏良心》《高坡高岭田连丘》《苦心歌》《十冬腊月大雪飘》《天上星多月不明》《民国二六起战争》《活活要把日本鬼子捉》《美国兵是狗养》与田兵在《苗族文学史》中搜集的完全雷同，故不再重复计算。
④龙子建等：《湖北苗族》，民族出版社，1999。
⑤酉阳 秀山 龙山 永顺 来凤文史资料协作委员会编《帅兴周的玩枪杆与抓权势》，参见《川湘鄂边民国时期兵灾 匪祸 民变·湘西文史资料第十三辑》，湘西州民族彩印厂，1989，第175页。
⑥申廓英：《汉译苗疆民歌集》，大伦印刷所，1937。
⑦古蔺县《苗家史》编写组整理《苗家史》，四川民族出版社，1979。
⑧凌纯声、芮逸夫：《湘西苗族调查报告》，民族出版社，2003。
⑨燕宝编《贵州苗族歌谣选》，中国民间文艺出版社，1989。
⑩石启贵：《湘西苗族实地调查报告》，湖南省人民出版社，1986。
⑪雷安平主编《湘西苗民革屯抗日辑略》，中南工业大学出版社，1987。
⑫这首《朝耕土哟夕锄土》与申廓英在《汉译苗疆民歌集》中搜集的《屯租之苦》完全一致，此外还有一首内容相近的屯租之苦的歌谣，即：朝耕土哟晚锄土，年年月月欠屯租。一年四季替人锄，屯户没有一块土。男耕田哟女耕田，子子孙孙欠饷钱。割柴卖草一年钱，难抵保甲一月捐。
⑬巴略、王秀盈：《苗族文学概论》，中国文史出版社，2006。
⑭吴荣臻：《"布将帅"运动述略》，《贵州民族研究》1981年第3期。
⑮湘西苗族编写组：《湘西苗族》，《吉首大学学报》1982年第3期。
⑯罗义群：《黔东南苗族抗日民间歌谣文化意蕴》，贵州省苗学会2015年年会参会论文，贵州都匀。
⑰隆名骥：《民国湘西苗乡纪实》，北京燕山出版社，2010。
⑱这首《要像雄鹰展翅翔》与吴荣臻搜集的《要像雄鹰和鸽子一样地展翅飞翔》内容相近，可视为同一苗语诗歌的不同文本。
⑲《四川苗族志》编委会编《四川苗族志》，巴蜀书社，2009。
⑳刘善述：《湘西苗民革屯史志》，中国文联出版社，2008。
㉑伍新福：《中国苗族通史》（增订版），贵州民族出版社，2017。
㉒贵州省文联、省作家协会、省民间文学工作组、省民间文艺家协会：《民间文学资料》第14集，贵阳中中印刷厂，1959。
㉓石昌炽主编《中国民间歌谣集成湖南省卷·花垣县资料本》，1991。
㉔杨正保、潘光华编《苗族起义史诗》，贵州人民出版社，1987。
㉕刘黎光编《湘西歌谣大观》，湖南文艺出版社，1990。

据不完全统计，除去同一文本的不同版本，被收入不同文本的时政歌共110余首，加上笔者田野调查搜集的5首，近120首。

二 苗族时政歌分类

这一时段的苗族时政歌依据内容，可以分为苦歌与反歌两种。

（一）苦歌

苗族苦歌在中部方言区称为"夏恰"，在东部方言区称为"sead kut"（音译为"莎苦"），它以倾诉苦情为主要内容。苗族苦歌多反映生活的艰辛困苦。在上文搜集的近 120 首时政歌中，苦歌约 70 首，约占时政歌的 58%。苦歌为民众自发的口头创作，涵盖的内容十分丰富，如以关键词作为主线，则可分为捐税苦歌、匪患苦歌、兵役苦歌、屯租苦歌、鸦片苦歌等，限于篇幅，略举几例。

1. 捐税苦歌

提及捐税之苦，湘西一带流传着一首名为《国民党》的苦歌：

> 国民党，太凶暴，捐如草，税如毛。

还有一首流传于贵州松桃一带，名为《蒋贼税款真是多》的苦歌：

> 蒋贼税款真是多，屋基一年收四季。

这两首歌谣较为简短，但都集中体现一个主题即捐税繁多且数额巨大。"捐如草，税如毛"，使得当时苗族地区经济凋零、民不聊生。有学者梳理，1928—1948 年苗族地区捐税不少于 50 种。

2. 兵役苦歌

反映兵役之苦的苦歌数量丰富，具体可分为壮丁苦歌与劳役苦歌。壮丁苦歌即吟诵被强迫抓丁的苦歌。据笔者田野访谈，壮丁理论上是按照"三丁抽一、五丁抽二"的方式执行，当时军阀混战，民间素有"好铁不打钉，好男不当兵"之说，加上当时苗族民众与汉族地区语言隔膜、文化隔离，苗族男性青年被抽丁到前途未卜的军旅环境后较少具有生还的可能，从而使得民众对抓丁避之不及，在此略举两首：

> 《冬月里来冬月冰》
> 冬月里来冬月冰，乡乡县县抓壮丁，
> 兄弟俩人抽一个，独子也去当国军。

《抓兵歌》

睡到半夜那一阵，爹妈被惊醒。三更打大门，蒋匪抓壮丁哟！哎嗨哟，蒋匪抓壮丁哟！

妻子开口叫，打开后门跑。手拿洋枪弹上膛，怎样跑得了。哎嗨哟，怎样跑得了哟！

走拢坝子边，妻子送长衫。长衫送到五里坡，唱首分离歌。哎嗨哟，唱首分离歌哟！

抓拢大门口，妻子吊住手。喊声妻子放开手，说起当兵硬起心肠走。哎嗨哟，说起当兵硬起心肠走哟！

走到坝子头，遇到大母舅。叫声外甥不要惬，哎嗨哟，说起当兵硬起心肠走哟！

走到豇豆坡，遇到老表哥：这回抓兵抓到我，回去你好好躲哟，哎嗨哟，回去你好好躲哟！

走拢鸡巷巷，姨妈出来望。姨侄当面好悲伤，两眼泪汪汪。哎嗨哟，两眼泪汪汪哟！

走拢部队上，长官出来望。这个当兵说得上，关在大楼上。哎嗨哟，关在大楼上哟！

走拢马路上，朝天望一望。刚想回头跑一趟，屁股挨一棒。哎嗨哟，屁股挨一棒哟。

睡在大楼上，一夜哭到亮。背上背根大洋枪，天天学下操哟，哎嗨哟，天天学下操哟！

《冬月里来冬月冰》中的"独子也去当国军"其实正是当时苗族地区抓丁的真实缩影。由于当时苗族民众都不愿意外出当兵，而有权有势的地主与豪绅等通过金钱购买的方式请人顶替甚至买通当局找穷人替换，故而这一部分壮丁的人数必然转嫁到穷人身上，穷苦人家的孩子即使是独子也得充军。

《抓兵歌》流行于贵州金沙一带，具有明显的民歌特色：首先交代时间是深夜三更，通过"打大门"三个字简洁地反映了抓丁方式武力粗暴；其次，通过被抓丁之人与亲人即妻子、大母舅、老表哥、姨妈的一一道别，凸显了被迫抓丁的万般不舍；最后交代了壮丁到部队之后所遭受的痛打与训练。贯穿全文的"哎嗨哟"叹词，将这首苦歌的悲愤、无奈与辛酸具体可感地表达出来。

除了上文提及的抓丁之苦,国民党还对苗族民众大量摊派劳役,苗族民众不堪其苦,转而作歌叙诵,此类歌谣即劳役苦歌。如修建鄂西来凤机场、贵州黄平机场和独山机场、贵阳和清镇机场、湘西芷江机场、云南曲靖机场等工程,都强派很多苗族民工参加,每次服劳役人数少则数万,多则十几万,时间短则数月,多则一二年不等。① 此外,在修筑川滇公路、湘黔铁路等工程中,苗族民众也是被劳役的对象,流传于四川古蔺一带的《川滇路》这样唱道:

> 川滇路啊,穿丛山,
> 提起修路真伤惨。
> 男的被逼修路去,
> 妻儿老小去讨饭。
> 十个去了九不回,
> 死在路旁无人管。
> 乡长保长发横财,
> 穷人血汗全榨干。
>
> 川滇路啊,坡坎多,
> 千人修路苦情多:
> 一天两顿沙子饭,
> 皮鞭赶做牛马活;
> 地当床铺天作帐,
> 盖的树叶草砣砣;
> 谁能熬到路修好,
> 不死也脱几层壳。

从歌谣中可知,除了繁重的劳役,民众更得忍受监工的皮鞭并经常挨饿,不少人客死他乡。

3. 匪患苦歌

这一时段的苗族苦歌还有一个重要的内容即匪患之苦。反映匪患之

---

① 苗族简史编写组:《苗族简史》,民族出版社,2008,第250页。

苦的苦歌既有较为含蓄的表达，如流传在贵州黔东南一带的《天上星多月不明》：

> 天上星多月不明，地上坑多路不平，
> 塘里鱼多水不清，土匪多了不太平。

亦有直接的表达，如芮逸夫在《湘西苗族调查报告》中搜集了流传于湘西一带的闹土匪歌：

闹土匪歌（其一）
湖南吵闹已有年，任是哪个只坐哭。
宣统坐位没有名，印信交给袁世凯。
如今百姓个个苦，贼子吵闹不得息，
地方完全做不成，搬在大地只坐哭。
民国成立二十年，土匪闹满一片地。
不得办法愁不好，百姓个个不得住。
地方团体把状告，也得统领帮扎兵。

芮逸夫搜集的这首歌谣完全按照科学的记录方式，由于语言与文化的隔膜，汉文意译较为生硬，但从表达的内容来看，当时，"土匪闹满一片地"，百姓几无宁日，到处颓垣断壁、枯树林立、田园荒芜、生产凋零。

苗族苦歌的内容包罗万象，既有对苗族地处偏僻之苦的感慨如《山上云里钻》《苗家无地方》《满山遍野尽石头》，又有控诉日本侵略之苦的苦歌如《万家劫后无完瓦》《可恨东洋小日本》，还有吟诵屯租的苦歌如《屯租之苦》《龙潭豆旺好坝田》等。在那暗无天日、军阀混战的时代里，吟诵生计之苦的苦歌真可谓多如牛毛，不少职业苦歌（例如农民生计苦歌、教师生计苦歌、挑夫生计苦歌、矿工生计苦歌）倾诉生计之苦，例如，流传于湖北来凤的苦歌《去年教八个》：

> 去年教八个，今年教一桌。不是卖草鞋，险些养不活。

这是一首反映教师职业谋生艰难的苦歌，学生人数从 8 个减少到 4 个，透露出了乱世对于教育的漠视，通过教师去卖草鞋以补贴家用侧面反映出教师在经济上的捉襟见肘。

此外,《一年辛苦一年金》亦反映了国民党统治时期苗族地区教师的地位低下、经济窘迫,真可谓"一年辛苦一年金,不及樵夫半束薪。饥寒驱人情不已,放弃舌耕用手耕"。

流传于四川古蔺一带的《早晨天不见亮就动工》则反映了矿工的生计艰辛:

> 早晨天不见亮就动工,晚上月落山梁才上床;
> 挖矿砸破手和脚,烧磺烟火鼻眼呛;
> 一月工钱拿过手,饭钱开了就精光。

流传于湖北恩施一带的《桑木扁担软绵绵》则揭露了挑夫的悲惨处境:

> 桑木扁担软绵绵,上挑桐油下挑盐。
> 草鞋磨破几多双,过年无有"刀头"钱。

可见,除了租种地主土地的农民生活穷苦之外,教师和靠技术谋生的底层人亦苦苦挣扎在死亡线上。

(二) 反歌

反歌顾名思义即反抗当局的歌谣,苗族反歌即苗族民众吟诵的反抗之歌。本书共搜集了30余首苗族反歌,既有对国民党蒋介石统治集团暴政直接怒斥的反歌,又有对敲骨吸髓的财主或土司直接痛骂的反歌,还有对国民党强加在苗族民众头上的抓兵、抓粮、苛捐杂税的反抗之歌。较为系统的可参照《民间文学资料第14集苗族反歌》,其中丁组即反抗国民党反动派的反歌,收入了《莫忘古时人》《二天领袖来》《太平日子会到来》《要反趁早反》《哪知受了骗》《脚踏两只船》《怎样得太平》《龙王哪里去了》《共同打官兵》《官家真狠心》《蒋匪办事不合理》《把官家赶跑》等歌谣。以关键词分类,则可分为革屯反歌、教会反歌、神兵反歌与抗日反歌等。

较之于数量及比例明显占据上风的苗族苦歌,苗族反歌的数量与比例相对较少,苗族反歌具有以下两个特征。

第一,感情炽烈。苗族反歌一扫苦歌的凄凉哀婉,有如愤怒的火苗亦如一支支利剑直刺敌人心脏,用词铿锵有力,例如歌谣《这也税》:"这也税,那也税,打个臭屁也上税。老子有钱偏不交,硬逼请你棺材睡。"这首反歌可以看出当时民众对于捐税繁多由愤慨而反抗的历程,通过"打个臭屁也上税"的夸张叙述,使得吟诵者的"老子有钱偏不交"显得合情合理,转而假设官府用武力征收,则只有用"请你棺材睡"的方式暴力解决,将吟诵者的愤怒与决裂刻画得入木三分,情感真挚饱满。下面这首流传于贵州赫章一带的反对教会的反歌《滚你的蛋吧,洋佬》亦是铿锵有力:

> 滚你的蛋吧,洋佬,
> 信教不信教,自己有选择;
> 滚你的蛋吧,洋佬,
> 信教不信教,用不着你向导。
> 我们有正义的心,我们有勤劳的手。
> 信,我们自养,
> 信,我们自立,
> 信,我们自传。
> 不要你的"博爱",不要你的"仁义",
> 不要你的"平等",不要你的"恩赐",
> 不要你的"祝福",不要你的"保佑"。
> 我们不是傻瓜,你怎能买得死人心?
> 滚你的蛋吧,洋佬!

在对于近现代石门坎基督教传播的研究中,有一部分别有用心的文章[1],虽然在细节上略有差别,但主干基本类似,在表述内容上的东方主义、表述逻辑的尊己卑人、表述目的的险恶用心上皆同出一辙。事实上,基督教不是拯救苗族的救世主。因伯格理先生的个人魅力,石门坎创造了

---

[1] 2014年,一篇题为《北大陈浩武:贵州石门坎给中国教会和社会带来什么启发》的文章引起广大苗族同胞的反感与抵制,因表述中有诸多污蔑和诋毁苗族文化之处受到读者举报,同题材的文章改头换面后以不同标题继续在网络上猖獗发布,如《他使一个民族热泪盈眶:在绝望的黑暗中,给他们光明和温暖》《一个传教士在中国创造的文明奇迹》《伯格理:一位伟大的播火,他让一个民族热泪盈眶》《基督教在中国创造的文明奇迹》等。

中华人民共和国成立前苗区传教的奇迹。正如学者评论，当时石门坎教育的成功之处在于激发了当地苗民尤其是苗族知识分子的共同参与，是苗族人民苦心经营的结果，并不仅仅是依靠基督精神的"拯救"。①

《滚你的蛋吧，洋佬》显然不同于《搞秘密一点》②的遮遮掩掩，在这首坚决的反教会歌谣中，唱者喊出"信不信教，自己有选择"，继而提出文化自信需要的是正义的心与勤劳的手，而西方传教士所宣扬的耶稣基督的"博爱、仁义、平等、恩赐、祝福和保佑"在军阀战乱、民不聊生的现实生活前显得苍白无力，故而正如《搞秘密一点》的歌谣所言，信教的结果同样是"照样受人敲磕，照旧遭人侮辱"，从而通过多次重复唱词"滚你的蛋吧，洋佬"强化主题，将苗族民众对西方宗教的排斥与反感叙述得淋漓尽致。

第二，叙事完整。在上述所搜集的35首苗族反歌中，多数篇幅较为简短，只有《湘西革屯史之歌》《起义者的歌》《长工歌》《跑壮丁歌》超过百行，但即便在较为简短的篇幅里，内容依旧完整，如《韦吉周》：

> 韦吉周，黑心狼，千人提起恨断肠。
> 派粮派款乱抓丁，修路贪污扣口粮。
> 敲诈勒索花样多，黑夜还要抢猪羊。
> "黑狗""黑狗"再猖狂
> 定要剥你的皮，抽你的筋，
> 还要烧你的房！

这首反歌针对的是四川古蔺县海螺堡保长韦吉周，因为这个十恶不赦的保长以抗战修建川滇公路为借口大量向苗族民众派劳役，又在民工饮食中克扣口粮，在饭内掺沙加糠，变三顿为两顿，致使不少民工在高强度劳作下食不果腹而死。民工联名上告无门，万不得已，遂用这首反歌来惩戒

---

① 龙基成：《社会变迁、基督教与中国苗族知识分子——苗族学者杨汉先传略》，《贵州民族研究》1997年第1期。
② 这两首反教会的反歌之中，其中《搞秘密一点》较为委婉，诗歌叙述了发生在父子之间的不同文化取舍。当儿子唱苗歌时，爹爹说："那是鬼歌，信教的不能唱！"儿子则反驳说："可怜的爹爹阿！我们上了当，洋经才是鬼歌哩！"最后，儿子明列举信教的结果是"照样受人敲磕，照旧遭人侮辱"，更为可怕的是信教以后"亲戚不想走，弟兄反了目"，故而父子二人皆认识到洋教的虚伪性从而愿意遵从苗族传统吹芦笙、唱苗歌，标志着苗族民众对民族文化从怀疑走向自信。

韦吉周。这首歌谣既有对其派款、抓丁、克扣口粮、敲诈勒索罪行的罗列,又有想将其抽筋剥皮、焚烧其房屋的决心。

此外,在上文提及的篇幅较长的四首苗族反歌中,完整的叙事最为凸显,下文将以《起义者的歌》为例概述。

《起义者的歌》[①] 流传于云南文山地区,演唱的是20世纪30年代爆发于丘北、广南等地的由王相等领导的苗民武装起义。全诗分为四个部分,对应了诗歌结构中起承转合的完整叙事,共1528行,是截至当下搜集到的这一时段最长的苗族反歌。

第一部分叙述"造反"的背景,是全诗之"起"。时间为1932年,以侯宝全的悲惨生活史拉开全诗叙事:侯宝全因地主过度勒索致穷,丰年亦只能落得"天天苦如牛,顿顿饿肚皮"的可悲处境,却又被强征税款。"苗家无路走,卖地来交款;苗家没办法,卖牛来纳捐,样样都卖光,还是交不完,这个世道呀,天昏地又暗。"侯宝全万不得已准备举家搬迁向别处讨生活。谁知在搬迁路上碰到王相,王相以自身经历告知侯宝全,贵州、湖南、河南、江苏、广西等"天下都走遍,处处阴森森。不管到哪里,还是难活命"。恰巧此时遇到一猛虎追黄牛,紧急时分,王相以网兜石毙杀老虎,表现出英勇过人的一面。侯宝全与王相共同商议放弃搬家,提出需要自己动手争取自己的权利:"我们苗家人,不愿把头低。拿起刀和枪,挺身来起义。"

第二部分叙述王相等率众攻打地主杨令斗,这是全诗之"承"。一天赶集之时,一个穷苦苗族年轻人因拖欠财主杨令斗的租税被活活打死,大伙义愤填膺。王相与侯宝全、李廷良等商议决定攻打杨令斗大院。杨令斗依靠地利,凭据栅栏、围墙固守,加上家丁与帮凶奋力抵抗,战斗陷入相持阶段。后来王相飞石击毙杨令斗,杨家大败,战斗胜利,众人分钱分粮。王相得胜之后,各地苗家寨、壮家村、瑶家山、彝家箐纷纷响应,投奔王相,大家团结抗敌亦知晓形势危急,"官家知道了,定会不饶人,会派大兵来,打我苗家村"。

第三部分交代县长征剿义军"伎俩",是全诗高潮部分。县长知道王相事件之后,想利用金银设计"招安",王相识破了他的诡计。县长又利用奸细试图刺探军情,王相等借机实施反间计,给予奸细错误消息,并派

[①] 参见杨正保、潘光华编《苗族起义史诗》,贵州人民出版社,1987。

出熊才保诈降。县长以为掌握义军情况加上有熊才保作为先锋,气势汹汹,试图一举歼灭义军,未曾想在途中遭受伏击,官兵大多被歼灭——"血水到处流,遍地是死人,缴枪几百支,缴炮七八门"。

第四部分叙述小坝胜利后多地响应,是全诗结尾部分。自从大挫县长征剿后,各路义军投奔而来,队伍扩大,足有两万人,王相等严加组织管理,分派任务——"老叔任师长,王相当头领,才保做参谋,廷良管后勤"。其后对不同性质的财主和豪绅区别对待:恶霸枪毙、归顺者则安抚。据《起义者之歌·附记》记载,吟诵者省略了对起义失败过程的叙述。

全诗脉络清晰、铺垫得当,先以侯宝全的个人生活史交代当时官逼民反的起义背景,最后以较为简练的叙述结尾,没有详细叙述起义失败的经过与缘由。

三 苗族时政歌解读

苗族时政歌反映了苗族的社会生活状况并记录了苗族重大历史事件,下文将详细论述。

(一)苗族时政歌反映了当时苗族的社会生活状况

苗族时政歌是当时苗族的社会生活的浓缩,概而言之有匪患多、捐税重两个特征。

1. 匪患多

据《苗族通史》梳理,由于军阀混战,各地地方豪绅与恶霸势力层出不穷,当时苗族地区不少地方皆由各路势力把持,以黔东南为例:

> 丹江、台拱、榕江、八寨县交界由五县游击统代何明超把持,他拥有兵力一千多人;丹江县由王家烈任命"剿匪大队长"之职的苗族豪绅杨昌隆把持;榕江由驻兵独霸;清水江从旁海到施洞口一带由警备队少将总队长王郎轩把持;施洞口到革东一带由台拱五县边防主任潘老五盘踞;从革东到展架由苗族地主邰胜江霸占;锦屏县由德云把持。[①]

正是因为各路军阀把持地方,多数军阀对苗族民众任意派款征役,为了给清摊派,贫穷人家不得不借高利贷还款,从而使得苗族地区民不聊

---

① 吴荣臻总主编《苗族通史》三,民族出版社,2007,第200页。

生,正如歌谣所吟:"农民身上两把刀,租子重来利钱高,摆在面前三条路,逃荒上吊坐监牢。"由于国民党早期对西南控制较弱,军阀混战引起苛捐杂税暴增,致使许多农民生活更为艰难。因为生计艰难,不少穷苦百姓不得不铤而走险,正如沈从文所言——有家有产的成为"土豪",无根无柢的又可能成为"土匪"。加上军阀混战,大量枪支流落民间,为土匪武装提供了武器。此外较为重要的一点是,不少军阀经常笼络土匪以攻击另一军阀,甚至官府亦通过"招安"利用武力较强的土匪与军阀对抗或安抚百姓,故而官匪不分,正如流传在湘黔川鄂交界苗族地区的歌谣《有枪就有势》所唱:

有枪就有势,有势就有官,
当官须为匪,为匪可当官。

官匪沆瀣一气在当时的苗族地区到了无以复加的地步,当时川、湘、鄂、黔四省交界处的各大匪首几乎都有过在国民党政府任职的经历(见表2-5)。

表2-5 川、湘、鄂、黔四省交界处土匪一览

活动区域	匪首列举	代表	担任国民党相关职务
四川秀山	杨卓之、伍南清 王子建、饶文轩	杨卓之	任过秀山县参议会参议员
来 凤	向卓安、向炳煜 彭树安、向仁轩	向卓安	来凤常备自卫队上尉中队长
酉 阳	张邵卿、杨树臣	张邵卿	由兵卒到旅长,曾三次接受招安
古 丈	张 平	张 平	古丈县县长
泸 溪	徐汉章	徐汉章	"泸溪县有枪壮丁大队"大队长 湖南新成立的第九战区新六军暂五师,徐任连长
龙 山	瞿伯阶、师兴周	瞿伯阶	暂编第十师师长
芷 江	杨永清	杨永清	国民军第四十军第二师中将师长
怀 化	陈汉章	陈汉章	由地主而团绅,由团绅而做大王,由大王充升军长
晃 县	姚大榜、姚继虞	姚继虞	任国民第十二军独立一师长等职
永 顺	彭春荣、曹振亚	彭春荣	被国民党暂六师招抚,任排长
松 桃	龙万章	龙万章	松、秀民团总指挥

111

流窜在川、湘、鄂、黔四省交界处的土匪时而为匪，时而为官，打家劫舍，拦路抢劫，甚至以一定的官职身份管理地方。以"秀山四匪"之一的杨卓之为例：

> 杨卓之从民国十五年夏到解放前夕约二十四年的时间里，强取豪夺，裹胁地方，建立了一支千多人枪的武装，还凭借手中权势，兼并农田三千多挑，搜刮敛积不义之财达四十万光洋；且于民国末期任过秀山县参议会参议员。①

此外，以流传在湘西一带的《天见张平》歌谣为例，张平就是土匪被招安最好的个案：

> 天见张平，日月不明；
> 地见张平，草木不生；
> 人见张平，九死一生。

为何出现如此大规模与大面积的匪患，或许参照沈从文在小说《传奇不奇》中的叙述便可理解一二：

> 县长早明白接近边境矿区人民蛮悍有问题，不易用兵威统治。本意只是利用人民怕父母官心理，名义上出巡剿匪，事实上倒是来到这个区域几个当地大乡绅家住住……另一面又即开会各村各保摊等一笔清乡子弹费、慰劳费、公宴费、草鞋费……花样再多一些，还可用某乡民众代表名义登个报，一注三下，又省事又热闹，落得个名利双收。②

可见，地方部队"剿匪"不过是幌子，目的是达到"一石三鸟"的获利效果：首先是中饱私囊，通过剿匪向村民摊派费用亦可趁此机会搜刮乡土特产等民脂民膏；其次，剿匪并不是真正与土匪打硬仗，而是巧妙地乱抓村民充当战果；最后，地方部队可以虚报剿匪成果向上级邀功请赏。

2. 捐税重

上文已经列举了两首捐税苦歌，其实这样的苦歌在同时代还有很多，

---

① 参见《川湘鄂边民国时期兵灾 匪祸 民变·湘西文史资料第十三辑》，湘西州民族彩印厂，1989，第8页。
② 沈从文：《传奇不奇》，载于《沈从文全集》第10集，北岳文艺出版社，2009，第439页。

如流传于四川古蔺一带的《苗家砍柴没山砍》：

　　　　苗家砍柴没山砍，打个麻雀没石岩。
　　　　屙泡臭屎没棒开，打把蕨菜也要钱。

这首歌谣虽然没有点明税款的数额与名目，但通过没山砍柴、没石打雀等一系列极端行为和采摘蕨菜都要钱的可悲处境，从侧面反映了当时苗族地区苛捐杂税之繁重，又如流传于云南文山一带的歌谣《天天都有税》：

　　　　天天都有税，月月都有捐。
　　　　税多如牛毛，款重似高山。

较之于《苗家砍柴没山砍》的含蓄，《天天都有税》则直接袒露心声，尤其是后两句的表达浅显通俗，带有民间歌谣口语化的重要特点。查阅相关文献与田野访谈后，笔者将当时苗族地区的苛捐杂税情况整理如下（见表2-6）。

表2-6　苗族地区苛捐杂税一览

分类	摊派具体名目	数量
费	区保经费、保路费、月月费、买枪费、枪弹费、团防费、壮丁费、壮丁安家费、壮丁被服费、壮丁输送费、松绑费、灯油费、伙食费、铺堂费	14
税	屠宰税、田粮税、兵役税、烟苋税、人头税、年猪税、瘟猪税、祭祀税、火坑税、酒税	10
捐	自卫捐、自治捐、保甲捐、夫役捐、区乡经费捐、乡丁捐、乡丁食米捐、保长办公捐、预征丁捐、壮丁训练捐、教育捐、救国捐、废牛捐、长年捐、房捐	15
租	地租、马盘租、木耳香菌租、役夫马车租、拜年租、劳租	6
未归类者	田赋、月款、马蹄款（修公路款）、大包米（军粮）、保警公粮、保警补贴、保甲长津贴、自卫班食米、自卫班津贴、募捐款、教师食米草鞋钱、辛苦钱、学校基金	13
鸦片为例	未种抽懒人捐、种则抽烟苗捐、窝税、秤捐、锅炉捐、护送捐、出口捐、进口捐、统税、特税，此外还有烟馆的"红灯税"，烟民的"牌照税"，等等	12

注：因为鸦片暴利，当地政府强迫苗民栽种，曾三令五申地宣布："谁家有劳力不种，就要按劳力抽懒人捐。"种植鸦片以后，先抽"烟苗捐"；种子下土，即需征收"窝税"；收割时，要收"秤捐"；烟土煮制时，要收"锅炉捐"；贩运过程中，有"护送捐""出口捐""进口捐""统税""特税"。此外，还有烟馆的"红灯税"，烟民的"牌照税"，等等。

从表 2-6 可知，当时苗族地区以不同名目摊派给民众的费用如费、税、捐、租以及未能归类的费用高达 58 种，仅以鸦片种植为例，征缴费用就高达 12 种。

上文列举的是当时苗族地区的捐税情况，其实较之于中部苗族和东部苗族的相对独立，西部苗族除了忍受当时政府的捐税劳役之外，因为迁徙定居时间较短，较少贫民能够拥有自己的土地，不少苗族民众向彝族土目或汉族土司租赁土地耕种，忍受着官府与租赁主的双重剥夺。顶首、拉罗、干人①就是被剥削与压迫的例证，如流传在四川古蔺一带的歌谣《地租重》：

> 地租重如山啊，劳役多如毛！
> 顶首加千遍，拉罗像狼嚎。
> 干人血汗被喝尽啰，大人娃儿命难逃。
> 苗家世代受苦难，何日砸烂这铁牢。

据一位租种地主土地的穷苦贫民李银洲的记录，他除了缴纳地租之外，还必须一年到头无偿地提供各种各样的劳租，具体如下文叙述：

> 王玉如在红纱开了一个槽房，要用大量的水，就给我立下一个水租。不管是炎热的夏天，还是风雪严寒的冬季，一年三百六十多天，都要给他的槽房挑水。那个能装几十担的大黄桶，要经常装得满满的。我也记不清挑断了多少根扁担，挑乱了多少担水桶……
>
> 王玉如在大麻窝有一块两亩多的菜园，给我立了个菜租。犁地、栽种、施肥、薅草、除虫，直到收获，都要我干。每浇一次菜，那一百多斤重的大粪桶，就要挑五六十挑。我和妻子，还加上几个穷乡亲，汗流浃背要忙好几天。一年四季种菜出力，可是我连一片菜叶子也吃不上……
>
> 王玉如一家烧锅煮饭都要用柴，就给我立了个柴租。特别是接近年关，还要冒着大雪大凌到四五里外的沙子坡、双沟去打柴，供他家过年使用……
>
> 王玉如的槽房烤酒要用煤，冬天他家烤火也要用煤，于是又给我

---

① 顶首即地租，拉罗即财主，干人即穷人。

们立了个煤租。从红沙到小堡、排楼去背煤，来回差不多五十里。他限定每一人一次背两撮箕，共一百二三十斤。凡是他的佃户，都有这项煤租。一些妇女、娃儿、老人，都是早晨去，晚上回，背着煤一路走，一路哭……

王玉如一家人外出，不管到哪里，不坐滑竿就坐轿，给我们立了一个轿租。除了抬他一家，连他家来的亲友，都要我们抬……

王玉如喂了一匹马，在我的头上就立了一个马草租。隔一天要给他送一背马草。规定要一百斤，而且要好草、嫩草。春天、夏天还好办，冬天真叫人作难，跑遍杨柳湾，走遍马草沟，也割不齐这一背马草。有时跑上十来里路，才能凑足斤头……

王玉如的这样租、那样租，多得安不上名字。总之，他想要什么租，就向我们要什么租；取不起名字就统统就力租。①

捐税重、劳役多，加上匪患猖獗，使得当时苗族地区的百姓生活在水深火热之中，从当地流传的苦歌中即可解读出这一切。

（二）时政歌记录了现代苗族大事件

苗族时政歌除了反映当时苗族的社会生活之外，亦是现代苗族重大历史事件的口头记录，现以当时影响最大的革屯起义和黔东事变为例说明。

先说革屯起义。反映湘西革屯的歌谣就有十余首，如《龙潭豆旺好坝田》《餐餐都吃罐糊糊》《年年起屋没人住》《顺水漂呀顺水流》《今日登门来拜访》《兴坝百骑劫魏营》《湘西革屯史之歌》《革屯杀官焚屯仓》《下七出了英雄汉》《革屯起义把歌唱》《纪念革屯70周年》《屯租之苦》等。在这些革屯系列歌谣中，除《湘西革屯史之歌》篇幅较长之外，其余皆较为简短，多数叙述革屯起义之前湘西苗族生计的艰难困苦，反映苗族民众斗争的正义性。

如申廓英在《汉译苗疆民歌集》中收入的《屯租之苦》就是较好的案例。除了歌词的搜集之外，申廓英作为一位客位学者，其可贵之处还在于他记录了这首歌谣吟诵的背景，正如歌词前言所记：

---

① 李银洲：《交不完的力租》，载于古蔺县《苗家史》编写组整理《苗家史》，四川民族出版社，1979，第70—73页。

> 按屯租规定历为苗民所苦，自清季以来丈田归公至今未改，况中经地方豪吏把持，屯官舞弊更行变本加厉甚至超过百分之五十。此外犹有杂捐，苗民多属贫苦，实有不堪其苛政故旧久未清，新租又来。苗民迫于催征，每每酿成反抗。①

可见，因过重征收屯粮迫使苗族民众铤而走险之事时有发生。较之于其他革屯歌谣，《湘西革屯史之歌》②篇幅较长、叙事完整。这首歌谣分为四个章节、93行、372句，叙述了整个革屯的运动过程，具体内容可参照章节简述如下。

第一章叙述革屯起因与"诉愿"革屯的失败。诗歌先叙述封建屯政对湘西有屯七县的桎梏，屯政流毒多年，虽然封建社会已被推翻，但湘西军阀陈渠珍等为了利用屯租供养地方武装，实行"荒田荒地不荒粮"的残酷政策，不管年成如何，沿袭旧习横征暴敛，使得百姓沦落到"死者无棺活受罪，无数投河颈悬梁"的可悲处境。为了清算历年屯租旧账，陈渠珍准备着手清理素来贪污较多的永绥屯务长宋濂泉，宋濂泉组织武装与陈对抗，故爆发"麻栗场事变"即"永绥事变"。"永绥事变"拉开帷幕后，因省府想借此机会收拾"湘西王"陈渠珍，便暗中支持宋濂泉。宋以抗屯为由，召开区乡代表会，苗民有识之士吴恒良利用这一机会发表《宣言》和《代电》，试图请愿废屯，但省府本意在于打击陈渠珍，故而"诉愿"革屯失败："省县衙门相勾结，地方势力也帮腔；平民百姓无路走，只有奋起搞武装。"

第二章叙述武装革屯的背景与隆团（今龙潭）起义。诗歌先交代1936年旱灾涝害，饿殍遍野，苗民石春六和张巴柱代表民意向官府陈情，未曾想被关押杀害，抛尸天心眼，各地群众义愤填膺。隆团蚂蟥塘苗民石维桢等歃血结盟，隆团首义，杀死总爷石达轩，开仓分谷："革屯烽火从此起，首举义旗在隆团。"自此猫儿、弭诺等地积极响应。永绥县长李卧南派县大队长罗静平前去征剿，不想反而被困，罗静平以拜把结盟的方式骗过革屯军，躲过一死逃回花垣。石维桢与龙正波积极联合隆团大户隆子雍，试图继续组织"诉愿团"，谁知再次请愿失败。永绥县长李卧南一面派武装进剿，一面向"湘西绥靖处"求援。

---

① 申廓英：《汉译苗疆民歌集》，大伦印刷所，1937，第33页。
② 参见石昌炽主编《中国民间歌谣集成湖南省卷·花垣县资料本》，1991。

第三章叙述长潭起义与"革屯抗日军"成立。隆团起义之后，各地纷纷响应。长潭革屯领袖梁明元率众杀死乡长常健宣布武装起义；新寨邓世弟、保靖水田乡石兴顺等亦领队归顺，成立"革屯抗日军"，他们组织严密并自造枪弹，地方武装都不敢小觑。湖南省省长何健派出旅长刘建文前来镇压，大山压顶，革屯军领袖被迫化整为零、暂避风头："隆子雍和吴恒良，暂避他乡看风声；梁明元和石维桢，继续战斗更机灵。"省军无功而返，省军撤走之后，有屯七县再次掀起革屯怒潮，革屯领袖吴恒良在今花垣县龙潭镇豆旺村联盟各路革屯英雄，重创前来镇压革屯军的乾城和保靖保安团部队。除了上述革屯骨干力量，麻阳龙文杰、凤凰龙云飞等亦组织了武力革屯，遂使得乾城、麻阳被攻破，凤凰县城被包围，湘西七县革屯如火如荼，当局惊慌失措——"省府何健闻讯后，通电全省稳时局。调兵遣将来镇压，各自为政不统一；南京政府蒋介石，大骂何健娘希匹。"

第四章叙述革屯成功与革屯军收编抗日。革屯正逢"七七事变"之际，国民党迫于国内一致对外的压力，同意废屯升科。蒋介石乘机撤出异己势力何健，派"胸怀大度察民情"的张治中治湘。张治中取消对革屯军的"通缉令"，承认革屯的正义性。革屯军革屯目的已达，以国家危机为己任，接受"改编"奔赴抗日前线——"八年抗战驱倭奴，驰骋沙场建奇勋；三年内战洒热血，留取丹心照汗青。"歌谣到此结束。

再说黔东事变。反映黔东事变的歌谣有反映镇远兵变的《二天领袖来》，反映雷山、台江起事的歌谣有《太平日子会到来》《要反趁早反》《哪知受了骗》《脚踏两只船》《怎样得太平》《龙王哪里去了》《共同打官兵》《官家真狠心》《蒋匪办事不合理》《把官家赶跑》等。

较之于上文梳理的《湘西革屯史之歌》，黔东事变的歌谣较为简短精练，一首歌谣反映战争的一个侧面，然而串联起来依然可以解读黔东事变较为重要的几个大事项。

这组系列反歌中提到黔东事变的领头人物为候校芝与陈献斋①，起事的原因在《官家真狠心》中被表述为：派款老火得很，抓青年当兵，捉老年人抬伏。这些就是上文提及的捐税、兵役与劳役之苦，官兵对苗族地区的蹂躏致使民众对其谈虎色变：

---

① 在《中国苗族通史》中记录候校芝实为候教之，陈献斋为陈信斋，苗族当时没有苗文的准确记音，故而苗名汉译会有稍许差异，此外候是陈的侄女婿。

官至一枪响，人惊脸失色，各回各人屋，杀起半肥猪，猪毛也不刮，猪肠也不洗，抬起往山逃；
　　背起包袱逃，满山像蚕茧，小孩藏山上，老人躲草丛，我们苦得很，这样不像话，地方怎么得太平！怎么度过这样的年成！

极端的掠夺与摊派，使得民众无路可走，只有起义，《要反趁早反》的歌词如下：

　　要反趁早反！后果如何且莫管。
　　要是再不反，活着也痛苦，死了也痛苦！

其实，苗民斗争的目的非常朴素：粮就不用上，兵就不用抽，伕就不用当。然而，国民党的残酷镇压使得反抗的结果事与愿违：

　　哭爹又喊娘，晓得这样莫投降！投降反遭殃，蔬菜也烧光，粮食也烧光，粮食也抢光，东西也捞光，只剩光杆人，这回真寒心，哭肿了眼睛。
　　……
　　官家真狠心！拉起水牛杀，牵起黄牛斩，鸡鸭更甭说，还抢咱妇女，还劫咱衣服，哭声像虫叫，泣声像虫鸣，苦得无法活，苦得要死了。

黔东事变组歌除了叙述苗族民众在领袖的带领下英勇抗敌，还吟诵了共同对付外敌的行动，如《共同打官兵》就叙述了大伙不计前嫌团结作战，欺凌苗族民众的两面派则如《脚踏两只船》里所唱的那样，最终落得被国民党枪毙的凄惨下场。

本章对苗族歌谣的主位表述即当时苗族地区的古歌、情歌与时政歌进行解读，虽然无法完整勾勒当时苗族地区的全貌，但至少可以了解到：就宗教环境而言，当时的苗族地区宗教氛围浓厚；在婚恋方式上，苗族恋爱与婚配方式相对自由，以歌为媒的求爱方式和奔婚的自由婚嫁方式普遍存在；就经济民生而言，匪患多、捐税重，苗民生计艰难、民不聊生。

第三章 客位：凌纯声等民族学表述

本章将从1928—1948年这一特定时期他者民族学表述概述、民族学表述个案研究、民族学表述反思三个部分展开论述。

第一节 他者民族学表述概述

本章以他者民族学表述成果为重点，原因有以下三点：第一，不少传教士、官员带有较为强烈的宗教目的或政治目的，其表述内容从学术规范上与民族学的客位表述有较大出入，故而此处提及传教士与官员的苗族表述但不作重点解读；第二，由于笔者学科素养所限，无法对这一时段的照片、碑刻、绘画以及视频资料等进行过多的文化阐释并反思其表述得失，故本章主要研究这一时段民族学的文字表述；第三，由于翻译文本的不完整，附录二中列举的这一时段苗族国外文本表述有英语、法语、日语等多语种，限于多数重要的文本都没有汉译，无法掌握材料的完整性，故而不在这里展开论述。

一 民族学表述文本

鉴于本章论述以国内民族学学者文字表述为重点，在此先梳理出这一时段苗族地区的民族学客位表述文本（见表3-1）。

二 民族学表述解读

之所以将凌纯声等关于苗族文化的民族学表述定性为客位表述，是基于以下四个原因。

表 3-1　民族学客位表述文本概览

序号	作者	文章名称	文章出处
1	罗荣宗等	《民国年间苗族论文集》	论文集，由32位作者的59篇论文组成，详情参见表3-4，有21篇与《贵州苗夷社会研究》重复，贵州省民族研究院1983年编印
2	陈国钧等	《贵州苗夷社会研究》	论文集，收入吴泽霖、陈国钧等10位作者的51篇文章，详情参见表3-5，有21篇与《民国年间苗族论文集》重复，文通书局1942年印行
3	凌纯声等	《湘西苗族调查报告》	专著，商务印书馆，1947年
4	雷雨	《广西西隆县苗冲纪闻》	专著，广西民政厅秘书处，1933年
5	王兴瑞	《海南岛之苗人》	专著，珠海大学编辑委员会，1948年
6	王兴瑞	《海南黎人调查报告》	硕士学位论文，中山大学，1938年
7	杨森	《贵州边胞风习写真》	编著，贵州省政府边胞文化研究会，1947年
8	贵州民政厅编	《贵州省苗民概况》	编著，贵州省政府民政厅，1937年
9	刘介	《苗荒小纪》	专著，商务印书馆，1928年
10	盛襄子	《湘西苗区之设治及其现状》	专著，独立出版社，1943年
11	李震一	《湖南的西北角》	专著，宇宙书局，1937年
12	胡庆钧	《汉村与苗乡——从20世纪前期滇东汉村与川南苗乡看传统中国》	专著，天津古籍出版社，2006年
13	芮逸夫 管东贵	《川南鸦雀苗的婚丧礼俗》	调查资料，台北中研院历史语言研究所单刊甲种之二十三，1962年
14	刘汉源	《湘西屯田调查及巴县调查日记》	专著，台北成文出版社有限公司，1977年
15	吴泽霖等	《民族学论文集》第一辑	论文集，文通书局，1940年
16	吴文藻	《贵州苗蛮》	博士学位论文，哈佛大学，1940年
17	岑家梧	《贵州民族研究述略》	论文，《边政公论》1944年第3卷第2期
		《云南嵩明县之花苗》	论文，《西南边疆》1940年第8期
		《嵩明花苗调查》	论文，收入《岑家梧民族研究文集》，民族出版社，1992年
18	江应樑	《评鸟氏之〈苗族调查报告〉》	论文，《现代史学》1937年第4期
		《苗人的来源及迁徙区域》	论文，1940年

续表

序号	作者	文章名称	文章出处
19	王云路	《湘西的苗族》	论文,《新民报》1939年第3卷第20期
20	王文萱	《苗人的生活》	论文,《新政治月刊》第2卷第5期
21	杨成志	《云南民族调查报告》	论文,国立中山大学语言历史学研究所《周刊》第129—139期合刊,1930年5月21日
22	杨成志 译	《苗族的名称区别及地理上的分布与神话》	论文,国立第一中山大学语言历史学研究所《周刊》1928年第35—36期
	杨成志 余永梁	《关于苗族书籍的书目》	论文,国立第一中山大学语言历史学研究所《周刊》1928年第35—36期
23	贵州边胞研究会	《施秉县边胞概况》	《边铎月刊》1947年第1期
24	大夏大学社会研究部	《炉山黑苗生活》	调查报告,1940年
		《安顺苗夷的生活》	调查报告,1940年
		《贵州省各县少数民族社会状况调查报告》	1940年
		《贵州省东南边陲县黑苗、生苗、侗家、水家生活调查资料》	1941年
		《贵州省西北路各县苗夷社会调查报告》	1942年
		《北盘江流域各县苗夷社会调查报告》	1942年
		《八寨黑苗语》《炉山黑苗语》《贵阳仲家语》《青岩白苗语》《安顺青苗语》《松桃红苗语》等	贵州少数民族语言状况,1940—1942年

首先,就身份而言,这些民族学家几乎都是汉族,他们从地理到文化都属于"他者"身份。在进入苗族地区调查之前,他们对苗族文化是陌生而疏离的:这个多民族聚居的地方,因为长期处于闭塞状态,存留着十分丰富的社会学、民族学、语言学等学术研究资源,是一块不可多得的尚待开发的处女地。[1]"陌生化效应"使得他们在"异文化"的调

---

[1] 王尧礼:《整理前言》,载于贵州省文史研究馆编《民国贵州文献大系》第一辑下册,贵州人民出版社,2011,第Ⅱ—Ⅲ页。

查中常常会发现那些在本地人看来熟视无睹的文化事项，从而获得较为新颖的材料和视角。这一时段有关苗族地区的民族学表述，视角新颖的有凌纯声等对湘西苗族鼓舞的表述，既有文字，又有绘图与相片，甚至还拍摄视频，这是本地"以鼓舞为奇耻大辱"的当地知识分子所不屑的。

其次，就学术素养而言，这些民族学家多数受过专业的学科训练，具备民族学家客位表述的专业素养。例如：凌纯声曾在中央大学学习，后进入法国巴黎大学跟随莫斯学习人类学和民族学专业并获博士学位；吴泽霖考入清华大学堂，后来到威斯康星大学、俄亥俄州大学等美国高等院校深造，获博士学位；王兴瑞毕业于中山大学研究院文科人类学部；杨成志毕业于岭南大学，后来由中山大学派往法国留学并获巴黎大学民族学博士学位；等等。正是因为这些民族学家具备较好的专业素养，这一时段的民族学表述才能够获得科学民族志的学科基础，这种表述的客观严谨完全不同于明清封建流官和文人对苗族的随意杜撰和歪曲。

再次，就表述内容而言，这些客位表述囊括了整体性的苗族文化。1928年之前的苗族表述围绕政治与经济两大主题，对于苗族的描述多侧重于地理与物产。而这一时段的苗族表述，不仅关注苗族的经济、地理、教育等诸多与现实民生密切相关的问题，还关注苗族文化的系统性与整体性建构。从1933年凌纯声等湘西调查的一份问卷①可以看出其问题设计的全面性。民族志研究关注系统性，这些调查结果可谓苗族文化的整体呈现。

最后，就表述目的而言，这一时段苗族地区民族学表述具有强烈的时代背景。事实上，这一时段的民族学表述，不仅仅是学者纯学术性的专业研究，更是中华处于内忧外患境遇的学术回应。调查不仅仅是为了认识苗族与西南，更在于开发苗族、开发西南：

当时东部国土已经沦丧，西南成了抗日大后方，中华民族的复兴基地，保证大后方的稳定是至关重要的。由于西南诸省都是多民族聚

---

① 问卷设计问题包括：地理与统计，住处与设备，人工改造身体，装饰与发饰，苗民饮食及起居，衣服，武器，狩猎、渔业、畜牧、农业，嗜好品，玩具游戏运动，音乐，交通器具，应详细调查的事项，贸易，钱之代替品、度量衡，技术，政治情形，司法及社会情形，婚姻、妇女地位、小孩，生与死，宗教敬神与神话，图腾，医药，时间、计算、天文、历史，计数及算术。详见表3-3。

居之地，一向闭塞落后，少数民族一向被视为"化外之民"，对国家民族的认同力较弱，要稳定西南，就要发展少数民族地区的经济、教育、交通等，加强他们对国家民族的认同，重新认识、研究少数民族，成了一切开发、建设的前提。大夏大学的调查研究经费由内政部提供，就是明证。①

可见，从身份而言，这些汉族学者属于"他者"；从专业训练而言，他们具备民族学学科素养；从表述内容而言，他们关注苗族文化的整体性；从表述目的而言，他们"身在苗区心在汉地"，表述成果更多地是为当局服务。若引入叙事学参考，从他们所著的调查文本而言，其拟定读者绝对不是苗族地区的广大民众甚至苗族知识分子，而是内政部等当局以及各个高等院校研究所的汉族精英知识分子。"身在苗区心在汉地"现象还可以从表述文本中随处可见的充满价值判断的"汉化""原始""落后"等措辞中推导出。正是这份疏离与冷静，使得这些民族学者获得"文化局外人"的客位视角。

下文将专门探讨这一特定时段和区域关于民族学表述的三部代表性专著——《湘西苗族调查报告》《民国年间苗族论文集》《贵州苗夷社会研究》，在此基础上梳理整个民族学客位表述的成就并反思其不足。

第二节　民族学表述个案研究

一　《湘西苗族调查报告》研究

《湘西苗族调查报告》是一本由凌纯声、芮逸夫合著的表述苗族文化的著作，基于1933年二人与摄影家勇士衡在湘西实地调查三个月的调查结果。《湘西苗族调查报告》是国内学者第一本基于田野调查的苗族调查报告，它虽然初版晚至1947年，然而从著作的序言中可知，1938年"书稿初成"，对尚处于探索期的中国民族学、苗学发展具有重要的开创作用与示范意义。《湘西苗族调查报告》于1947年作为中央研究院历史语言研究

---

① 王尧礼：《整理前言》，载于贵州省文史研究馆编《民国贵州文献大系》第一辑下册，贵州人民出版社，2011，第Ⅲ页。

所单刊甲种之十八文本由商务印书馆出版发行，2003年作为"20世纪中国民族学人类学经典著作丛书"（第一辑）由民族出版社再次出版。下文将先简介这本专著，再梳理其成就并反思其不足。

（一）简介：湘西苗族文化的"全景展示"

《湘西苗族调查报告》是国内学术界研究湘西苗族的第一部专著，是迄今为止表述湘西苗族文化内容最为翔实、观点最为客观的学术专著之一，其章节名称、页数、章节篇幅占著作比例、图片张数及占比等，可参见表3-2。

表3-2 《湘西苗族调查报告》主要内容及图片分布

序号	章节名称	页数（页）	篇幅比例（%）	图片（张）	图片占比（%）
1	一、苗族名称的递变	14	2.94	0	0
2	二、苗族的地理分布	11	2.31	0	0
3	三、苗疆的人生地理	28	5.87	26	21.67
4	四、苗族的经济生活	39	8.18	30	25.00
5	五、家庭及婚丧习俗	11	2.31	0	0
6	六、政治组织——苗官	9	1.89	0	0
7	七、屯田	14	2.94	2	1.67
8	八、巫术与宗教	75	15.72	19	15.83
9	九、鼓舞与游技	38	7.97	43	35.83
10	十、故事	122	25.58	0	0
11	十一、歌谣	54	11.32	0	0
12	十二、语言	52	10.90	0	0
13	附录、引用书目	10	2.10	0	0
	合计	477	100.00	120	100

在第一章、第二章即苗族族源和地理分布中，作者引经据典、广征博引，显示出扎实的文献研究功底；第三章关注苗疆的人生地理，对基本的位置、山脉、河流、地形、气候、聚落、房屋、道路和桥梁予以详细介绍；第四章聚焦苗族的经济生活，对苗民的生计方式进行概述；第五章总

结了苗人的家庭与生育、丧葬和婚姻，关注苗族的生老病死；第六章、第七章对地方史料的搜集体现了作者对历史文献的重视；第八章中引入了大量的第一手材料，反映了作者对法国民族学派有关身体力行的实际参与、细致入微的调查方法的吸收；第九章关于鼓舞与游技的部分记录了苗族鼓舞的敲打方式，并大量配图、录制视频，使得读者可以立体地了解到湘西苗族鼓舞文化；最后三章的故事、歌谣和语言占全书篇幅的60%，显示了作者对苗族故事和歌谣的高度重视。整部著作共穿插了120幅图，如五县苗族分布图、苗族调查线路图等，可以更具体、更多元地展现湘西苗族的实况。同时，调查者还拍摄了一段8分多钟的苗族文化视频资料，开启了中国影视人类学的先声。

《湘西苗族调查报告》内容翔实、书写客观、论点独到，得到了国内外学者的赞誉。较之于历代对湘西苗族的屯、禁、剿、征之著述，《湘西苗族调查报告》是苗族表述的重大转折，著述目的是更全面、更完整地介绍苗族。

（二）贡献：科学严谨的研究方法

严谨的研究方法表现在设计调查提纲、科学记音、全程记录以及批判地吸收他人观点四个方面。

1. 设计调查提纲

凌纯声强调调查提纲的重要性。他曾指出，实地调查时无论有没有经验，调查的问题表格必须携带。① 湘西是苗族文化的重镇，凌纯声等为此设计了895个问题，最终完成223个问题的反馈。他按照内容将问题分为地理与统计、住处与设备等24个方面（见表3-3）。

表3-3 《湘西苗族调查报告》问卷调查概览

调查内容	设计（个）	设计（%）	完成（个）	完成占设计比例（%）	完成占比（%）
地理与统计	28	3.13	6	21.43	2.69
住处与设备	48	5.36	7	14.58	3.14
人工改造身体	55	6.15	6	10.91	2.69

---

① 凌纯声等：《民族学实地调查方法》，《民族学研究集刊》，中研院民族学研究所，1936。

续表

调查内容	设计（个）	设计（%）	完成（个）	完成占设计比例（%）	完成占比（%）
装饰与发饰	28	3.13	8	28.57	3.59
苗民饮食及起居	23	2.57	8	34.78	3.59
衣服	18	2.01	3	16.67	1.35
武器	37	4.13	2	5.41	0.90
狩猎、渔业、畜牧、农业	80	8.94	23	28.75	10.31
嗜好品	21	2.35	4	19.05	1.79
玩具游戏运动	30	3.35	4	13.33	1.79
音乐	27	3.02	3	11.11	1.35
交通器具	21	2.35	3	14.29	1.35
应详细调查的事项	43	4.80	1	2.33	0.45
贸易、钱之代替品、度量衡	28	3.13	6	21.43	2.69
技术	68	7.60	20	29.41	8.97
政治情形	46	5.14	4	8.70	1.79
司法及社会情形	35	3.91	6	17.14	2.69
婚姻、妇女地位、小孩	74	8.27	28	37.84	12.56
生与死	24	2.68	21	87.50	9.42
宗教敬神及神话	97	10.84	45	46.39	20.18
图腾	10	1.12	1	10.00	0.45
医药	17	1.90	3	17.65	1.35
时间、计算、天文、历史	26	2.91	10	38.46	4.48
计数及算术	11	1.23	1	9.09	0.45
合　计	895	100	223	24.92	100

就数量而言，调查提纲的问题为895个，完成223个，占设计总数的24.92%。不过从表3-3可知，调查提纲最为重视的是宗教敬神及神话，狩猎、渔业、畜牧、农业，婚姻、妇女地位、小孩，完成占比依次为20.18%、10.31%与12.56%，与调查提纲的设计比例基本吻合，可以看出提纲对于调查的重要指导作用。

2. 科学记音

就方法论而言，凌纯声等使用的调查方法较为科学。凌纯声等在著书立说的同时，采用苗族民间文物收集法、逼真的实地摄影法、形象的事物素描法等研究方法。正如学者评价：可以说，此次的调查报告表明苗族这块民族学处女地终于受到了学界的重视，以具组织性的学术调查方式，如照相、绘图、翻译等各有负责之人，建立起中国学者研究苗族的重要里程碑。

需要重点提及的是，《湘西苗族调查报告》开创了一套科学的记音方法。芮逸夫等重视苗族歌谣，对苗族歌谣进行分类，根据内容与形式提出四分法。他们按照歌谣的性质，把搜集得来的湘西苗歌分作四类：第一类是关于婚嫁、宗教等的仪式歌；第二类是关于打花鼓、打秋等的游戏歌；第三类是关于男女相思的情歌；第四类是关于苗乡匪乱的叙事歌。为了记录苗乡歌谣，芮逸夫等开创了一套科学的记音方式：

> 我们在记录每首苗歌之前，必请他们将全首歌词先唱一遍，而后再逐字逐句地用国际音标记录。记毕一首之后，即由记者看了记录下来的音调唱诵一遍，以求矫正；待他们认为没有错误后，再请他们用汉语逐字逐句地解释一遍，同时由我们逐字逐句地把意义记录下来。这样，便算记毕一首。①

一首歌谣要进行三次演唱，两次订正，可见记录者的认真严谨。在《湘西苗族调查报告》最后三章即故事、歌谣和语言部分，芮逸夫等显然有对西方文化人类学和语言人类学的娴熟借鉴，虽然在行文中他们没有明确提出主位和客位的概念，但在调查过程与内容的完全实录、歌谣的"耳听口唱"及"四结合"②等方面，都可以看出其记音方式的科学性与合理性。

3. 全程记录

芮逸夫等提出，要了解一个民族的宗教，最好的方法是去参加所有的宗教仪式，详细地观察并询问。③故而在《湘西苗族调查报告》中，他们对湘西苗族的宗教祭祀与人生礼仪都力所能及地给予全程记录。如第八章就完整地记录了15种苗族祭鬼方式，其中还傩愿的记录多达30节，算得

---

① 凌纯声、芮逸夫：《湘西苗族调查报告》，民族出版社，2003，第278—279页。
② 徐新建：《民歌与国学——民国早期"歌谣运动"的回顾与思考》，巴蜀书社，2006，第153页。
③ 凌纯声、芮逸夫：《湘西苗族调查报告》，民族出版社，2003，第90页。

上对苗族祭祀仪式最为完整详细的记录；又比如第五章记录了苗族恋爱与结婚的过程，对说媒、放口、纳采、到女方家吃排门饭、讨红庚、备嫁妆、骂媒、新娘梳妆、苗巫祭祖、上轿送亲、到男方家接亲都进行了简要梳理。除了对过程的叙述，作者还记录了整个结婚仪式中巫师的祭词。正如评论所言：他们的描写保持了被描写对象的原始风貌，尽量做到描写的准确性、真实性和客观性，使他们对文化的描写极为鲜明、十分生动，很富有现场感和逼真感。①

4. 批判地吸收他人观点

《湘西苗族调查报告》的贡献除了上述三个方面之外，还表现在驳斥权威学者的观点，批判地吸收他人观点。在论述苗族宗教部分，该著批判了鸟居龙藏的观点。据日本鸟居龙藏的报告：今日之苗族已失其固有的宗教。《湘西苗族调查报告》用了将近20%的篇幅记录了苗族常用的39种宗教祭仪，有力地驳斥了鸟居龙藏的观点。

（三）不足

反思《湘西苗族调查报告》，其不足表现为以下三点。

1. 重历史轻现实

从表3-2可知，第八章、第十章以及第十一章这三章占全书52.62%的篇幅，而这些内容显然是静态多于动态，历史沉淀多过现实呈现。此外第六、七章的叙述几乎沿用历代厅志如《凤凰厅志》《永顺县志》《苗防备览》《湖南苗防屯政考》等汉族流官与文人的记载，几乎没有采用当时本地苗族人的口述资料，表现出对苗族现状的漠视。正如学者批判所言：

> 凌、芮二氏在作这段考证时，完全根据中国历史古籍的记载。他们当时在田野中，似乎尚无"从田野中建立族群历史"的概念。换句话说，在湘西考察的几个月，并没有使他们在苗族历史的范畴上添得任何新的思维或资料。因此报告的第一章"苗族名称的递变"与湘西苗族毫不相干；也就是说，他们不去做田野，一样可以在研究室内写出。②

---

① 凌纯声、芮逸夫：《湘西苗族调查报告》，民族出版社，2003，导读第4页。
② 谢世忠：《国族论述：中国与北东南亚的场域》，台湾大学出版中心，2004，第213页。

2. 重文化轻民生

1933 年前后，湘西民不聊生。时局乱、匪患重、官税多，乾嘉起义失败后傅鼐所创的屯防政策成为制约湘西苗族发展的枷锁。尽管屯田制度严重地影响了当时苗族地区的经济发展，然而在第七章中凌纯声等只是梳理了屯防的沿革和屯防的组织，并没有分析它的弊病。与此同时，石启贵在他所著的《湘西苗族实地调查报告》中记录了革屯相关的史料：

> 复有陈渠珍氏割据湘西，拥兵自雄。始则占据原有之教育慈善之谷，继则霸取全部屯谷……陈氏擅定新章，连年预征，时而折价收钱，时而收谷变价。谷贵收谷，谷贱收钱……苗民处此层层高压之下，有因缴租而卖妻鬻女者，有破产沦为乞丐者，有道路流离鹄形鸠面者，无非苗人也。①

更加不可思议的是，对于 1937 年的湘西革屯事件，凌纯声认定为"苗乱"，"虽经痛剿，暂告平息"。从屯田制度表述的短短数语，可以看出凌纯声等对当时苗族地区经济问题的忽视。再对比吴恒良的分析："查此种制度，基于亡清，清室颠覆，此制早应废除。其所以流毒至于廿余年之久者，实由一般拥兵自卫之军阀，窃据此租谷充作兵卒饷糈。"② 凌纯声等人对于屯田制度的态度显而易见。屯田制度成为当时苗族地区经济发展的障碍，凌纯声等身在田野却没有从当地人的角度来探讨屯田之弊端，无怪乎王建民、麻三山在《导读》中反思：

> 当时，这里苗汉关系十分紧张，经常发生较为严重的民族冲突和纠纷事件……而凌纯声等人来湘西调查时，只关心文化问题，关注于学科的建设发展，对于湘西苗族当时的社会情形、政治状况、经济生活等很少反映，对于湘西苗族的政治地位如何改进，民族平等如何实现，如何才能生存和更好的发展等现实问题更是极少关心，而是专心于学术研究，只关心对湘西苗族文化的调查和展示问题。③

---

① 石启贵：《湘西苗族实地调查报告》，湖南人民出版社，1986，第 65—66 页。
② 吴恒良：《湘西屯制》，载于石启贵《湘西苗族实地调查报告》，湖南人民出版社，1986，第 202 页。
③ 凌纯声、芮逸夫：《湘西苗族调查报告》，民族出版社，2003，导读第 6 页。

3. 重记录轻尊重

王建民、麻三山在《导读》中提到该书受到被调查者与当地人的影响。从《湘西苗族调查报告》序言可知，凌纯声与芮逸夫的此次调查，承湘西当局的多方协助以及苗族人士的热心帮助。协助他们此次田野调查的苗族人士既有地方军阀、政府官员与部分开明人士，如陈渠珍、戴季韬、熊子霖、石宏规、王悦岩、陈少难、陈子光、左惟一、陈萌生、田人文、刘佛林、刘祖平、唐文儒、田耀六，又有精通苗族文化的当地知识分子如吴文祥、吴良佐、石启贵、龙定国与龙胜发等，足以看出湘西苗族人士对于此次调查的高度重视和尽力协助。正因如此，他们在短短的三个月内就完成了湘西苗族的全方位调查。

凌纯声等强调文化的记录，较少考虑文化持有者的感受。根据他们1933年所列的《湘西苗民调查提纲》可知，在未进入湘西之前，凌纯声等对于苗族充满了预设与想象，在他们设计的895个问题中，至少有10%的问题是预设苗区是原始、落后的蛮荒之境，例如：

1. 该部落或者该岛居民族有自动之意志不令繁衍而灭绝否？
2. 房屋有建于树上者否？
3. 有一专保存"战胜品"如头颅等之地方否？
4. 取火之器具及方法？钻？摩擦？刨？
5. 土人着衣服否？或系裸体？
6. 饮活动物之血否？
7. 泅水即潜水，泅泳系学来者，抑系天生即会者？
8. 有以小米，玻璃，珠子，铜，铁钱，布及沙土作钱之代替品否？
9. 搜集虐待奴隶之刑具，详述奴隶贩卖运输及价格。
10. 有淫荡性之宴乐否？
11. 有以人祭祀之风俗否？以俘虏、奴隶、族内人？
12. 在牙骨内之孔洞，系何种方法穿凿之？[①]

上述这12个问题充满了对他者的预设和想象。深知跳鼓藏之类的鼓舞

[①] 石启贵编著《民国时期湘西苗族调查实录·习俗卷》，麻树兰、石建中整理译注，民族出版社，2009，第343—411页。

已不常举行,苗族知识分子对此甚为反感,以为是暴露他们野蛮的特征①,但凌纯声等依然详细记录并拍摄图片和视频。鼓舞一节共有43张图,占所有图片数量的35.83%;视频录制长3分40秒,接近整段视频比例的44%。无怪乎当地文化持有者对于凌纯声等记录鼓舞文化提出激烈反对,批判此等行为"以苗俗古陋,多方采集,制成影片,以为谈笑之资、娱乐之具、谋利之用"。②

(四) 反思:"苗已汉化"的三层次解读

重历史轻现实、重文化轻民生、重记录轻尊重亦可以通过贯穿全书的"苗已汉化"断言加以佐证。支撑《湘西苗族调查报告》的重要论点为"苗已汉化"断言,这样的断言并不是个案,凌纯声在《松花江下游的赫哲族》中也有相同观点。据笔者不完全统计,《湘西苗族调查报告》中"苗已汉化"观点共出现20多次,如:

> 第四章:苗族的经济生活 汉苗相处已久,虽有边墙之隔,划界而居;然两族和战无常,商贾贸迁,往来频繁。因此,今日湘西苗族的物质文化,大多已受汉族的同化,是无待言;今日湘西苗族的衣式,无论男女,多大同小异,可说有些汉化。
>
> 第五章:家庭及婚丧习俗 今日苗人家庭生活,逐渐同化于汉人,即婚丧仪式亦多效汉俗,仅保留若干苗俗的遗留而已;今日苗中婚俗,沾濡汉化,已改旧俗;今日苗人的丧礼,亦如婚俗,汉化之处甚多。
>
> 第六章:政治组织苗官 然百数十年来,苗人日渐汉化。从前苗有生熟之分,今日均已成为熟苗,汉苗分治政策,亦早无形消灭。故苗官之制早应革除。

"汉化"作为当时民族学客位学者的表述,具有"一石三鸟"的效果。首先,"汉化"暗示了政府边疆治理的合理性。凌纯声在《松花江下游的赫哲族》里引用了西方学者的观点:"凡离中国文化中心愈近的民族,他的艺术发达愈高;离得愈远,美的观念愈减。"在传播论的逻辑下,苗族被无条件纳入民族大同论里,然而为了区别于汉、满、蒙、回、藏

---

① 凌纯声、芮逸夫:《湘西苗族调查报告》,民族出版社,2003,第150页。
② 凌纯声、芮逸夫:《湘西苗族调查报告》,民族出版社,2003,第12页。

等民族，苗族被视为保留传统文化的落后民族，故而需要弱化苗族的"苗性"与"他性"。为此，"汉化"程度高低成为衡量边疆是否完成民族建构的标志。

其次，"汉化"完成了内部东方主义的建构。凌纯声曾提出："现代的民族学以研究文化低的民族，或称为原始民族的文化为主。"① 可见，如果湘西苗族已完全汉化，那么只能证明凌纯声等民族学家选择田野调查地域的失误，因而"汉化"断言暗藏着"苗性"存在的不可置疑性。凌纯声等虽然知晓鼓舞为当地人所摒弃，但仍然详细搜集和记录。鼓舞一节不仅篇幅较长，相当于经济部分，超过对政治组织和屯田的记录，而且绘图占了全书的一半。这种对"苗性"的过度表述还表现在饮食篇"牿"的制作或放蛊术的书写等。

最后，"汉化"转移了政府与边疆的主要矛盾。在第六章和第七章中，作者将苗族历年的暴动归结为苗官的胡作非为："苗官既以贿赂得来，则诈取苗民，无所不至。所以苗民疾视苗弁尤甚于汉官"；"因为苗弁屯长，对于征收屯租过于苛刻，且藉端诛求，常常激成苗变"。② 事实上，虽然屯田带来了许多新阶层，如屯弁、弁屯长、仓书、斗级以及苗官里的苗守备、苗千总、苗把总、苗外委等，但大多是武职且官职地位卑微，为谭必友所言的"半职业化管理层"。"苗弁（苗官），实际上也就是一个普通的乡村社区管理者，既非军队里的军官，也非朝廷里的官员。"参考同时代本土学者石启贵的表述："遍查省内各机关团体中公务人员，多系汉人，未闻有一位苗民任职其间。即以边区苗族各县政府范围内论之，亦未见有苗人参加服务。"③ 可见，凌纯声等持有的苗官导致苗族动乱的观点可谓本末倒置，基于"苗已汉化"的观点而取消苗官的主张，虽然具有一定的合理性，但无法消除当时中央与边疆的矛盾。

二 《民国年间苗族论文集》研究

《民国年间苗族论文集》是一本未公开出版的苗族研究论文集，1983年由贵州省民族研究院历史系民族史教研室作为内部资料编印。正如编者

---

① 凌纯声、林耀华等：《20世纪中国人类学民族学研究方法与方法论》，民族出版社，2004，第2页。
② 凌纯声、芮逸夫：《湘西苗族调查报告》，民族出版社，2003，第74、87页。
③ 石启贵：《湘西苗族实地调查报告》，湖南人民出版社，1986，第186页。

反思的那样：这部分论文，属于受着时代的限制，其中有些在立场上是很反动的；有些在所举事例上也有；有些确有较高的学术水平。① 编者之言较为中肯，因为在当时"五族共和"的社会语境下，苗族仅仅是中国大汉族命运共同体的一个宗支，故而书中表述不可避免地具有汉族中心与中原中心的双重遮蔽，然而瑕不掩瑜，《民国年间苗族论文集》代表了当时民族学表述的重要成果。下文将在简介之后，从共时与历时的比较中加以解读。

1.《民国年间苗族论文集》简介

《民国年间苗族论文集》一共收入了32位作者的59篇论文，其中，陈国钧的11篇文章、吴泽霖的5篇文章、杨汉先的3篇文章与李植人的2篇文章共21篇文章被收入《贵州苗夷社会研究》，1942年由文通书局正式出版。其余的多数文章以单篇的形式发表于当时的各种刊物上，如《国师季刊》《边疆研究》《边疆研究周刊》《新亚细亚》《边声》《康藏前锋》《边事研究》《边铎月刊》《边疆服务》。杨汉先的《大花苗移入乌撒传说考》《苗族述略》一直到2016年才收入他的《杨汉先文集》，由云南民族出版社正式出版。在这些论文中，亦有以单行本发行的文章，如《苗荒小纪》《湘西苗疆之设治及其现状》等。

因为表述内容翔实，多数依靠调查所得，故整体而言，这些文本表述质量较高。在1983年收入《民国年间苗族论文集》时，编者按照内容大致分为：概论性的文章10篇；探讨苗族族源、名称、分布的文章10篇；研究苗族经济生活的文章8篇；介绍苗族语言文字、文化教育的文章12篇，其中石门坎作为当时苗族地区教育的成功个案，有4篇文章即《贵州石门坎苗民的见闻与感想》《石门坎的苗民教育》《现在西南苗族最高文化区——石门坎的介绍》《石门坎苗胞的生活》专门进行探讨；苗族的习俗素来受学者关注，有14篇文章，这些文章多数围绕苗族的婚丧文化以及饮食习俗展开研究；由于表述内容的含混性，有5篇文章归入其他，其中有3篇文章探讨放蛊，有1篇为田野调查笔记体的《考察海南岛黎苗民族日记》，不便将其并入前文的分类。

鉴于该论文集没有正式出版，故本书以作者为线索，将作者与其所发表的论文篇目梳理如下（见表3-4）。

---

① 贵州省民族研究所编《民国年间苗族论文集》，1983，编者按。

表3-4 《民国年间苗族论文集》目录[①]

序号	作者	数量	文章名称	发表刊物与时间
1	罗荣宗	6	《苗族考》	《国师季刊》第5期，1939年12月
			《苗族的语言》	《国师季刊》第7、8期，1940年7月
			《苗族之娱乐》	《国师季刊》第14期
			《苗族之祖先崇拜》	《国师季刊》第10期，1941年5月
			《苗族的婚姻》	《边疆研究》第10、17期
			《苗族之丧葬》	《益世报》重庆《边疆研究周刊》，1941年8月28日
2	盛襄子	2	《湘西苗疆之设治及其现状》（单行本）	独立出版社，1942年
			《湖南之苗瑶》	《新亚细亚》第8卷第4期
3	王兴瑞	2	《考察海南岛黎苗民族日记》	《边事研究》第10卷第2、3、4、5、11期
			《海南岛苗人的来源》	《西南边疆》第6期
4	凌纯声	2	《苗族的地理分布》	《民族学研究集刊》弟5期
			《苗族名称的递变》	《中国民族学会十周年论文集》
5	王建明	1	《西南苗民的社会形态》	《边声》第1卷第3期
6	滇东 王建明	1	《现在西南苗族最高文化区——石门坎的介绍》	《康藏前锋》第4卷第3期
7	刘锡蕃	1	《苗荒小纪》（单行本）[②]	商务印书馆，1928年
8	李德芳	1	《蛊的存在意义及其族属的商榷》	《边铎月刊》
9	王静寰	1	《湘黔边区苗人情况拾零》	《边疆服务》第9期
10	孙家俭	1	《湘西的苗人》	《边疆服务》第13期
11	笑岳	1	《滇边苗族杂谈》	《边事研究》第5卷第5期
12	林名均	1	《川苗概况》	1936年作于成都
13	王文萱	1	《苗民的分布现状及其类别》	《边声》第1卷第3期，1939年11月
14	何士能	1	《三苗非今苗考》	《边疆研究》第36期，1941年
15	皮自牖	1	《穷山溪峒中苗族的生活》	《边事研究》第3期
16	王嗣鸿	1	《台江边胞生活概述》	《边铎月刊》
17	彭启文	1	《黄平青苗的生活》	《边铎月刊》
18	姚人明	1	《清水江上游苗胞生活记》	《边铎月刊》
19	白敦厚	1	《石门坎苗胞的生活》	《黔灵》月刊创刊号，1945年7月31日
20	王建光	1	《苗民的文字》	《边声》第1卷第3期
21	阮镜清	1	《广西融县苗人的文化》	《民俗》第3、4期合刊

续表

序号	作者	数量	文章名称	发表刊物与时间
22	邱纪凤	1	《滇黔边境苗胞教育之研究》	《边政公论》第9—12期
23	管承泽	1	《贵州石门坎苗民的见闻与感想》	《边事研究》第7卷第2期
24	何健民	1	《苗族的土俗一束》	
25	杨力行	1	《湘西苗民的信仰》	《西南边疆》第11期
26	梁瓯第	1	《摇马郎》	《文讯》第5卷第1期
27	胡鉴民	1	《苗人的家族与婚姻习俗琐记》	《边疆研究论丛》1942—1944年
28	童振藻	1	《黔苗近况述要及调整纲领》	《民族杂志》
29	杨汉先	2	《大花苗移入乌撒传说考》《苗族述略》	1937年2月写于成都华西大学历史系
		3	《大花苗名称来源》《大花苗歌谣种类》《威宁花苗歌乐杂谈》	杨汉先的这3篇文章、陈国钧的这11篇文章、吴泽霖的这5篇文章以及李植人这2篇文章共计21篇文章曾收入吴泽霖、陈国钧主编的《贵州苗夷社会研究》，1942年由文通书局出版
30	陈国钧	11	《生苗的人祖神话》《生苗的食俗》《苗夷佃农的生活》《石门坎的苗民教育》《安顺苗夷的娱乐状况》《苗族吃牯脏的风俗》《苗夷族中的摇马郎》《苗寨中的乡规》《生苗的丧俗》《苗族妇女的特质》《苗族的放蛊》	
31	吴泽霖	5	《贵州短裙黑苗的概况》《苗族中祖先来历的传说》《贵阳苗族的跳花场》《海㲭③苗中的斗牛》《贵阳青苗中的求婚》	
32	李植人	2	《青苗的婚姻习俗》《苗族放蛊的故事》	

注：①王建明、王建光与杨汉先都是苗族知识分子，其表述显然不能归为本章的客位与他者论述，此处出现只是为了显示资料的完整性，并不涉及这三位苗族知识分子的表述内容和表述角度研究，而是将他们放入第四章加以研究；本章第三节中的《贵州苗夷社会研究》涉及杨汉先及其表述文本，亦照此处理。

②《民国年间苗族论文集》目录中标题为《苗荒小纪》（单行本），正文中文章名为《苗荒小纪序引》。单行本于1928年由商务印书馆出版，作者署名为刘介。刘介（1885—1968），号锡蕃，广西百寿县西门上（今永福县百寿镇寿）人。宣统三年，以最优等成绩毕业于广西优质师范学校。

③《民国年间苗族论文集》中是"㲭"字，《贵州苗夷社会研究》中是"㮚"字。

分析表3-4可知，除了与《贵州苗夷社会研究》有21篇文章重合之外，这个文集所收入的38篇文章多数未公开发表。由于时代隔膜，那个时代的多数期刊不能为当下的普通读者所查阅，故而通过对《民国年间苗族论文集》的解读，可以窥见当时的民族学表述。这些成果既有鲜明的时代性，又有突出的文化研究和记录意义，成为当下学者研究苗族文化的重要文献。比较需在历时和共时的结构中才有意义，下文将从这两个角度解读这本论文集。

2.《民国年间苗族论文集》的四个贡献

首先，这本论文集将多个学者的研究成果集中呈现。《民国年间苗族论文集》为32位作者的论文集，除了陈国钧著述11篇、罗荣宗6篇、吴泽霖和杨汉先皆为5篇之外，多数著者皆为1—2篇。由于著者身份多元、学科多样，《民国年间苗族论文集》较好地呈现了民族学表述的丰富性和立体性。

其次，就地域而言，这是当时对苗族地区的整体性研究。经对比可知，《湘西苗族调查报告》围绕区域性的湘西苗族，做出了较为完整的文化表述，田野调查点集中在凤凰、永绥与乾州三厅。一直陪同凌纯声等调查的石宏规将其调查地点概括为：

> 计自六月四日由凤凰出发，道经廖家桥，乐豪，雅拉营，凤凰营，岩板桥，老洞，石灰窑，总兵营，大马，乌巢河，新寨，斗沙，龙鱼洞，鸭堡寨，降朋，科甲，大龙洞，高岩河，岩尾坡，大新寨，矮寨，平浪，镇溪，鸦溪，乾城，弯溪，箪子坪，三拱桥，得腾营，清溪哨，黄土坳，奇梁桥，而返原地。①

可见，《湘西苗族调查报告》的调查范围仅为狭义而言的湘西，并非东部苗族文化共同体。较之于《湘西苗族调查报告》，《民国年间苗族论文集》的关注范围则不限于狭义的湘西，如《湘西的苗人》和《湖南之苗瑶》等文就探讨了广义的东部苗族。在《湘西苗疆之设治及现状》中，盛襄子将东部苗疆的研究扩展至如下范围：

> 甲、永属各县：永顺、保靖、古丈；

---

① 石宏规：《湘西苗族考察纪要》，飞熊印务公司，1936，第1—2页。

乙、辰属各县：沅陵、辰溪、溆浦、凤凰、永绥、乾城、麻阳、泸溪；

丙、沅属各县：芷江、晃县、黔阳、会同；

丁、靖属各县：靖县、绥宁、通道。①

同理，较之于《贵州苗夷社会研究》中大夏大学的主要田野调查点集中在贵州，《民国年间苗族论文集》收入了探讨云南苗族的论文如《滇边苗族杂谈》和《滇黔边境苗胞教育之研究》，探讨四川苗族的《川苗概况》，探讨海南苗族的《考察海南岛黎苗民族日记》及《海南岛之苗人》，探讨广西苗族的《广西融县苗人的文化》及《苗荒小纪序引》，几乎囊括了当时苗族分布的大部分区域。除了陈国钧、吴泽霖与杨汉先的大量论文，管承泽的《贵州石门坎苗民的见闻与感想》与姚人明的《清水江上游苗胞生活记》等还关注了贵州苗族。可见，《民国年间苗族论文集》几乎涵盖了当时苗族居住的整体区域，可谓苗族表述的整体亮相。

再次，《民国年间苗族论文集》收入了较长时段的苗族研究。《湘西苗族调查报告》虽然成书晚至1947年，但材料的搜集时间集中于1933年6月到9月。从后期的出版内容可知，凌纯声等在这次调查之后并没有持续调查，故著述的主干资料是1937年的材料。《贵州苗夷社会研究》收入的是大夏大学骨干学者陈国钧等从1938年到1942年发表在各种刊物上的文章。而《民国年间苗族论文集》收入了刘锡蕃的《苗荒小纪序引》：民纪元年，容州苏共次河宰罗城……予乃得一月之假期，出罗北之三防，而下江，而丙妹，而怀远（今三江），然后道融以还于罗。以其所得，笔之于册，旋刊其大概于省教育报。②较晚的文章则有白敦厚1945年发表在《黔灵》上的文章《石门坎苗胞的生活》。

最后，《民国年间苗族论文集》表现出对苗族经济的高度重视。较之于《湘西苗族调查报告》的重文化轻经济，《民国年间苗族论文集》收入了8篇探讨苗族的经济生活的文章，其中陈国钧的《苗夷佃农的生活》既梳理了清代政府对苗族"赶苗夺业"的过程，又反映了当时苗民生活的极

---

① 盛襄子：《湘西苗疆之设治及其现状》，载于贵州省民族研究所编《民国年间苗族论文集》，1983，第47页。

② 刘锡蕃：《苗荒小纪序引》，载于贵州省民族研究所编《民国年间苗族论文集》，1983，第4页。

度贫困状况。刘锡蕃描述了苗民的走投无路：苗民之勤苦俭啬，而颇颔不饱，鬻卖子女，以求升斗之食者，盖常见之，近数年来，此风尤甚，童稚数百，船载远贩，评值论价，如牛马然，有时其价之贱，更弗牛马若也。哀哉。① 参照沈从文的小说《阿丽思中国游记》所写的贩卖苗族女童的故事，可知当时苗族生活的水深火热，正因如此才会引发"湘西革屯""黔东事变"等重要的苗族起义。此外，皮自牖的《穷山溪峒中苗族的生活》、王嗣鸿的《台江边胞生活概述》、彭启文的《黄平青苗的生活》、姚人明的《清水江上游苗胞生活记》等从多角度探讨了苗族的经济生活，其中王嗣鸿将苗胞生活的穷困归结为地理与教育因素，这是较为中肯的：边胞因所处地环境恶劣，交通梗阻，一切活动不易，故虽终日劳碌，生活仍甚窘迫，受教育之机会较少，一切文化卫生设施，均因陋就简，少有改进。②

3. 《民国年间苗族论文集》的三大意义

首先，在表述材料的获得上，多数作者具有实地调查的经历。除了罗荣宗与盛襄子较多依靠文献查证之外，《民国年间苗族论文集》中七成以上的材料皆为实地调查的结果，获得资料的田野渠道有以下三种。

第一种资料是实地调查材料。如前文提及的陈国钧等民族学家在苗族地区调查时间达数年。又如阮镜清的《广西融县苗人的文化》：

> 作者曾于本年八月七日晨由东廓乡出发，步行旱路百余里，达到四安乡底雨玉蒲令两村，尝试调查，二十天之间，共采搜得衣服纹饰乐器等物三十余种，绘画二十余幅，摄制照片十余幅，可惜因为职务关系，不能深入各地，作较长的居留，于二月二十六日便又匆匆返校了。③

第二种资料的获得是作者长期工作于苗族地区，熟悉当时的苗族文化。如林名均的《川苗概况》提到作者生长于四川并供职于成都大学博物

---

① 刘锡蕃：《苗荒小纪序引》，载于贵州省民族研究所编《民国年间苗族论文集》，1983，第5页。
② 王嗣鸿：《台江边胞生活概述》，载于贵州省民族研究所编《民国年间苗族论文集》，1983，第172页。
③ 阮镜清：《广西融县苗人的文化》，载于贵州省民族研究所编《民国年间苗族论文集》，1983，第216页。

馆且经常外出调查。王静寰的《湘黔边区苗人情况拾零》提及自己在此工作数载。① 此外，童振藻在《黔苗近况述要及调整纲领》中提到的资料获得具有田野实证亦有文献互证：

> 余在滇留心探访，并晤久在该省苗族中传教之英人裴忠谦及其教徒，追宰沾益出巡时，又当至邻县隶属贵州之织金一带考察，已得端倪。兹汇集闻见与所搜集资料，所阅载籍，互相考证，择要草成此篇。②

第三种为苗族文化的本土学者的资料获得，他们自幼生长在苗族地区，熟悉苗族文化，故而从历时的角度第一次做出苗族的主位发声："苗民真情的自述，今天是第一次。"这批学者包括从石门坎走出来的杨汉先、王建明、王建光，其中杨汉先的诸多表述依靠苗族故事、诗歌等口头传统，显然是长期进行田野调查的结果。

其次，在表述内容上，出现了较为丰富全面的苗族文化呈现。从目录可知，《民国年间苗族论文集》涵盖了苗族的族源探讨、地理分布、经济生活、文化教育、语言文字、婚丧习俗、饮食习惯，可谓苗族文化的百科全书，这是从表述内容的广度而言。就深度而言，不同学者从不同角度表述了苗族文化的不同维度，呈现了特定时段全面、完整的苗族本体。

传统上多将苗族的反抗归结为民族性格使然，傅鼐在《治苗论》中提及（苗）最为犷悍，犬羊之性，叛服无常。余益谟则认为苗性最猜疑，多反复，喜则人，怒则兽。③ 然而，经过实地调查后，民族学者开始从苗民生计艰难、沟通方式受阻以及地理位置偏远等方面反思苗族起义的原因：

> 苗人因地理言语种族种种关系，不能以下情上达，官厅听信者，皆汉人一面之词。且幸苗民有罪，而官囊始可丰足。于是捏呈上闻，不曰排汉，则曰造反。当局恐酿巨祸，则以大兵临之。草薙禽狝，如屠犬豕，苗人富于团结性质，敢死好斗，杀掳既众，风潮日扩。前清

---

① 王静寰：《湘黔边区苗人情况拾零》，载于贵州省民族研究所编《民国年间苗族论文集》，1983，第45页。
② 童振藻：《黔苗近况述要及调整纲领》，载于贵州省民族研究所编《民国年间苗族论文集》，1983，第17页。
③ （清）余益谟：《戒苗条约》，载于孙均铨、黄元复《凤凰厅志·苗防一》，道光四年刻本。

> 金川之役，黔苗之乱，竭天下之兵力征之，阅时数年之久，始底于平。然试一求其祸因，所谓造反谋逆，何曾有一实证。是则墨吏奸民，周内罗织，而当局应付乖方之过也。①
>
> 仇根何在，即压榨凌虐侵渔屠戮或欺侮窘辱之阶厉也。盖汉人官绅士庶，视苗人为异族而非人类，可以为所欲为，不知蜂虿有毒，矧属刚劲强悍之人群，前鉴覆车，亦宜猛省。②

将地方官吏的胡作非为解释成苗族暴动的原因固然是肤浅的，然而这样的批判和反思在长期"普天之下，莫非王土"的话语霸权中透露出难得的同情与怜悯，可以看出表述者表述较为中肯的一面。

最后，在表述态度上，出现了较为客观的对苗族文化的评价。除了对苗族反抗较为中肯的解释之外，不少著者还反思了苗汉文化的互动过程与互动结果。虽然大量著作依然从进化论与传播论的观点出发，认为苗族是落后衰败的民族，苗族文化是中原汉族文化的原始阶段，但也有部分学者提出苗文化汉化是一种退步，反思汉文化对苗族文化的消极影响。以契约为例：

> 往昔苗族民风淳厚，言诺是重，关于契约方面的纠纷甚少。但近年来苗人受外界影响，习得狡猾之性，反口覆舌的事，常有发生，因此上述这种一无凿实根据的条契约，已渐被废去，而要代以汉文书写的契据了。③

以剥削他者的堕落生活为例：

> 一般苗民对于农耕颇知勤奋，少嗜好，生产资本分配均较经济，一家所耕之田地常能维持数代不变，故多数为自耕农及半自耕农，纯粹佃农较少。反之，县内汉人农民，大率怠惰成性，不甚振作，故自耕农不及苗民中之多，半自耕农及佃农则多于苗民。此种汉农多数习

---

① 刘锡蕃：《苗荒小纪序引》，载于贵州省民族研究所编《民国年间苗族论文集》，1983，第15页。
② 童振藻：《黔苗近况述要及调整纲领》，载于贵州省民族研究所编《民国年间苗族论文集》，1983，第34—35页。
③ 阮镜清：《广西融县苗人的文化》，载于贵州省民族研究所编《民国年间苗族论文集》，1983，第228页。

染赌博、吸烟等嗜好,且时常与人纠纷诉讼,糜费金钱,入不敷出,遂不得不将原有田地典卖,卒至降为佃农焉。①

下文将细读沈从文的寓言小说《七个野人与最后一个迎春节》,对比小说描写的苗族的无讼、每个个体都热爱劳动以及对官和寄生生活的排斥,可以看出这批学者的敏锐与中肯。对于当时苗民的真实境遇,亦可参考域外沈从文研究专家金介甫所言:

> (苗族地区)男女之间、老少之间、穷富之间的社会区别,比之中国儒家文化传统的社会,也不显得那么死硬刻板、不可逾越。社会生活并不怂恿家族派系、包办婚姻以及不从事体力劳动的理想。宽仁和诚实高于家庭经济利益和相互间的礼节。泛灵的礼仪和对天神的朝拜比祀祭祖宗更为重要。天神的意愿由巫师转达,每年的几个节日都是施展古老巫术的时机,如驱邪祓魔的傩。它把宗教和戏剧结合成一体,同时也提供了发泄感官压抑、订婚以及互唱情歌求爱的良好机会。但整个农闲季节以及在其它时间,男女青年可以一起劳动、唱歌和跳舞。②

对比前文提到的苗族地区的古歌、情歌与时政歌的歌谣叙事,金介甫的结论具有合理性。

由于著述年代苗族地区在地理上的隔膜,在文化上较少交流,加之国家处于内忧外患的境地,《民国年间苗族论文集》中有少量论文表现出极端的蔑视苗族文化的倾向,亦有不少猎奇之笔,最为显著的例子是笑岳在《滇边苗族杂谈》中提到生苗几乎没有脱掉古代野蛮民族的情态,甚至荒唐到将苗族不吃食盐解释为吃盐喘气。他将苗族饮食表述得十分惊骇:更可笑的,苗人不论杀鸡宰羊或吃野兽,多煮全个,很少分煮,煮时用大土锅架锅烧水,水沸即将全个放在里面。有时把肠胃都放进去,肠多不洗,用手把肠里大便通去就算完事。③ 仅凭基本逻辑,笑岳的诸多表述就处处谬误。然而,

---

① 吴泽霖、陈国钧等:《贵州苗夷社会研究》,载于贵州省文史研究馆编《民国贵州文献大系》第一辑下册,贵州人民出版社,2011,第296页。
② 金介甫:《沈从文笔下的中国社会与文化》,虞建华、邵华强译,华东师范大学出版社,1994,第111—112页。
③ 笑岳:《滇边苗族杂谈》,载于贵州省民族研究所编《民国年间苗族论文集》,1983,第86页。

对于篇数过半百的《民国年间苗族论文集》来说，较小比例的错误显然瑕不掩瑜。

三 《贵州苗夷社会研究》研究

《贵州苗夷社会研究》是一本表述贵州苗族文化的论文集，1942年作为"苗夷研究丛刊"丛书之一由贵阳文通书局印行。2003年作为"20世纪中国民族学人类学经典著作丛书"（第一辑）由民族出版社出版。2011年被收入贵州文史馆编印的《民国贵州文献大系》第一辑下册，由贵州人民出版社出版。此书在不到70年时间三次出版印刷，可见其对苗族文化研究的重要作用和影响。由于质量较高，表述规范，其重要意义正如《导读》所归纳的五个贡献：

首先，本书收集的论文都是作者在20世纪30年代末40年代初在贵州民族地区实地考察研究的成果……我们要了解半个多世纪前贵州少数民族的社会生活、风土民情，要对比研究贵州少数民族的社会历史文化，这本书自然是不可多得的参考资料。

其次，我们说本书有很高的学术价值，除了因为它的资料来源都是通过田野调查得到的第一手材料外，更因为其作者大多是社会学、民族学或语言学等方面的专家，他们不仅专业基础扎实，学术功底深厚，而且他们中的许多人早年都曾到过国外留学，在国外接受过系统全面的社会学、民族学或语言学等理论的学习和训练，所作的文章在理论上和方法上都是前人所无法相比的，其学术价值不言而喻。

第三，他们对待贵州少数民族，都能以文化相对论的观念代替以往所谓的"异族文化"或"另类文化"观，努力摒弃大汉族主义的思想，尽力避免文化中心主义的理念，字里行间充满了作者们对贵州少数民族的同情之心、怜悯之情，这在当时的时代背景下是难能可贵的。

第四，紧紧把握时代脉搏，做到理论与实践相结合，积极提倡学以致用，学术为现实服务，这是本书的一大特色。……尽管有些观点仍可商榷，但这些意见和建议在六十年后的今天看来，仍具有一定的积极意义。

最后，以贵州世居少数民族为主要研究对象，做到突出重点，有的放矢，这是本书一大特点。……本书以贵州苗族、侗族、布依族、水族为主要研究对象，做到了重点突出，有的放矢，完全抓住了问题的主要矛盾。这既是学术前辈的先见之明，也是本书一大特点，故而价值倍增。①

从资料获得的情况而言，较之于历时苗族表述的贵耳贱目，《贵州苗夷社会研究》多数文章皆为实地调查的学术成果。除了大量的实地调查成果之外，《贵州苗夷社会研究》还有散文性质的观后感如《参观大夏大学社会研究部苗夷文物展览记》，也有方法论的探讨如《研究苗夷族之内容及方法刍议》就梳理了十余种苗族文化研究的具体方法。截至当下，这些研究方法依然对民族文化研究具有重要意义。为了更立体地认识《贵州苗夷社会研究》，下文将从四个角度梳理《贵州苗夷社会研究》对苗族表述的重大贡献。

1. 系统表述贵州苗族文化

为了对《贵州苗夷社会研究》有一个整体性的认识，在此先简略梳理该著作的作者和成书时代。

先说作者，这是一本多人共著的论文集，收入了吴泽霖、陈国钧、李植人、杨汉先等10位作者的51篇文章，共20余万字。其中，陈国钧的论文有31篇，吴泽霖的论文有8篇，李植人与杨汉先各有3篇，吴修勤、邝充等6人皆只有1篇论文。就文章比例而言，陈国钧与吴泽霖的论文占全书的近80%，陈国钧一人所占的比例超过60%。

再说成书时代，这本论文集所收入的文章集中发表在1938年到1942年的各种刊物与报纸上。这是抗战后迁入贵州的大夏大学的社会经济调查室（后改名为社会研究部）工作人员实地调查的成果，成书背景可参阅《贵州苗夷社会研究·著者序》。

《贵州苗夷社会研究》囊括了有关贵州苗族文化的概述综论、族源来源、歌谣传说等内容。在《贵州苗夷社会研究》的51篇文章中，10位作者从不同角度探讨了有关苗族的各种文化事项，以表述内容分类，可以分为14个专题，具体篇幅和文章目录如表3-5所示。

---

① 王建民、罗春寒：《导读》，载于吴泽霖、陈国钧等《贵州苗夷社会研究》，民族出版社，2004，第5—7页。

表 3-5 《贵州苗夷社会研究》表述内容分类

序号	表述内容	篇数	文章题目
1	概述综论	2	《贵州苗夷社会概况》《贵州短裙黑苗的概况》
2	族源来源歌谣传说	6	《大花苗名称来源》《水家来源试探》《苗族中祖先来源的传说》《生苗的人祖神话》《威宁花苗歌乐杂谈》《大花苗歌谣种类》
3	女性与生育	5	《苗夷族妇女的特质》《怎样训练苗夷族的妇女》《苗夷族育儿的迷信》《苗夷族中生育与死亡的数量》《水家的妇女生活》
4	饮食习惯	2	《生苗的食俗》《贵州仲家的生活一角——食俗》
5	经济生活	1	《苗夷佃农的生活》
6	宗教信仰	2	《苗族吃牯脏的风俗》《贵州安顺苗夷族的宗教信仰》
7	教育	4	《石门坎苗民教育》《贵州省的苗夷教育》《边民教育之借鉴》《怎样训练苗夷族的干部》
8	岁时娱乐	8	《安顺苗夷的娱乐状况》《安顺苗夷岁时志》《海㭏苗中的斗牛》《苗族的工艺——纺织与绣花》《蒙贡寨的重阳节》《侗家中的鼓楼》《贵阳苗族的跳花场》《贵阳仲家的歌会——赶七月场》
9	地理分布	4	《清水江苗夷的分布》《都柳江苗夷的分布》《北盘江苗夷的分布》《水家的地理分布》
10	婚丧嫁娶	7	《苗夷族中的摇马郎》《贵阳青苗中求婚》《贵州苗夷族婚姻的概述》《生苗的丧俗》《青苗的婚姻习俗》《仲家的丧俗》《北盘江夷人的婚俗》
11	语言文字	2	《贵州苗夷语发凡》《论调查苗夷语的技术》
12	巫蛊专题	3	《苗族放蛊的故事》《说"蛮烟瘴雨"》《苗族的放蛊》
13	习惯法	2	《苗夷族的继承制度》《苗寨中的乡规》
14	其他	3	《参观大夏大学社会研究部苗夷文物展览记》《研究苗夷族之内容及方法刍议》《大夏大学社会研究部工作述要》

《贵州苗夷社会研究》囊括了当时苗族文化的方方面面，大到族源探讨、民族分布，如《贵州苗夷社会概况》《清水江苗夷的分布》等，小到苗族的习惯法、饮食习惯，如《苗寨中的乡规》《生苗的食俗》等，重点探讨了贵州苗族社会的岁时娱乐、婚丧嫁娶以及族源与歌谣，可谓苗族文化的全景展示。这本书首次系统地梳理了贵州苗族文化，具有里程碑式的重要意义。正如学者所言：用现代民族学理论方法对贵州少数民族进行研究始于 20 世纪 30 年代后期，更确切地说，是抗日战争期间大批学者随大

学或其他科研机构内迁贵州后才出现的。①

2. 客观评价苗族文化

从身份而言,《贵州苗夷社会研究》的作者多为学者。他们受过专业的人类学训练,具有文化相对主义的理念,故而其表述多呈现较为客观的评价。以吴泽霖为例,吴泽霖通过实地调查、撰写论文与举办苗族文化展览等形式,肯定苗族文化的合理性,间接地批驳文化同化论。

对于鼓藏节,历代的统治者都提出"椎牛祭鬼,实为苗害"。较之于封建当局防止苗民借机聚众反抗,这一时段的论述则从经济的角度提出吃鼓藏为重大经济消耗。民族学者吴泽霖认同经济消耗说,但他较为中肯地提出:打牛同时也是一种集体娱乐的方式,终年生活上的压迫、精神上的烦闷至少在这一天中暂时搁置起来,在心理卫生上当不无小补。②

从整个文化有机体来认识苗族文化的合理性,还可以从吴泽霖对苗族跳花功能的肯定中看出:

> 苗族的跳花跳场,目的也无非是在发泄社会情绪,使他们苦闷的单调的生活,得着一点暂时的调剂,现在有一种主张改良苗族的汉苗人们,主张把这类风俗革除,其实大可不必。③

较之于肯定鼓藏节与跳花的合理性,吴泽霖更以实际行动来肯定苗族文化的合理性,表现出一个民族学者的客观和公正立场。在《贵州苗夷社会研究》的导读部分,王建民提出,除了正常的教学科研之外,吴泽霖还利用自己田野调查的经历,广泛收集少数民族文物。吴泽霖1941年在大夏大学建立苗夷文物陈列室,并在贵阳首次举办民族文物展览,可谓中国民族博物馆的奠基者与开创者。搜集少数民族文物并举办少数民族文物展的意义十分深远,正如民族学者费孝通所总结的那样:

> 这是少数民族文物在贵州第一次公开展出,当时报纸誉为"国内首创"。这"首创"的意义是深远的。我还很清楚地记得,就在那些

---

① 王建民、罗春寒:《导读》,载于吴泽霖、陈国钧等《贵州苗夷社会研究》,民族出版社,2004,第2页。
② 吴泽霖:《海概苗中的斗牛》,载于吴泽霖、陈国钧等《贵州苗夷社会研究》,民族出版社,2004,第191页。
③ 吴泽霖:《贵阳苗族的跳花场》,载于吴泽霖、陈国钧等《贵州苗夷社会研究》,民族出版社,2004,第171页。

年里，当时居统治地位的国民党正在大肆鼓吹大民族主义，根本否定少数民族的存在。就在少数民族众多的贵阳发生过强迫苗族妇女剪发改装的民族压迫事件。把少数民族作为同等具有灿烂文化的民族，把他们的文物在社会上公开展览，事实上是对国民党反动政策的强烈抗议。①

3. 高度重视苗族口传文化

作为当时苗族表述的重要范本，《贵州苗夷社会研究》高度重视民间口传文化。由于无字，贵州苗族文化除了官修的少量文本之外，多数依靠苗民口耳相传。正因如此，苗族文化传承方式多为语言、风俗、传说、神话，更多地浓缩在歌谣里。在《贵州苗夷社会研究》中，共有6篇文章探讨了歌谣神话的作用和意义，陈国钧算得上当时苗族歌谣研究的第一人。以陈国钧为代表的苗族研究者在贵州苗族的研究非常重视民间口传文化，具体而言表现在以下三个方面。

第一，肯定歌谣神话的文化记忆。陈国钧曾在《贵州苗夷歌谣》中提到苗族歌谣对于苗族群体及个人的重要作用：

> 考他们好歌的原因，实在因为苗夷族没有文字可记述先人的历史，关于古往现今各项事迹，抑或个人生平的一切遭遇，只有暗暗隐寓在歌谣之中，举凡个人的喜怒哀乐爱恶欲的情绪，亦无不以歌谣表达而出。就苗夷族全体说，歌谣简直代替了他们的文献历史；就苗夷族个人说，歌谣给他们生活以赤露露的写照。②

陈国钧认为：就团体而言，歌谣具有文字的记录作用，可以视作苗族社会的文献历史；就个人而言，歌谣记录他们的喜怒哀乐，他们既可以通过歌谣抒发心意，更需要通过歌谣来谈婚论嫁。歌谣的本身无异于民间文化的储存所，民俗学家、文学家、历史家都重视它的价值，以它为研究的资料。

第二，重视苗族歌谣的搜集。陈国钧在调查苗族文化的同时，留意搜集苗族歌谣，经过三年多的调查记录，出版了《贵州苗夷歌谣》，填补了

---

① 费孝通：《在人生的天平上——纪念吴泽霖先生》，《读书》1990年第12期。
② 陈国钧：《贵州苗夷歌谣》，载于贵州省文史研究馆编《民国贵州文献大系》第二辑下册，贵州人民出版社，2011，自序第Ⅰ—Ⅱ页。

苗族歌谣出版的空白：

> 如果我们今日要寻觅各地的民间歌谣，只有在各省府县志里面，可以看见一部分，可惜又是零篇断简，不完不备，甚或经过多次删改，失去本来的面目。要想拿来当作研究的资料，还是不毅。
>
> ……这一部歌谣集就是陈先生费了许多心血搜集而来的。此集出版以后，贵州苗夷族的歌谣始有定本。我们翻开来一看，其中无一首不是天籁。①

第三，开启了苗族歌谣研究的先例。除了重视歌谣的作用并身体力行地搜集歌谣，在《贵州苗夷歌谣》中，陈国钧对歌谣进行分类，其中黑苗有178首、花苗有39首、青苗36首、白苗有16首、红苗有3首、生苗有12首、花衣苗有4首、水西苗有25首、仲家有656首、侗家有26首、水家有5首。以模糊的苗族支系作为苗族歌谣分类标准在当下看来显然不够严谨，但在当时具有重要的探索意义。

在《生苗的人祖神话》中，陈国钧提到苗族神话的禁忌和苗族贾理：

> 他讲那神话有一定的时间，而且不随便向外人讲，若我们硬要他讲他会故意支吾其词，总不肯坦率地详道，生怕人会讥笑他……此外他们发生什么重大纠纷事件时，那老者立即召双方当事人莅场排解，他也是先讲那神话一番，才谈事件的解决法。经这样判决过后双方当事人无有不心服意从，再也不会到官厅去诉讼了。②

对比中华人民共和国成立后对于苗族神话研究提及的禁忌之说，参照苗族社会中苗族贾理的规范和制约作用，可以了解到陈国钧对于贵州苗族歌谣研究的开拓意义。

4. 正面辟谣"放蛊"之说

巫蛊一直是苗族女性挥之不去的阴霾，在《贵州苗夷社会研究》里，巫蛊第一次得到正面的表述。在《贵州苗夷社会研究》中，有四篇文章探

---

① 陈国钧：《贵州苗夷歌谣》，载于贵州省文史研究馆编《民国贵州文献大系》第二辑下册，贵州人民出版社，2011，谢序第Ⅰ—Ⅱ页。谢指谢六逸。
② 陈国钧：《生苗的人祖神话》，载于吴泽霖、陈国钧等《贵州苗夷社会研究》，民族出版社，2004，第110页。

讨巫蛊这个文化事项。陈国钧有两篇文章涉及。在《贵州安顺苗夷族的宗教信仰》中，陈国钧明确提到：吾人详细调查各地，并未见何人真有蛊乐，此事终属迷信而已。① 在《苗族的放蛊》中，他列举了向导人龙君的中蛊经历、蛊毒的饲养、放蛊人的生理表现以及解除蛊毒的方法，但他依然提出：笔者在上面说明时，不可思议处自觉很多。② 可见，对于巫蛊之说，陈国钧以亲身的调查经历提出苗族并无巫蛊的事实。

李植人在《苗族放蛊的故事》中较为清晰地梳理了什么叫"放蛊"、什么人会"放蛊"以及"放蛊"的故事，最后追问为什么有"放蛊"。他批驳放蛊传承方式的荒谬如不带娘家任何嫁妆即可免除继承放蛊，解除方式的荒唐如心中默念不会中蛊即可避免沾惹蛊毒，他继而解释所谓蛊妇的生理特征，眼角红、面色发光应该是居住条件的采光不足和烧火的烟熏原因，故而得出结论：放蛊只是一种传说与神话。

邝充在《说"蛮烟瘴雨"》中介绍瘴雨之时顺带解释了巫蛊之说。他以亲身经历告知大众：谈到放蛊毒这个谜，行前虽有些怀疑的影像，然而我们到处都随便吃东西，没有遇到丝毫蛊毒的迹象，也曾经询问过他们当中的开明人，结论是根本没有这一回事。③ 在实地田野的基础上，他将巫蛊流传的原因归结为生理和心理两个方面的原因：生理上，因为水质影响消化系统而生病；心理上，因为苗人害怕被外族欺负，故而消极地与外人绝缘，从而生造出"放蛊毒"的传说。

陈国钧、李植人以及邝充都认同巫蛊为污蔑化与虚构化，三人都提出需要医学家或卫生家来彻底扫除巫蛊对苗族污名的阴霾。为什么多次实地田野认为放蛊之说属于讹传却依然探讨这个话题，陈国钧在文末特意声明：所谓"中蛊"是真有其事还是卫生状况较低引起，我们没有科学根据，希望医学家来澄清。④ 而李植人则提出，对于"放蛊"问题，做苗族工作的人不能避而不谈，应具有解释它破除它的使命感。

---

① 陈国钧：《贵州安顺苗夷族的宗教信仰》，载于吴泽霖、陈国钧等《贵州苗夷社会研究》，民族出版社，2004，第204页。
② 陈国钧：《苗族的放蛊》，载于吴泽霖、陈国钧等《贵州苗夷社会研究》，民族出版社，2004，第208页。
③ 邝充：《说"蛮烟瘴雨"》，载于吴泽霖、陈国钧等《贵州苗夷社会研究》，民族出版社，2004，第300页。
④ 陈国钧：《苗族的放蛊》，载于吴泽霖、陈国钧等《贵州苗夷社会研究》，民族出版社，2004，第209页。

可见，三位探讨苗族巫蛊的作者皆认为澄清他者的污蔑和想象是民族学者的责任。较之于避而不谈，他们通过实地调查、撰写文章，进而达到《贵州苗夷社会研究》编者所提出的为苗族辟谣之目的，这是《贵州苗夷社会研究》在苗族表述中的又一重大贡献。

当然，由于历代以来地理与文化的隔膜，这批学者的研究不可能尽善尽美。仅以这本著作的主要作者陈国钧而言，他在论述生苗的三篇论文中，对生苗的定义以及对生苗文化特点的十五种总结都充满了夸大、扭曲与虚构的情况。比如"常受人欺哄，称王，作乱"，"每日所食都是些硬生生而不煮熟的东西"，"结婚以牛只行聘，男子多有二三妻室"，"尚行一种名'黑耳朵'的奴隶制度"。无怪乎苗族学者杨培德从其"好勇斗狠、巢穴、叛乱抗命"等措辞中指出陈国钧具有种族主义的偏见。①

《贵州苗夷社会研究》总体而言算得上苗族表述的一部里程碑式的作品。由于多数作者具有专业的理论素养且研究基于实地调查，他们的研究理论、研究方法和研究结论都具有重要的开创意义。较之于历代苗族文化的污蔑性表述如《苗疆闻见录》的臆想与简略，《贵州苗夷社会研究》系统梳理了苗族文化，客观评价了苗族文化，高度重视苗族口传文化并第一次为"放蛊"辟谣。在此意义上，《贵州苗夷社会研究》对苗族文化表述的正面意义是不言而喻的。

第三节　民族学表述反思

因为表述对象多元、身份不同、学科差异，故而很难对当时的苗族文化民族学表述做出铁板一块的定论，但综观这些表述，亦表现出一些共性。本节将从表述背景、表述贡献与表述反思三个角度加以探讨。

一　表述背景：政治与学术的双重要求

就政治背景而言，在对历代苗族表述反思的基础上，这一时段的苗族文化客位表述较为客观，且与其依托的时代背景息息相关。陈国钧在《贵

---

① 杨培德：《民族志田野调查的视角态度——以〈苗族社会历史调查〉和〈贵州苗夷社会研究〉为例》，《黔南民族师范学院学报》2015年第2期。

州苗夷社会研究》之序言提及，在内忧外患的国际背景下，研究苗族文化是为了统一抗战力量。可见，当时边疆研究的表述背景可谓内忧外患，从政治统一角度，边疆研究显得迫在眉睫：

> 吾人处兹国势阽危之际，边陲多事之秋，欲谋国基之奠定，国土之完整，民族之生存，则非从事边事问题解决不可。以余管见所及，解决边事问题，则莫若先从民族问题之解决，欲解决民族问题，则必须从各民族之内部考察，考察其内部，则必须注重各民族之生活，习惯，风俗，文化……①

从学术传统而言，当时的边疆研究尚有大量空白。长期以来的中原中心主义使得边疆研究处于停滞状态，在鸟居龙藏踏足苗族地区之前，整个西南民族除了流官与少量文人根据道听途说所撰写的少量文本之外，几乎没有一本算得上科学意义上的著作。正如岑家梧所说：鸟居的著作，可视为黔省民族研究之第一部科学著作。②对边疆边民研究的紧迫性因外国人的涉足更显得重要：

> 现在要研究边疆问题，每多到外国搬运，这是我文化界的顶大羞耻，今后应由政府组织边疆旅行团，或由学术团体组织，政府酌量补助，如有特殊贡献者则奖之，吾人若不注重边疆问题，统计调查，则不数年后恐边疆非我所有矣！希我教界文化界学术团体，拿起到边疆去的志愿来，与外人努力齐驱。③

正是因为政治与学术的双重需要，这一时期中国民族学研究具有在地化的必要。为此，这批学者克服了文献匮乏、地理偏僻与身体不适的三重困难，亲自进入苗族地区实地调查，并在此基础上撰写相关的专著、论文、调查报告等。

先说文献匮乏。当时苗族表述的重要代表吴泽霖自1939年大夏大学组织"西南边区考察团"，截至1943年，吴泽霖多次进入苗族地区实地调

---

① 皮自牗：《穷山溪洞中苗族的生活》，载于贵州省民族研究所编《民国年间苗族论文集》，1983，第165页。
② 余学军：《笙鼓枫蝶（苗族）》，贵州民族出版社，2014，第228页。
③ 管承泽：《贵州石门坎苗民的见闻与感想》，载于贵州省民族研究所编《民国年间苗族论文集》，1983，第260页。

查。正是因为具有实地调查的经验,他深深感受到苗族文献的不足:

> 此次调查共历七月之久,进行尚称顺利,其中最感困难的就是县府的原有材料的残缺不全,且欠精确,连全县的地图还得由我们来修定增补。以前的定番州志非但年代过久,且内容过简,并不能当作可靠的凭藉,所以各方面非得加以补充修正不可。①

再说地理偏僻。由于苗族地区地理偏僻,不少调查之地道路险阻,没有公路通行,不得不依靠步行前往:(苗地)山水险恶尤甚,故其村寨间交通较之汉人者殊为崎岖,往往羊肠小道鸟兽绝迹,出入其境悚然生畏。②即便有少量公路通车,也因为路况较差,很难通行,正如民谚所说:"贵州路,不讲理,一天七十里,还得累死你。"1933年,凌纯声等人的湘西调查,大部分行程依靠轿夫;1938年,长沙临时大学师生组成的"湘黔滇旅行团"途经苗族地区,就遭遇"隔壁看得见,走路要半天"的山路困扰;1943年,芮逸夫与胡庆钧二人前往川南调查,参照其田野日志亦可知道交通不便造成行程上的耽搁和延迟。③

除了文献匮乏、地理偏僻之外,这一时期的民族学家还要克服由饮食、住宿环境带来的不适。王兴瑞在《考察海南岛黎苗民族日记》中写道:

> 那种莫可名状的饭菜的味道,不要说不能下咽,连闻也要使你作呕三日了。事已至此也无法,只得多喝二口酒,饭菜则绝对不尝,他们看见我们"客气",又苦劝多吃一点,我们推说来时已吃饱,实在不能勉强,并已决定无论他们如何苦劝,也决不"就范",这一刻的痛苦,吃黄连坐针毡也不足以比拟。心里深自叹我们做民族调查工作者,非先把肠胃重新改造一番不可。④

此外最早深入大凉山调查的中国民族学先驱杨成志则将自己实地调查

---

① 吴泽霖:《定番县乡土教材调查报告》,载于贵州省文史研究馆编《民国贵州文献大系》第二辑上册,贵州人民出版社,2011,序言第Ⅱ页。
② 杨万选等:《贵州苗族考》,贵州大学出版社,2009,第53页。
③ 转引自刘芳《我国早期民族学家在川南叙永苗族地区的田野调查》,《广西民族研究》2010年第4期。
④ 王兴瑞:《考察海南岛黎苗民族日记》,载于贵州省民族研究所编《民国年间苗族论文集》,1983,第346页。

的境况记录为：我住在"六畜同堂"的茅屋里，我吃过号称上品的"肝生"；我使用过木勺和木萨来代替碗筷……①

可见，即便面临文献匮乏、地理阻断与饮食不便的窘境，这批民族学家还是克服重重困难，在政治与学术的双重推动下深入边疆实地调查。

二 表述贡献：关注苗族文化，凸显现实问题

上文言及这一时段的苗族文化民族学表述呈现多学科、多身份、多角度与多媒介的特征，如果总结其表述贡献，可以说当时的民族学关注苗族的教育、经济等文化现象，凸显与现实民生密切相关的问题，下文以土地问题举例论述。

岑家梧1938年赴云南东北对嵩明苗族进行调查。在《嵩明花苗调查》中，岑家梧在第一节花苗的来源与村落情况中先概述云南省嵩明县之花苗的地理分布，在第二节花苗的经济生活中关注土地佃租、谋生方式以及家庭重要的手工业如织布与刺绣等生计方式，在第三节花苗与教会的关系与第四节教会影响下的花苗社会中探讨基督教进入花苗地区的过程以及花苗诸多文化的改变，在第五节花苗的一般习俗中关注花苗的衣、食、住等基本习俗。较之于历代苗族表述几乎漠视民族经济，《嵩明花苗调查》的贡献在于探讨了苗汉隔阂的实质原因是经济掠夺。他提出汉人与苗人之间感情的恶劣是因为土地掠夺，并试图通过一个案例反思苗汉土地的尖锐问题："山谷地带的水田，据说原为花苗所有，现在全给汉人占去，花苗只得向汉人租典而耕。"② 即便是佃租，地主亦可以随便提高租值，遂造成大部分花苗无法向汉人佃租田地耕种。正是因为土地问题是引发经济贫困的实质性问题，在花苗中，能向汉人佃租而耕种的都算得是经济较好的人家，仅占花苗人口比例的30%，花苗中狩猎为生者占12%，半猎半农者占18%。

胡庆钧认为历代苗族的主要问题在于土地问题，他引用日本学者稻叶君山在《清朝全史》中的叙述："苗族与汉人所起之纷扰，其主要原因，仍在汉人之侵其土地。汉人绕红苗之地筑城……又由此等之地，出而蚕食苗也……不数十年，尽占为民地……兽穷则啮，势所必然。"在川南实地调查之后，他提出：这情形到叙永的邻县古蔺还更加厉害，苗人中的佃农

---

① 杨成志：《杨成志人类学民族学文集》，民族出版社，2003，第36—37页。
② 岑家梧：《云南嵩明县之花苗》，载于《岑家梧民族研究文集》，民族出版社，1992，第10页。

要占90%以上。

由于具有实地调查的经历，这批苗族文化表述的民族学家第一次系统完整地呈现了苗族文化的表述。他们根据调查的结果，从现实的经济角度以及苗民生存的基本物质保障——土地问题等角度，反思历代苗民反抗朝廷的原因，而不仅仅将其归纳为传统表述的"苗性最猜疑""朝降夕叛"等，或简单粗暴地将苗族民族性定性为劣等与低下。无疑，这样客观与科学的表述是十分值得赞同和肯定的。

三 表述反思：进化论与传播论下的汉化与同化

在这特定时段的苗族地区民族学表述中，"落后"与"原始"成了客位表述者的论述主调，这对关键词犹如硬币的两面密不可分，其基本逻辑为进化论与传播论的相互交织。在进化论与传播论的双重影响下，民族学表述凸显了汉化的合理性，而汉化合理性的直接后果，则是为文化同化奠定了理论基础。

1. 进化论影响下的原始断言

进化论认为各种文化都循同一路线向前进化，目前各个社会发展的不同程度实际上代表这条路线的各个阶段，各阶段在程序上是固定的，虽然在时间上有快慢差别，但是总会循序渐进。在他者客位的表述中，将苗族文化定性为原始、落后的异文化的表述比比皆是：

> 窃谓苗民聚族腹地，原非化外之民，今犹榛榛狉狉，曾与鹿豕无异，旅行苗地者，如游上古部落之社会，又若置身异国焉。[1]
>
> 苗族在历史上看来，在古时中国的国中，也是一个强大的民族，同时也是一个有悠久历史的民族，不过在中古时代被汉族传统思想的征伐，近代因历史关系的苗汉仇视，而使他们不能受时代性的新文化熏陶，和汉族文化的灌输与调和，而致穷处溪洞和毒蛇猛兽为伍，开却倒车，退到原始时代的生活。因此种种使他们的民族，被自然界的侵凌，渐渐不能幸存今日了。其他的知识幼稚，和文化的落伍，则更无论矣。[2]

---

[1] 刘锡蕃：《苗荒小纪序引》，载于贵州省民族研究所编《民国年间苗族论文集》，1983，第4页。

[2] 皮自牖：《穷山溪洞中苗族的生活》，载于贵州省民族研究所编《民国年间苗族论文集》，1983，第168—169页。

2. 传播论影响下的遗存观点

较之于进化论赤裸裸的文化分段论，传播论则显得较为含蓄与委婉。传播论的核心观点是每一种文化都是先在某一地区单独产生后再向其他地区传播或扩散。在传播论的参照下，苗族文化成为汉族文化初始阶段的存储所，这样的表述在这批民族学的客位表述中亦大量出现：

> 古代婚姻状况，乃得于苗疆社会中，寻得其未泯之痕迹。论婚姻之形式，如掠夺婚，买卖婚，交换婚，私奔婚等文化遗存物苗族中皆有之，而因婚制亦有遗蜕焉。①

> 黔苗社会，至为复杂，其中原始习俗，可考见吾国太古之民风，而古代之文物制度，赖以保存于今兹者，亦多有之。如深入其群，考察记载，固可补历史之阙文。②

在这一时段苗族地区的民族学表述中，岑家梧算得上传播论表述最明显的学者之一。他提出苗族文化往往保留古代中原文化的特征。如苗族衣饰上之雷纹，头上之椎髻，下身之褶裙，以及跳月时所用之六笙，均与中原古俗无异。③ 在《西南民俗与中国古代社会制度之互证》中，他从近亲姻亲合一称呼与交错表婚、叔嫂亲昵与夫兄弟婚、佯战婚俗与抢婚制、产翁与母权以及神判、武装送殡等七种文化现象得出西南民族为汉族的初期阶段这一结论。

3. 进化论与传播论交织下的汉化目标

在这些表述者看来，因为苗族属于进化论的初期阶段，故而需要改进和改良。在进化论与传播论的影响下，这一时段的苗族就成为客位学者拯救的对象，汉化就显得合理和必须，正如学者所总结的那样：

> Norma Diamond 探究了从明代至今对于苗族的辨别，认为即便到了民国，尽管应用了民族学、语言学等调查方式，不过呈现"殖民主义式的人类学"，最终关怀仍不离统治及同化目的。同时，在普遍追

---

① 罗荣宗：《苗族的婚姻》，载于贵州省民族研究所编《民国年间苗族论文集》，1983，第319页。
② 童振藻：《黔苗近况述要及调整纲领》，载于贵州省民族研究所编《民国年间苗族论文集》，1983，第37页。
③ 岑家梧：《贵州民族研究述略》，载于《岑家梧民族研究文集》，民族出版社，1992，第133页。

求现代化的主张下,也多少影响了一般人对少数民族的印象,进步与落后之间成为汉族与少数民族的标志,更加强了汉化的合理性。①

固然,针对少数民族现代化是否等同于同化或汉化,亦有大量学者提出反思与批判。

胡庆钧提出,以汉人的民风与民德强加于人,势必引起苗族的反感。又如,叙永一带苗族的先进分子愿意修改他们繁琐的婚丧礼节,这种思想如果能够改进他们的民风,自然能够产生效用。但如果他们没有这种愿望,便由政府贸然出布告禁止,结果只能适得其反。②他通过川南苗族在葬礼上书写的一对汉俗挽联来反思汉化与现代化之间的不同:这里是一个汉化与现代化的问题,汉化不是现代化,苗族虽在汉化,却没有现代化,这不能不说是文化变迁的悲剧。

吴泽霖根据自己的田野经验,从理论上反思文化相对主义的重要性:

> 在民族关系上应彻底批判大民族主义……在帮助少数民族发展其经济文化事业时,也必然采取同化政策。而同化是带有强制性的以优代劣的意味的。须知在文化领域中,不论是语言、文字、习俗、信仰等方面,本无所谓优劣之分……当时,贵州当局曾几次企图强行改变少数民族的服装,但都未获成功,这是一种教训。③

4. 汉化合理性催生的同化运动

这一时段苗族地区的民族学表述,强调苗族在中华原初文明中的重要性,强调苗族当下文化的衰败与落后,将苗族文化的现代化或曰进化等同于汉化。"现代化=汉化=同化"为"文化同化运动"和"新生活运动"提供了理论依据。正是在"进化等同于同化"的逻辑下,时任贵州省政府主席杨森提出同化的必要性和紧迫性:

> 尚应唤起黔民重视大同进化之理论……如能使边胞风俗、语言、

---

① Norma Diamond, "Defining the Miao: Ming, Qing, and Contemporary Views," in Steven Harrelled, *Cultural Encounters on China's Ethnic Frontiers*, University of Washington Press, 1995, pp. 92 – 116.
② 胡庆钧:《汉村与苗乡——从20世纪前期滇东汉村与川南苗乡看传统中国》,天津古籍出版社,2006,第265页。
③ 吴泽霖:《吴泽霖民族研究文集》,民族出版社,1991,自序第5页。

文字、服装等，一律划一，全国通行，畅行无阻，则不仅减少彼此之误会，无谓之摩擦；并可由此渐达天下为公，世界大同之目的……边胞文化落伍，岂能坐视不顾。扶其共同进化，是所在于吾人。①

反思这段"同化"的历史，有学者指出：

"同化"，即强迫"汉化"，是国民党政府"改进"对土著民族的统治政策的一个重要出发点和意图。在这方面，湖南省民族地区各县当政者曾大力予以贯彻实施。他们按照蒋介石和国民政府的旨意，从大汉族主义立场出发，采取法律的、行政的，甚至军事的手段，来"消除"民族"畛域"，实行民族"同化"。②

这些民族学家原本从政治与学术的双重需求出发，克服诸多困难进入苗族地区调查，但由于时代影响，其书写不可避免地带有客位之隔膜。

---

① 杨森编著《贵州边胞风习写真》，贵州省政府边胞文化研究会，1947，第74—75页。
② 伍新福：《湖南民族关系史》（上卷），民族出版社，2006，第425页。

第四章 阈限：苗族知识分子表述

自苗族三大起义①之后，国家力量进入苗族地区，为了达到"移风易俗"的政治与文化目的，苗疆流官如傅鼐等提出在苗族地区广设义学，少数苗人开始有机会接触汉文化，苗族自我表述首次出现在少许文人的诗词歌赋（如《苗族历代诗词选》等）中。近代以来，不少传教士进入苗族地区传教，教会在传教的同时创办学校，使得苗民有机会学习汉文化，这当中以石门坎的成就最为典型。其后，边胞教育受到重视，不同层次的苗族地区义务教育、特种师资训练所得以成立。正是因为部分苗族人有机会学习并掌握汉文化，苗族知识分子②的自我表述在这特定的二十年之间呈现井喷之势。

第一节 苗族知识分子表述概述

下文将简单梳理这一时段的苗族知识分子表述文本，解释将这个时段的苗族知识分子定位为阈限的理由。

一 苗族知识分子表述文本

具体而言，这一时段的苗族知识分子表述文本有调查报告、专著与论文，笔者搜集到的资料如表4-1所示。

---

① 苗族三大起义即发生在清朝之时的苗民雍乾起义、乾嘉起义与咸同起义。
② 沈从文同样属于苗族知识分子，但由于沈从文的表述从学科分类而言多为文学，故而单独在第五章论述，此处不作展开。

表4-1　1928—1948年苗族知识分子表述概览

作者	数量	著作	备注
石启贵	2	《湘西苗族调查报告》	在1940年编撰的30万字的《湘西土著民族考察报告书》基础上修改而成
		《民国时期湘西苗族调查实录》	原《湘苗文书》
石宏规	1	《湘西苗族考察纪要》	飞熊印务公司，1936
梁聚五	1	《苗族发展史》	在1947年起稿的《苗夷民族发展史》的基础上修改而成
杨汉先	1	《杨汉先文集》	《黔西苗族调查报告》《川南八十家苗民人口调查》
韩杰	1	《花苗史略》	中央民族大学出版社，2013年
朱焕章	1	《西南边区平民千字课》	作为附录收入《光华之子》
王建光	1	《苗族字典》	编印
王建明	3	《西南苗民的社会形态》《现在西南苗族最高文化区——石门坎的介绍》《苗民的文字》	论文
杨雅各	1	《传教笔记》	油印本
吴恒良	1	《苗帛苗钟》	收入石启贵《湘西苗族实地调查报告》
石板塘	1	《板塘诗歌选》	岳麓书社，1992年
钟焕然	1	《西南教区六十年宣道史略》	1949年，手抄本
王明基	1	昭通教会史	1948年，手抄本
王明道	1	《解放前葛布教会史》	《贵州省基督教史料》
全乡民众	1	湘西苗民抗日革屯军前敌总指挥梁德政	碑刻
李国均	1	石门坎溯源碑	碑刻
苗信徒石门坎学生	1	石门坎苗族信教史碑	碑刻
杨锡光	1	《永久示垂》	碑刻

二　苗族知识分子表述分类

这一时段，苗族学者众多，成果丰富。如以方言区分类，中部方言区以梁聚五为典型代表，他撰写了苗族第一部通史《苗夷民族发展史》，并通过大量的时政评述为苗族争取政治地位。东部方言区以石启贵为翘楚，他的《湘西土著民族考察报告书》和《湘苗文书》都是在这一时段完成，前者算得上第一份苗族学者的考察报告；石宏规的《湘西苗族考察纪要》完成于1933年；石板塘以诗歌创作和苗歌汉译表达了苗族学者的呼声，著有《板塘诗歌选》，其苗歌选题广泛，具有浓厚的时代特色，在苗族人民中广为流传，被苗族人民誉为"歌圣"。最值得一提的是西部方言区石门坎崛起的知识分子，例如杨汉先，他在系列文章如《黔西苗族调查报告》《川南八十家苗民人口调查》《苗族述略》中首次运用民族学、社会学的理论和方法向他者表述苗族文化。较之于同时代苗族学者的记录，杨汉先毕业于华西大学社会学系，研究成果丰富，方法合理，研究结论可信。此外，王建光编著了《苗族字典》，朱焕章编著了《西南边区平民千字课》，韩杰撰写的《花苗史略》首次完整地梳理了花苗的历史。

之所以将这一时段苗族知识分子的表述定性为阈限，是因为苗族知识分子的多元性即不同的知识分子在民族文化上的取舍各不相同。长期以来，由于有客位学者的参照，石启贵、梁聚五、杨汉先等一直被定性为"主位表述""自我表述"的典型代表，这样的分类其实具有较大的片面性与遮蔽性。这个时期苗族知识分子的表述并非铁板一块，如果以是否同意同化为标准，可划分为要求同化和反对同化两类，但在同化与反同化之间，这批苗族知识分子的表述可以分为单线进化史观下的耻苗并要求汉化、挣扎于苗汉文化之间与强烈捍卫苗族文化三种不同类型（见表4-2）。

表4-2 苗族知识分子表述分类

分类	个案列举
耻苗并要求汉化	《永久示垂》碑刻，石门坎溯源碑 《民国年间苗族论文集》所录古州苗民案例与织金杨凤山案例
挣扎于苗汉文化之间	《湘西苗族考察纪要》 《湘西苗族调查报告·第十二章苗疆建设》
反对汉化，强烈捍卫苗族文化	《湘西苗族调查报告·第一章至第十一章》 《民国时期湘西苗族调查实录》 《苗族发展史》 《花苗史略》 《杨汉先文集》 《西南边区平民千字课》

第一，单线进化史观下的耻苗。前文言及有部分学者的客位表述将苗族定性为原始、落后的民族。在单线进化史观的视角下，苗族知识分子内部有一部分人以苗为耻，可将此种现象概况为"耻苗"，据《民国年间苗族论文集》所录：

> 古州（现改榕江），南乡有苗民某，颇富思想，略涉书史，知己种太劣，欲振作之，改姓曰新族，出游中国及东洋南洋各处，宣统元年归家，聚族演说，拟订改革章程，（一）与汉人通婚，（二）改用汉人言语，（三）改穿汉人衣服，（四）改从汉人风俗，（五）立蒙小学堂，（六）俟学堂有成效后，筹款派人出洋，已渐次实行。
>
> 最近织金苗人杨凤山复有苗族改良会之组织，于曙蛮《贵州苗族杂谭》曾载之，兹摘录于下：
>
> 织金苗人杨凤山略读汉书，家道小康，于民国元二年创办苗族改革会，那会简章，（一）不许苗民跳场，（二）不许结婚自由，仿汉族权归父母，（三）苗女改汉装，（四）苗女缠脚，（五）读汉书，（六）都学汉话，不准说苗话，这会成立后，收效很少。①

上文记录了某苗民与织金苗族杨凤山在接受汉族文化之后，深以苗族文化为耻，故而提出全面丢弃苗族文化，以汉化为标准。

文化持有者的耻苗之说，既有上文的文献记载，又有民族学家的记录，比如胡庆钧与芮逸夫在叙永的所见所闻：

> 入沟至石炭窑，至罗洪顺苗端公家，与之说苗语不答，但以汉语答语，并谓彼称正苗，盖 m'oŋ↙ l'əŋ↙ 也。后又至距68公里石椿处之苗人杨铁匠家，杨未在家，只有妇孺。与语，亦均自称不懂苗话，但用苗询以吃什么，则以汉语答云麦粑粑，绝不肯答语也。盖此间苗人均以说苗语为耻也。②

可见，除了在文化上全力模仿汉族之外，当时少量苗族知识分子和民

---

① 童振藻：《黔苗近况述要及调整纲领》，载于贵州省民族研究所编《民国年间苗族论文集》，1983，第30页。
② 芮逸夫：《川南苗族调查日志1942—1943》，中研院历史语言研究所，2010，第114—115页。

众以说苗语为耻。

从石门坎地区一则碑文亦可看出部分苗族知识分子对于苗族文化的否认和鄙弃：

> 考我同族发源最早，实为我国之首先居住者，降及今日愈趋愈下，恶俗遍行，实为不堪言状。其俗为何？淫风是也。此种恶俗，实为世界所鄙。伤风败俗。其此为甚。唯我族中不以为辱反以为荣，如跳场、跳坡、吹笙弄笛，以作淫乱之媒介，全无廉耻。又如弃妇嫌夫，刁妻拐女，亦为淫风所害。犹不省悟，实为冥顽已极。……民国三年阴历十月十四日立。①

碑刻作者身份较为模糊，但是将跳场、跳坡、吹笙弄笛界定为"淫风"，绝不是当时石门坎当地苗民的观点，"新生活运动"在石门坎无法执行就是明证，当地知识分子杨汉先指出：

> 1936年春，杨森来到石门坎后，不久便提出要苗族改服装、剪发、不说苗语、不用苗文等等谬论，并由其亲信在石门坎督导执行。当时石门坎教会及学校领导以教会为掩护，为1936年7月召开驻石门坎教会布道员及部分教师参加的"苗族婚姻改革五年计划会议"……这次会议提出并决定了这些规章，同时又通过聘请在外省大学求学的苗族学生为顾问，但结果只是一纸空文，根本不能执行……特别是进入抗日战争之后，苛捐杂税，拉兵派款，民不聊生，日甚一日，苗族人民处于生死关头中，更是无人过问这些清规戒律了。②

此外，通过上文苗族歌谣的主位表述梳理可知，苗族情歌在苗族的恋爱中扮演着重要的角色，婚前以歌为媒的恋爱方式以及自由婚和媒妁婚并轨的婚约方式是苗族婚恋的特点。在苗族作家沈从文的笔下，这样的恋爱与婚约方式表现的是一种健康、活泼的人性。外界评价也是肯定多于否定：摇马郎，在边胞社会中，是一个重要娱乐项目，也是一个寻找配偶的

---

① 此碑现存等堆教堂，据考为苗族传教士杨锡光撰文。参见张坦《"窄门"前的石门坎——基督教文化与川滇黔边苗族社会》，贵州大学出版社，2009，第178页。
② 杨汉先：《威宁苗族的婚姻和家庭情况》，载于李文汉主编《杨汉先文集》，云南民族出版社，2016，第64—65页。

良机,这个特殊习俗打破婚姻之包办制度,免除失恋的自杀惨剧。①

耻苗并非空穴来风,如石启贵在《湘西苗族调查报告》中所述,这一切源于长期以来的政治歧视、经济剥削和文化鄙视:

> 辄有不肖之官吏,未甚注意,只图政令之推行便利,反因此而不加爱惜。遇有征兵捐派,偏重苗乡。如清代所负担之马草伕役奴隶制度,即一事实证明。其他苛政,不言而喻。苗人知之,多不甘服。以是一般有钱之苗民,不惜牺牲,重金贿赂官绅,运动脱离苗籍关系,邀求划归汉乡管辖,永免伕役马草之累。②

长期的政治歧视、经济贫困和文化自卑,使得少部分接受汉文化教育的苗族知识分子以苗为耻:

> 平日言语,甚为歧视。凡见丑陋之物件,动辄以"苗"为比拟。如粗碗粗筷,汉人谓之"苗碗苗筷"。品貌不美,汉人谓之"苗相苗形"。③

第二类为挣扎于苗汉文化之间的知识分子。除了上文言及的耻苗知识分子,另有一类苗族知识分子挣扎于苗汉文化之间:

> 苗族知识精英不是在日常生活中有意识地察觉自身族群身份,而是原本已经完全接受汉文化的知识精英,以汉文化价值观捍卫外界描绘的苗文化,并由此产生强烈的我族意识……所以,他们争取的是参政等政治权力,而非文化主体性。④

上述引文中,赵树冈所批判的知识精英以石宏规与石启贵为代表。此处先简单梳理赵树冈批评石启贵的错误认识,然后再集中以石宏规⑤为例论证。

---

① 杨森编著《贵州边胞风习写真》,贵州省政府边胞文化研究会,1947,第72页。
② 石启贵:《湘西苗族实地调查报告》,湖南省人民出版社,1986,第208—209页。
③ 石启贵:《湘西苗族实地调查报告》,湖南省人民出版社,1986,第207页。
④ 赵树冈:《边地、边民与边界的型构:从清代湖南苗疆到民国湘西苗族》,《民族研究》2018年第1期。
⑤ 石宏规(1896—1982),湖南省永绥县(今花垣县)吉峒乡(今团结镇)老王寨(今长兴村)人,著有《湘西苗族考察纪要》。

第四章　阈限：苗族知识分子表述

赵树冈对石启贵的上述批评较为片面。其实，评价石启贵对于苗族文化的认同需要从整体与局部共同进行。就整体而言，下文将以石启贵参与民族学的三个时段从而形成的三种身份加以论述。石启贵对于苗族文化的肯定与认同不容置疑，他多年采访、搜集、整理并著述《湘西苗族实地调查报告》与《民国时期湘西苗族调查实录》。设若苗族文化对他而言仅为"陋俗"，何必花费大量精力搜集与编著？

就局部来说，石启贵在《湘西苗族实地调查报告之苗疆建设》中从政治、军事、教育、经济、司法、建设、待遇、改良和其他九个方面提出治理苗族的参考建议，其中改良之第一条就是劝导改良猪、牛椎祭。这份呼吁的主体内容与《湘西苗民文化经济建设方案》大同小异，后者则修改为"劝导苗民废止椎牛、椎猪等祭"，"劝导改良"和"劝导废止"自然是不能等同的。至于赵树冈提及的石启贵建议将"苗族"修改为"土著民族"，实质是石启贵对于当时当局换汤不换药地变换苗族称谓的一种批判：

> 而今往往重形式，中央政府力谋苗、汉融成一片，以为"苗"字意义欠佳，呼之令人发生反响，一改为特种部族，再改定为土著民族。名称之审酌，故属要图。而地位之提高，尤为重要。若能以其文化经济，积极倡导，努力推进，促与汉族平头地位，知识生活环境同等，未有尊卑轩轾之别，向存隔阂，无形中自然消除矣。[①]

可见，石启贵认为修改称谓固然重要，但最为重要的是应该通过对苗族文化和经济的重视，从而提高苗族的政治地位，只有政治地位的平等才是严格意义的平等，才能实质性地消除苗汉之间的区别和隔阂。

评价石宏规的价值取向要细读他的专著《湘西苗族考察纪要》。[②] 较之于同时代石启贵的《湘西土著民族考察报告书》的鸿篇巨制、内容翔实，《湘西苗族考察纪要》虽然篇幅简短、勾勒简略，但其对苗族表述有着重要意义。该著1933年出版，1936年再次印刷，短短三年时间两次印刷，

---

① 石启贵：《湘西苗族实地调查报告》，湖南省人民出版社，1986，第210页。
② 此专著目录如下：一 序言、二 苗字之意义及苗族古时之发明、三 苗族之南迁、四 苗族之区域与人口、五 苗族之种类及语言、六 苗族之生活及职业、七 苗族之婚丧及服饰、八 苗族之技击及医药、九 苗族之政治及教育、十 苗族之鬼神及娱乐、十一 苗乡之景物及气候、十二 清季乾嘉间苗变之始末、十三 结论、十四 附 湘西苗民文化经济建设方案。

可见该书在当时的影响较大,是了解当时苗族知识分子表述的一个重要维度。

　　石宏规对苗族文化的态度充满了矛盾。一方面,他对苗族充满了肯定与同情,另一方面,他又对自己的苗族身份讳莫如深。首先,就石宏规对苗族文化的肯定性而言,其苗族表述的成果具体表现在以下三个角度。第一,他先肯定"苗族"一词为中性词。在《湘西苗族考察纪要》中,石宏规提出"苗"在字义上原本指草生于田或曰植物初生,用来指民族躬耕力田、以农业为生活之根本,本无鄙视及阶级畛域之偏见,今人以"苗"字讥人,而苗族亦以为不美之名,极为荒谬。第二,他肯定苗族的原住民地位并赞誉苗族对中华文化的三大贡献:苗族乃中国之主人,世界最古之民族,洪荒之世,披荆斩棘,以启山林,实大有功于中国,今仅就其发明试略言之:一、农耕;二、兵器;三、宗教……苗族之在中国既有此三大功。正是认为苗族历史悠久,他提出:吾人岂可食其惠而鄙视之訾议之,而苗裔之子孙,又岂可不自尊其祖重其族,甘效数典而忘其祖乎?[①]故而,石宏规认为汉族鄙视苗族的做法不妥当,同时鼓励苗族应自尊自重。第三,他反对"五族共和"缺少苗族,对苗族没有取得民族身份十分愤慨:

　　苗族者,中国之主人,世界最古之民族也。观其上古时代之发明,实大有功于中国,苟以崇德报功之典论之,其位置当在满蒙回藏诸族之上,乃于清季则以卑下奴隶之民族目之。鼎革以还,号曰共和,而苗族又不得厕于五族之列,所谓民族平等者,果如是乎?[②]

　　石宏规肯定苗族的原住民身份,赞美苗族在中华文化史上的贡献并对当下苗族的不幸境遇表示愤慨,但在自己的民族身份上,他又表现出明显的"耻苗"特性。他在著作中提及:

　　余家世居永绥,与苗族相距不一里,关于苗族之生活,习惯,风俗,语言,理应洞悉,惟自幼入塾就傅,鲜有接近机会,稍长复负笈外游,相去益远……洎乎蚩尤败亡,此等武器归于我族,我族遂亦能

---

① 石宏规:《湘西苗族考察纪要》,飞熊印务公司,1936,第3—5页。
② 石宏规:《湘西苗族考察纪要》,飞熊印务公司,1936,第37页。

仿造以为后日战争之利器。①

可见，石宏规从三个角度否定自己的苗族身份：从地理位置上，明确表明自己不在苗族地区生活；从文化承接上，自认为由于外出学习，对于苗族文化较为陌生；从自我认同而言，石宏规提出蚩尤发明之武器后来被我族掌握，"我族"二字表明自己在认同中不同于蚩尤族别的苗族。

综上，石宏规的苗族文化表述处于苗汉文化的取舍之间。这一切源于石宏规的真实身份为熟苗。在《沈从文笔下的中国社会与文化》中，金介甫提到汉化苗族人石宏规。其实，石宏规一方面表现出对于苗族文化的自尊，另一方面表现出对苗族文化失落的痛惜，但他数次为苗族请命如在湘西革屯的善后工作，在《湘西苗民文化经济建设方案》的撰写与推进过程中体现了对苗族的深切关怀。其实参照张兆和所言的认同之说便可以知道，石启贵也好，石宏规也罢，都是大民族主义之下的少数民族的生存智慧：少数族群通常被主体族群掌控的中央政府归入民族分类体系当中。少数族群通过参与中央政府来竞争国家资源，这就要求他们把国民的忠诚置于自身的族群情感之上。②

第三类为民族认同下身体力行地反对汉化。下文将重点梳理中部苗族学者梁聚五与西部苗族学者杨汉先强烈捍卫苗族文化，此处不再赘述，仅以石门坎代表人物张斐然为例。

对民族同化最为有利的驳斥可参见从石门坎走出的张斐然的表述，据《从石门坎走来的苗族先辈们·为民族解放而奋斗不息的张斐然》记录：1945年，贵州省政府主席杨森推行其同化边胞民族的"三大政策"③，为了使边胞民族不反对他的这些政令，杨森事先安排在边胞民众中较有影响力与威望的知识分子出席座谈会，目的是让边胞知识分子作为政府喉舌，拥戴并执行民族同化政策。在表态会上，李寰讲完三大同化政策后，又提出要以威宁县的石门坎做试点，要求张斐然等几位边胞知识分子对该政策和试

---

① 石宏规：《湘西苗族考察纪要》，飞熊印务公司，1936，第1、4页。
② Geertz, Clifford, "The Integrative Revolution: Primordial Sentimenu and Civil Politics in the New State," in Clifford Geertz (ed.), *Old Societies and New States Press*, Free, 1963, pp. 224 – 229.
③ 一是不许边胞民族使用自己的语言、文字，一律讲汉语和使用汉字。二是各民族之间通婚。三是边胞民族妇女一律穿裤子，不得穿各民族的裙子；一律剪发，不得留辫或挽髻。

点问题给予支持。张斐然早已怒发冲冠,还未待李寰说完,他就怒斥道:

> 关于文字问题,世界上最进步的文字是拼音文字,石门坎苗文是拼音文字,只要掌握了声韵母,就连3岁的娃儿也会拼读文章、写书信,因此不能取消。至于苗族语言,它是苗族人民在生产劳动中,为了表达彼此的思想感情和意愿而产生的交流工具。如果把一个民族的语言取消了,势必导致社会的动乱和崩溃,取消民族语言是用命令和刺刀也办不到的。[①]

本章之所以以阈限来界定这一时段苗族知识分子的表述,是想突破单一分类的局限,列举表述的多样性与丰富性。下文将重点梳理的三个苗族知识分子表述个案也呈现各个不同的特性:石启贵既有客位的苗族文化介绍又有主位的现实关怀,杨汉先侧重客位的学术研究,梁聚五凸显主位苗族通史的撰写。这些都体现了本章所探讨的阈限特征,下文将展开论述。

第二节　苗族知识分子表述个案

在众多的苗族知识分子表述中,以著述数量及著作对后来苗学的影响为参照,下文以苗族文化表述最为杰出的三个代表石启贵、梁聚五、杨汉先为例逐一解读:

> 近代以来,由于新式学校教育的逐步发展和近代思想意识在苗族地区的传播,苗族中一批知识人士开始有了民族的觉醒。他们在积极参与民族民主事业、为国家和民族的利益奔走呼号的同时,着手对苗族自身的历史和文化进行了开拓性研究,为苗族学术思想和苗学的发展打下了最初的基础。其中突出代表人物有梁聚五、石启贵和杨汉先。[②]

一　由述而作、诗史互动:石启贵苗族表述研究

作为东部方言区最为杰出的苗族学者,石启贵的苗族表述呈现"由述

[①] 张阳、义玲:《为民族解放而奋斗不息的张斐然》,载于陶绍虎编《从石门坎走来的苗族先辈们》,云南民族出版社,2012,第285页。
[②] 伍新福:《中国苗族通史》(增订版),贵州民族出版社,2017,第499页。

而作、诗史互动"的特征。本节以其学术历程的三个分期（述—编—写）从而形成的三种身份（咨询者—记录者—编著者）为时间坐标，参照他相关的湘西系列作品即从《湘西苗族调查报告》（下文简称《调查》）到《民国时期湘西苗族调查实录》（下文简称《实录》）再到《湘西苗族实地调查报告》（下文简称《实地》），探究其一以贯之的以文化参与政治的学术主张。在行文中，笔者将石启贵苗族的表述分为1933年参与《调查》搜集的萌芽期、1937年记录《实录》的探索期以及1940年编著《实地》的成熟期。此外，由于石启贵的诗歌创作同样具有记录历史的特征，故而本节从四个角度解读其"由述而作、诗史互动"的苗族表述特征。

1. 萌芽期：口述者——由诗及史

虽然有学者认为自1926年秋，石启贵从湖南群治法政大学毕业回到湘西时，就开始多方面搜集苗族文化资料，身体力行地研究湘西苗族。[①] 然而大众比较认可的说法是，凌纯声等湘西苗族调查之行可看成石启贵民族学研究明显的转折期。1933年夏，凌纯声等奉中研院之命去开垦湘西民族学的处女地，石启贵作为一个"苗族通"，在调查报告《苗族》中作为研究助理出场。石启贵作为苗族本土文化的被咨询者，虽然在呈现的《苗族》调查报告里没有作为著述者出场，但其参与明显推动了该著作的产生。凌纯声、芮逸夫著《苗族》"巫术与宗教"一章中的"还傩愿"部分，几乎全文采用了石启贵先生的笔录。这说明石启贵先生当年在陪伴凌纯声、芮逸夫进行湘西苗区调查的过程中起到了较大的作用。[②]

作为苗族文化的口述者，石启贵的出现有两次。一次是他曾作为发音人参与了《调查》的苗语发音，据《调查》发音人介绍：

> 石启贵，男性，年三十四岁，乾城县北门外仙镇营（距县城约三里）人。母亲吴氏，本县三叉坪人。他曾在长沙群治法政学校毕业，汉语程度自然很好。汉文知识也相当的不错。[③]

第二次是在第十章出场，在传说、寓言和趣事中，石启贵兼任两种角

---

① 参见石朝慧《芒鞋竹杖三十载　等身著作留后人——记我国苗学研究先驱石启贵先生》，《中国民族》2007年第2期。
② 张应和：《"田野"詹詹录》，载于石启贵编著《民国时期湘西苗族调查实录·习俗卷》，民族出版社，2009，第421页。
③ 凌纯声、芮逸夫：《湘西苗族调查报告》，民族出版社，2003，第330页。

色——讲述者和记录者。作为讲述人,他讲述了以下6个故事:《石老丫传说》《守备官入贼伙》《穷汉得志》《贪财送命》《交手》《神算》;作为本民族文化记录者,他记录了12个故事:《大龙洞和小龙洞的传说》《雷洞山的传说》《孝子发财》《孝养义母》《穷汉骤富》《龙仙娘》《戴老师求雨》《两个骗子》《两个善夸的人》《三个好朋友》《懒汉发财》《恶作剧》。

将这样的基础搜集工作定义为民族学研究或许不为学者所接受,毕竟这一时段作品的数量和质量都不尽如人意,然而较之探索时期的大量实录和成熟时期的编著同步,这一时期的讲述和记录可视为石启贵苗族表述的萌芽期。

首先,石启贵的工作体现在"述而不作"的记录和表述中。石启贵对苗族传说的记录是基于民族学的拓展和延伸。苗族作为无文字的民族,"传说是有历史性的"①。因而在长期的历史沉淀中,故事作为苗族历史、哲学和文化载体的作用是不容置疑的。在这段时期里,石启贵在民族学田野调查的实录下对苗族故事的整理和收集,表现出明显的由诗及史的追求。

其次,难能可贵的是,石启贵对于民族学研究身体力行的支持。鉴于当时盛行的进化论思想的渗透,部分湘西绅士反对凌纯声、芮逸夫等人在本地采集宗教民俗。毕竟在当时一切求新的时代精神下,"宗教信仰"被认为是旧时代的落后文化,或是在人类演化上"原始社会"或"浅演民族"的象征。②因此,湘西有部分地方乡绅去函国民政府之蒙藏委员会,控诉凌纯声等人的三条罪责:一是今该员等从耳目之娱,欲导民效崇迷信,破除禁律;二是逼索良家妇女打花鼓,侮辱苗人妇女人格;三是该员等图四体之舒适,勒派夫役,供彼驱策,此该员等违时扰民。在列举这三条罪责之后,他们强烈呼吁:苗族数千万既呻吟于贪官污吏铁蹄之下,复悱恻于轻薄委员玩弄之中,若不设法救济,势将激起民变,危及国本。③作为湘西当地学者,由于接触到外界文化,深刻意识到民族学中沟通和交

---

① 凌纯声、芮逸夫:《湘西苗族调查报告》,民族出版社,2003,第220页。
② 王明轲:《历史语言研究所与早期湘西苗族调查(代前言)》,载于石启贵编著《民国时期湘西苗族调查实录·椎牛卷(上)》,麻树兰、石建中整理译注,民族出版社,2009,第29页。
③ 转引自王明珂《反思史学与史学反思:文本与表征分析》,上海人民出版社,2016,第281页。

流的重要意义，石启贵不仅在凌纯声等开展湘西调查时尽量提供资料，而且在凌纯声等离开湘西之后承担了较长时间的补充调查工作。

2. 探索期：记录者——引诗证史

虽然凌纯声等人于1933年8月离开湘西，然而石启贵在与有专业素养的民族学者三个月的朝夕相处中已经具备了实地调查的可行技术，其苗学研究从自发转向自觉阶段。加之同年10月中研院聘用他为湘西补充研究员，这促使石启贵成为本民族文化的忠实记录者。那时，湘西交通闭塞、匪患多，民族压迫和民族歧视严重，但他出于对本民族文化的热爱，"不畏浮名不畏难，芒鞋竹杖遍山间"，亲看、亲问、亲记，对湘西苗族诸问题都有详细记录和研究。[①]

作为本民族文化的忠实记录者，石启贵这一时段的成果为集中寄送到中研院的《湘苗文书》。原本以为这些宝贵的第一手资料已经遗失，但2005年石启贵的长子石建中教授于互联网上意外查知其作为善本保存在台北的傅斯年图书馆。之后由文日焕教授任主编，石建中夫妇与王明珂教授联手组织，经两岸三地的学者以及湘西诸多本土文化传承人协力合作，历时三年，整理完成《湘苗文书》即《实录》。鉴于同时期石启贵湘西苗族文化记录资料在历年动乱的悉数遗失，《实录》可以看成其探索期即1937年前的代表性作品。[②]《实录》分为八卷10册，分别为《椎牛卷（上中下）》《椎猪卷》《接龙卷》《祭日月神卷》《祭祀神辞汉译卷》《还傩愿卷》《文学卷》《习俗卷》，共400多万字。

据张应和在《"田野"詹詹录》中记述，《民国时期湘西苗族调查实录·还傩愿》手稿计830余页，50多万字，占整个《湘苗文书》的1/3以上；整理后的《实录》400多万字，除了《民国时期湘西苗族调查实录·习俗卷》基本誊录，字数变动不大。其祭祀神辞部分的五步译注法[③]在《湘苗文书》中只有汉文记苗音，约占篇幅的1/5。《实录》记录了椎牛、椎猪、接龙、祭日月神、还傩愿等湘西重要的苗族祭祀，所记录的仪式篇幅完整、神辞明晰（见表4-3）。

[①] 石建华、伍贤佑主编《湘西苗族百年实录》（下），方志出版社，2008，第796页。
[②] 根据笔者与石启贵之孙女石朝慧2011年4月19日的谈话整理。抗日战争爆发后，石启贵与史语所失去联系，其寄送给中研院的资料如《湘苗文书》等应该是在1937年之前。
[③] 五步译注法即首行为汉字原文，第二行加注国际音标，第三行转写现行苗文，第四行逐字直译成汉意，第五行全句意译成汉文。

表4-3　石启贵《实录》所记的苗族祭祀神辞

祭仪	神辞篇幅	根据祭仪顺序记录的祭祀神辞
椎牛	23堂	吃猪、祭雷神、敬谷神、祭日月神、巡察酒、祭家组、剪纸、迎舅酒、迎宾饭、总叙椎牛、祈福、讲述椎牛古根、载秧播粟、赎谷魂、清扫屋、小庭院敬酒、套牛扯纸、发梭镖椎牛、倒牛、交牛头、合死牛、归还桌凳、敬牛肝饭
椎猪	13篇	敬雷神、敬拦门酒、接驾饭、敬早酒、敬家先、讲述椎猪根源、敬谷神、门外交牲、敬夜酒、上熟、取福水进屋、交死猪、交猪头，附：椎猪祭祖摆法图式
接龙	3部分	堂中接龙辞、水边接龙辞、安龙辞
祭日月神	14堂	祭日月神、祭家先、敬奉先人、替新亡招魂、祭五谷神、生孩祭谷神、洗猫儿、洗屋、愿标许愿、水牛许愿、赎魂、驱疱鬼、退作怪的古树、誓血
还傩愿	31节	参见表0-1：还傩愿仪式流程，仅多孟姜女戏书一节
还五通愿	4节	五通愿开封洞全套、开洞和神科、五通愿安坛神全套、还五通愿演朝
祭天王	3节	起马、交牲、交熟

除了神辞部分，《实录》还记录了以下两大板块内容。一部分是《民国时期湘西苗族调查实录·文学卷》。在《文学卷·上编》，石启贵收入了大量的民间口头文学，共计歌谣120首。其中椎牛欢迎后辈拦门歌2首，椎猪欢迎后辈拦门歌14首，椎牛椎猪打鼓歌16首，总叙椎牛开场歌3首，接亲歌16首，谢副客歌2首，谢媒人歌4首，谢娘家歌1首，谢婆家歌1首，客饭歌21首，老年人无字慨命苦情歌4首，杂古歌4首，谜语歌8首，童谣3首。情歌则分为苗语情歌（18首）、风流歌词①（3首）以及佛堂对歌。《文学卷·下编》则收入文人书面文学，具体内容为两大板块即凤凰县苗人文艺选抄和凤凰县苗区文艺选抄。另一部分是《民国时期湘西苗族调查实录·习俗卷》。《习俗卷》包含了13章，具体为杨家吃牛、杨家端午习俗、客祭司的其他祭祀、民间看病书、苗医苗药、苗族巫术、乡民求雨各法、婚嫁习俗、丧葬习俗、成人及儿童的各种游戏、其他知识和各种对联。可见，《实录》记录了苗族的诸多文化事项，但最主要的内容是大量的湘西苗族祭祀神辞，充分体现了石启贵在苗族表述探索期引诗证

---

① 风流歌词为汉语所唱情歌，区别于苗语所唱情歌。

第四章　阈限：苗族知识分子表述

史的特征。

首先，《实录》的主要内容为祭祀神辞。理解湘西苗族文化，祭祀神辞是必不可少的媒介。用本民族学者的说法是：湘西苗族"辞"是一种极为古老的传统文化遗产。其内容丰富，源远流长。它渗透在苗族社会生活各个领域，政治经济、宗教信仰、语言文学、风俗习惯……并不断影响和制约苗族社会生活和历史文化，直接间接地塑造苗族的民族性格和心理。[①]试举张应和负责的《湘苗文书·还傩愿全套》一例：

> 经审阅，这套资料十分完整，凡属各种还傩愿的科目皆排列其中，无一颠倒、遗漏；各科目中的咒语、祭词、疏表、手决等，皆有所录；更为难得可贵的是石启贵先生对傩坛布设、法事仪程、法器法具、祭品筹措摆设、法师衣着及行为方式等，也作了一些简要的提示、注释。[②]

其次，《实录》借助苗族诗辞（dut[③]）的表现形式。"都"作为全套《实录》的基本体裁贯穿其中，"都"为苗族原汁原味的文学表现形式，从分类上有史辞（dut ghot）、祭祀辞（dut ghunb）或婚姻礼辞（dut qub）等表现形式。在《实录》中，这三种分类都有涉及，并以祭祀辞（dut ghunb）最为重要，占全部内容90%以上的篇幅。阅读这套《实录》可知，"都"作为苗族文学的传统体裁之一，其表达形式的传统性和表述内容的古老性有如硬币的一体两面。"辞"的内容借助"都"的体裁使得《实录》呈现明显的引诗证史的苗族表述特征。

最后，调查实录的表述呈现由述而作的过渡。较之萌芽时期被动的记录和被咨询，石启贵在《实录》表现出实录者身份积极能动的一面。第一，他选择以祭祀神辞为最重要的内容（其重要性上文已提及）。第二，作为本民族学者，他成功地记录了苗族祭祀神辞许多"秘而不宣"却濒临遗失的文化。"调查实录"的最大价值在于，它尽力地、忠实地把藏于湘西苗族中的各种优秀文化挖掘出来，整理出来，使其成为理性的文字资

[①] 麻树兰编著《湘西苗族民间文学概要》，中央民族学院出版社，1992，第243页。
[②] 张应和：《"田野"詹詹录》，载于石启贵编著《民国时期湘西苗族调查实录·习俗卷》，麻树兰、石建中整理译注，民族出版社，2009，第421页。
[③] dut音译"都"，一种韵文体的名称，又称dut ntongd。

料、有用的精神财富，供后人长期选择使用。① 即使从最基本的抢救人类学而言，其重要意义也毋庸置疑。这部书对保护苗族非物质文化遗产将发挥重要作用，对研究苗族历史、宗教信仰、古代语言、风俗习惯、文学艺术、哲学思想、生产生活具有重大作用。②

虽然当时外界压力较大，但石启贵依然坚持实事求是地记录苗族文化。在《实地》中，我们在几近抗辩的声明中似乎可以看出，在强大的反封建迷信压力下，晚年的石启贵对苗族宗教习俗反而有了新的看法——虽不至于是推崇迷信，但更珍惜其文化价值。③ 在这种意义上，引诗证史的意义更加凸显，诚如刘魁立教授所言："可偏偏就在那样的动乱年代，一批有志之士不仅见证了，而且记录了民众这种生活方式的一个侧面，让我们对先人有更为深刻的理解和尊重，知道我们今天文脉的根源。"④

3. 成熟期编著者——诗史互动

抗日战争爆发后，中央研究院搬迁，据其后人讲述，1937年后石启贵与史语所联系较少⑤，不过，因为长期实地调查积累了丰富的第一手资料，石启贵从萌芽时期的咨询者、探索时期的记录者逐渐转变为成熟时期本民族文化的编著者。

《实地》可视为"自我表述"的最佳范本。全书分十二章，囊括了地理概貌、历史纪略、经济梗概、生活习俗、婚姻家庭、政治司法、教育卫体、文化娱乐、诗赋词章、宗教信仰、语言文字、苗疆建设等方面，共40多万字。《实地》可以看成石启贵苗族表述创作的成熟时期，既有"述"的实录，又有"作"的能动。在内容上，较之《苗族》的重传统轻现实、重文化轻经济的特点，《实地》增加的历史纪略、政治司法、教育卫体、诗赋词章、苗疆建设等章节都可以看出石启贵"诗史互动"

---

① 戴庆夏：《序二》，载于石启贵编著《民国时期湘西苗族调查实录·椎牛卷（上）》，麻树兰、石建中整理译注，民族出版社，2009，第11页。
② 龙艳：《一朵瑰丽的民族文化奇葩——石启贵先生遗著〈民国时期湘西苗族调查实录〉读后感》，《民族论坛》2010年第6期。
③ 王明珂：《历史语言研究所与早期湘西苗族调查·代前言》，载于石启贵编著《民国时期湘西苗族调查实录·椎牛卷（上）》，麻树兰、石建中整理译注，民族出版社，2009，第30页。
④ 刘魁立：《序一》，载于石启贵编著《民国时期湘西苗族调查实录·椎牛卷（上）》，麻树兰、石建中整理译注，民族出版社，2009，第7页。
⑤ 根据笔者2011年8月2日与石启贵后人石建中夫妇的录音整理。

的苗族表述主张。虽然在形式上以民族学调查报告方式呈现，然而较之《苗族》的隔离与冷漠，《实地》流露出许多对本民族过去卑微处境的悲愤、对苗区现实的关怀以及对未来的期待。在此，他不只是苗族调查者的助手，更是苗族自我意识的发声者。他不只是提供本土民俗、宗教资料予外来的民族调查者，还以自己的创作发出本土的声音宣告："我们是这样的苗族。"①

《实地》既有民族学的全景展示，又有史学的忠实特色，更具文学的审美特性，体现了诗史互动的特色。

首先，就民族学的表述角度而言，《实地》是湘西苗族自我表述的第一部专著。从表述目的而言，石启贵首先反思了历代苗族表述"惜乎事绩史书未详，大抵所载，是炫汉官功勋也"的取向。正是因为对客位表述的不满，石启贵在书中明确提到其编著目的：编者从事苗族考察，周历五县。寒暑三经，悉心汇著，草成此书。苗俗事项，详举糜遗。② 可见，作为湘西苗族的首部本民族知识分子表述专著，石启贵对《实地》有较强的自信。《实地》牵涉当时湘西苗族的族源分布、地理物产、历史概述、宗教信仰等，被誉为"苗族的百科全书"。这一切源于石启贵本人是苗族，生活在苗区，深知苗族人民的情况和处境。

就表述的材料角度而言，石启贵大量引用湘西苗族民谚。比如提及苗族的小家庭制，"树多桠则断，人多子则穷"；比如谈及苗族的继承习惯，"随娘儿无分，挑养儿全收"；提及椎牛祭祀在经济上的大量消费，"吃牛难，大户动本钱（存钱），小户卖庄田"等。

其次，就表述内容而言，《实地》具有较高的史学价值。评价《实地》的史学价值，需要与同时代的《调查》相比较。就内容而言，二者都探讨了湘西苗族的经济生活、婚丧习俗、文化娱乐、政治司法、宗教信仰、语言文字。然而两者之间的区别也十分明显：《调查》第一章探讨苗族族源，第二章提及苗族在贵州、湖南、广西、四川、云南以及越南与缅甸的分布，第三章才论述湘西苗族的位置、山脉、河流、地形、交通等。《实地》则从人口、水陆交通、矿藏物产、洞谷名胜四个角度进行论述。此外，较之《调查》，《实地》增加了历史纪略、诗赋词章和

---

① 王明珂：《历史语言研究所与早期湘西苗族调查——代前言》，载于石启贵编著《民国时期湘西苗族调查实录·椎牛卷（上）》，民族出版社，2009，第29页。
② 石启贵：《湘西苗族实地调查报告》，湖南人民出版社，1986，第672页。

苗疆建设三个部分。

在历史纪略之历年事变中，石启贵收入了乾隆起事、乾嘉起义、道光起事、咸丰起事、光绪起事和四则民国起事。对于革屯运动，石启贵不仅梳理了事件基本过程，而且收入了《永绥县解除屯租诉愿团宣言》《快邮快电》《湘西苗民抗日革屯军前敌总指挥梁德政》以及吴恒良的《苗寻苗钟》部分内容。这些材料与前文提及的苗族时政歌相互印证，是后来者研究湘西革屯的重要资料。

最后，在文学方面，《实地》增加了苗族个人汉语创作。有别于凌纯声《苗族》仅仅对于苗族故事的辑录，石启贵不仅在行文中采用文学形式进行编著，而且收入了本土文人的文学创作即第九章诗赋词章。之所以增加诗赋词章一章，或许是凌纯声等认为苗人所作的诗赋词章太过汉化，石启贵则基于忠实苗族文化实况的考虑而收入之。正如学者反思的那样，凌纯声等关于湘西苗族的调查报告《湘西苗族调查报告》通篇都有"汉化"的论述，但这种论述在那个曾协助他们进行田野考察的苗人石启贵的著作《湘西苗族实地调查报告》中却不见踪影。① 诗赋词章几乎囊括了除小说之外的所有文体：诗（律诗、绝句）、词、歌（民歌、谚语、曲艺、快板、三字歌等）、赋、散文、故事等。

此外还需提及的是，《湘西苗族实地调查报告》行文有如长篇叙事抒情诗，虽然没有贯穿全文的主人公，但设如以苗乡文化为主线，可以在作者优美的遣词造句中畅游苗区。对于全书采用韵文体，石启贵这样解释："苗汉名词，采配押韵之字，落脚仿诗体裁韵脚编著。吟出之声，较为雅听，提起读者之精神兴趣，以便记忆，入口印心。"加之石启贵采用了苗族民间文物收集、实物素描绘图法、逼真的实地摄影等方法，从而使得"读者预查某事，参考某项，一索即得，无他向隅。并摄人物风景影片插图多张，备作参考。当局执政及社会人士，得此一阅，无异于身历苗疆一游"。《调查》强调静态的苗族研究，《实地》则凸显当时苗族地区的民不聊生：经济上的极端贫困、政治上的不平等与教育上的被忽视。

从石启贵的生命履历与著述可知，石启贵虽然短时在外求学与游历，

---

① 张兆和：《从"他者描写"到"自我表述"——民国时期石启贵关于湘西苗族身份的探索与实践》，李菲译，《广西民族大学学报》（哲学社会科学版）2008 年第 5 期。

但一生都没有远离苗区。他的外出经历使他有机会系统地学习并掌握"汉文化"的表述方式，但由于他身为苗族，加之他一直致力于苗族生存境遇的改变，他的著述并非全为学术，更重权利争取。他不仅看重苗族的历史，更着重苗族的当下与未来。在此意义上，他在著作中注重参考文献的引用，更看重实地调查的所得。他较少关注苗汉边界，更关心影响苗族发展的政治地位、经济收入与教育发展。在《实地》中，除了前十一章的文化表述之外，他还在第十二章中就治苗刍议提出了政治、军事、教育、经济、司法、建设、待遇、改良和其他共九项要求，在归纳结论中提出了开导、开诚、开化、开发四个步骤，在整理者附的《湘西苗民文化经济建设方案》并"国大"文件中可以看出他作为苗族知识分子的争取和努力。正如学者评论：石启贵的著作在一定程度上可以视为对于汉苗关系的政治评论，也是为苗人争取政治权利和平等地位的请愿书。①

上述从石启贵参与民族学研究的三个阶段、三种身份分别论述其每一时段的苗族表述特性，将他的苗族表述归结为由诗及史、引诗证史、诗史互动的发展历程。诗歌创作贯穿石启贵的生命历程，为了对其整体的苗族表述作出更为全面的解读，笔者认为应该综合其个人诗歌创作，只有二者互补才可以探究其苗族表述特性。

4. 诗歌创作：诗史特征

石启贵个人诗歌创作共有 44 首，除了《钱塘观潮》由编著者注明为青年时代游学江浙的作品外，大多创作时间模糊，但从内容表现出的辞旧（国民党）迎新（共产党）可以推测这些诗歌多数为中华人民共和国成立后书写。这些诗歌内容丰富，既有对家乡旖旎风光的赞美，如《开荒所里白岩山登临有感》等；又有个人才情的畅意流露，如《钱塘观潮》《端午怀感》等。最为重要的是，他用诗歌书写时代强音，记录了当时湘西苗族的真情实况。笔者将其 44 首诗作按内容大致分为以下三类：对湘西苗族经济政治的介入与关怀（政治关怀 22 首）、对贤明当局的求贤若渴（行政酬答 12 首）以及对自身生命历程的追问与反思（才情书写 10 首）。

"由述而作、诗史互动"的诗史特征同样渗透在石启贵个人诗歌创作

---

① 张兆和：《从"他者描写"到"自我表述"——民国时期石启贵关于湘西苗族身份的探索与实践》，李菲译，《广西民族大学学报》（哲学社会科学版）2008 年第 5 期。

中。石启贵的诗歌书写没有局限在个人的感情抒发方面,而是积极地用诗歌介入生活,为改变民族未来而奔走。如湘西苗区屯田的弊端及苗民对屯田的反抗,石启贵在《抗屯》三部曲即《傅鼐平苗设屯有感》《湘边设屯压迫苗胞有感》《苗民抗屯有感》中皆有提及,在后两首诗歌中,石启贵写道:

兴屯压迫众黎苗,丈七留三生活凋。早出暮归勤有计,男耕女种苦无聊。

丰收入谷心肠快,概运完粮肚里焦。倘遇凶年成欠租,饥荒还着役征徭。

痛迫根深激抗屯,千呼万和动乡村。联盟壮士椎牛马,捕杀伪军似犬豚。

烽火连天惊破胆,流离失所哭丧魂。而今达到翻身日,得保乾坤世业存。

可见,石启贵在诗歌创作中,不仅实录了湘西屯田、均田制度,描写了苗民整年早出晚归却朝不保夕的穷困生活,而且赞誉了苗民抗屯行为。正如评论家所言,这些诗作表现出一代地方诗史。[①]

鉴于已有较多学者论及石启贵作为民族学家的生命史,本书仅关注其以苗族诗辞为媒介争取族群权利。在此过程中,明线为他早年立志民族研究和创办实业振兴苗乡经济,中年著书立说试图构建湘西苗族研究体系和发展教育,晚年参政议政为争取少数民族政治地位而奔走;暗线是石启贵的身份,从乡村的教员、县城的教育干事、省城的教育督导员到国家舞台的国大代表,然而贯穿其中的是他对于苗族政治经济的深切关怀。严格说来,他所有的苗族诗辞创作都是媒介,是为了建构民族平等的桥梁。如其在《实地》中所言,"沟通苗汉、划出隔阂、集中意志,统一行动,促进苗汉自由联合,以期团结,共奋起来。"这样的政治身份必然影响到其苗族诗辞的编著,从而形成诗史性的个性特征。他的经历和思想,使他的诗作在内容上具有强烈的民族感情和时代特色。[②] 综观石启贵的苗族表述,显著特点是以民族学为媒介,以政治为主导,具有明显的诗史特征。在此

---

① 祝注先:《试论历代苗族文人诗歌》,《民族文学研究》1992年第1期。
② 李炳泽:《苗族文学中三个方言区的三种凸出特色》,《民族文学研究》1994年第1期。

意义上，本书提出石启贵的苗学表述特征为"由述而作、诗史互动"。

二 撰写通史、反对同化：梁聚五苗族表述研究

梁聚五于1892出生在丹江（今雷山）西江苗寨。自幼浸染苗族文化，后来举家迁往雷山县城，自小便有各种接触外来文化的机会。随着年龄增长，梁聚五的足迹遍布贵阳、长沙、广州、武汉等地。梁聚五较长时段的苗族实地调查有两次：一次是1936年，他厌倦政治生活回到丹江任贵州省参议员。在出任黔南边区各族青年训练部主任时，他利用这个机会深入八寨（今丹寨）、丹江（今雷山）、都江（今三都）、黎平等地进行实地调查。第二次是1942年，他担任黔南抗工督导委员，深入麻江、炉山、榕江、台江等苗族地区进行调查与政策宣传。

作为当时苗族表述的重要代表人物，梁聚五完成了苗族学者撰写的第一本苗族通史《苗族发展史》。这本专著的重要意义在于第一次完整地叙述了苗族历史，探讨了"族源图腾说"，提出了苗族的"神州土著说"，充满了对历史的反思和借鉴。作为苗族知识分子，他还通过大量的时政评述为苗族争取政治地位，积极推进各民族平等并反对民族同化，下文将详细论述。

1. 完成苗族通史的撰写

梁聚五1947年起稿的《苗夷民族发展史》完成于1949年，1950年铅印，可谓国内苗族学者撰写的第一本苗族史。1982年贵州省民族研究所将之更名为《苗族发展史》，收入《民族研究参考资料》第11集，作为内部研究资料编印；2009年贵州大学出版社将其收入"国际视野中的贵州人类学"丛书，以专著的形式正式出版；2010年香港科技大学华南研究中心将其作为华南研究文献丛刊再次出版。这本专著比伍新福、龙伯亚的《苗族史》[①] 早40多年，其重要价值值得认真梳理，具体表现在以下四个方面。

首先，梳理了苗族通史。《苗族发展史》分四篇共14章56节20多万字。《苗族发展史》的结构有如音乐中的复调表现手法：在绪论部分从族源、历代称呼与发展区域、反思当时的苗族地位等方面简短地梳理了苗族的历时发展；后文从时间断代和迁徙地点结合的角度，清晰地梳理了苗族通史的脉络，具体如表4-4所示。

[①] 伍新福、龙伯亚：《苗族史》，四川民族出版社，1992。

表4-4 《苗族发展史》对于苗族历史与迁徙之地的梳理

篇目	迁徙地点	朝代	具体分期				时间断代
第一篇	苗族由黄河流域发展到长江流域	夏禹前	夏禹前				公元前2797年至2205年
第二篇	苗族由长江流域发展到澧水、沅水、乌江、柳江、澜沧江、金沙江等流域	殷周迄唐宋	殷商与西周	春秋战国前后	秦汉以来	唐宋时代	公元前1766年至公元1126年
第三篇	苗族由澧水、沅水、乌江、柳江、澜沧江、金沙江等流域发展到伊洛瓦底江、萨尔温江、湄公河等流域	元明清迄民国	元代		明代	清代迄民国	公元1280年至1949年

从表4-4可知，《苗族发展史》资料翔实，断代清晰，第一次将苗族历史完整地叙述出来。苗族在夏禹以前称九黎三苗，殷周时称荆蛮，秦汉时称百越，唐时称南诏、大理，元明清迄民国，则发展为不少支族，称蛮、荆。① 较之于王桐龄的历代苗族发展表，梁聚五的叙述呈现完整的线性发展，没有断裂。中华人民共和国成立后出版的《苗族史》《苗族简史》《中国苗族通史》等几部较有影响的苗族简史或苗族通史，几乎都沿用《苗族发展史》的时代划分，足见其观点科学、影响深远。此外，《苗族发展史》具有鲜明的民族特点：一是将苗族的时代分期与迁徙之地紧密联系，凸显了苗族"千年计时、万里计程"的民族特性；二是揭示了苗族历史与战争息息相关，一部苗族发展史基本上可以说是苗族应对历代王朝的征战和讨伐史，这与历史上统治者将苗族视为异族，对苗族或征伐或羁縻有关。

其次，探讨"族源图腾说"。作为苗族地区成长起来的知识分子，梁聚五的许多表述都在反思与批判他者表述的错误与遮蔽。他批判过去许多册籍：他们把贵州边民看成不进化的人种，甚至等于禽兽。所以描写边民的衣食住行是怎样的野蛮、怎样的粗鄙，不能与内地人民相提并论。② 正因如此，他者表述多数先从族源的角度将苗族的祖先推至各种动物或野兽。

---

① 梁聚五：《苗族发展史》，贵州大学出版社，2009，第16页。
② 张兆和、李廷贵主编《梁聚五文集 民族·民主·政论》（上册），香港科技大学华南研究中心，2010，第472页。

在《苗族发展史》中，梁聚五列举了他者污蔑性的"盘瓠说""蛇种说""猫头说""竹儿说""变婆说"等，这种批判非常具有针对性。进入现代时期，民族学家凌纯声等所著的《湘西苗族调查报告》中同样还沿用"竹王说"。凌纯声提出自己在湘西调查时所记苗族自称为Go55·xong31，与《苗防备览》所记音义相同，然后又依据《华阳国志·南中志》《后汉书》之《西南夷》《泸溪县志》《永绥厅志》，试图解释红苗自称。虽然其结论为"因材料不足，殊不敢自信"，但将东部苗族族源推导至"竹王说"显然是荒谬的。

关于"族源图腾说"，梁聚五提出，在远古之时，每一个民族或种族都有崇拜的某种动物或植物，这就是图腾的来源。图腾起初只是族徽标志，并无贵贱之分。就比如"盘古"与"盘瓠"，原本就是一物多名。在传说中，苗汉皆提到他开天辟地。后来的相关表述则认为盘古是汉族的神祖先，盘瓠是苗瑶的狗祖先。针对于此，梁聚五从生物进化论的角度给予了尖锐批驳，驳斥动植物进化为苗族祖先之说的荒谬与恶劣：

> 一个狗，或一条蛇，偶然和人媾精，或沾上一点人的灵气，便可能变成了人。这种传说要是出诸蒙昧前人的口里，或者见于野史稗官的册籍，我们虽不相信，也得替他们原谅！如其站在二十世纪的今天，科学正在昌明，还要故弄玄虚，搬出一些不可靠的见证，来戕贼青年的身心，致引起民族间的误会，是千万不应该的。①

再次，确定"神州土著说"。梁聚五提出苗族为神州土著，具有重要的突破意义。鸟居龙藏曾提及：当汉族未入中国以前，中国之中部及南部，本为苗族所居。② 萨维纳也提出：远古时期，中国就生活着一个我们今天已经遗忘了其根源的人群。③ 前者从七种中国古文献中寻找苗族土著说的论据，后者则仅限于表述，没有展开论证。凌纯声在《湘西苗族调查报告》第一章中探讨了苗族的族源，提出古代的三苗非今日之苗、古代的九黎为今日之黎、古代之蛮为今之瑶人与畲人，推导出今日之苗为古代之髳，为

---

① 梁聚五：《苗族发展史》，贵州大学出版社，2009，第7页。
② 鸟居龙藏：《苗族调查报告》，国立编译馆译，贵州大学出版社，2009，序言第3页。
③ 萨维纳：《苗族史》，立人等译，贵州大学出版社，2009，序言第1页。

苗族推导出一个缥缈难寻的族源。在《湘西苗族实地调查报告》之《历史纪略》中，石启贵从苗汉由来之实证，苗语苗歌之实证，华苗名称之实证，医药、干支之实证，姓名同一之实证及宗教习俗之实证这六个角度证明了苗汉同源，没有就苗族族源进行单独分析。

梁聚五提出苗族的"神州土著说"有理有据。他驳斥了"盘瓠图腾说"的荒谬，质疑用"铜鼓来源说"作为支撑的"交趾支那说"，提出翦伯赞的"南太平洋系说"虽然有考古学的支撑，但苗族的迁徙路线是由北而南，完全没有由南而北的迹象。他提出的"神州土著说"观点批判地吸收了夏曾佑的论述，引用了王桐龄的"苗族兄长说"。

梁聚五的苗族"神州土著说"高度定性了苗族的原住民地位，有力地批判了"五族共和"的片面和不足。承接于此，梁聚五从汉文古文典籍中提出蚩尤为苗族的祖先，并认为不能以战争成败论英雄，否定蚩尤的功绩。虽然在与黄帝的战争中失败了，但蚩尤发明了刑法、宗教与武器，故而从中华文明史的角度同样算得上大英雄，后来的研究者不能因为族别不同就以大民族主义狭隘地污蔑：

> 我们叙述苗夷民族的发展史，要扫除狭隘的民族意识，争取互助的共同生存……不要因为我属苗夷民族，我只知崇拜蚩尤；你属华夏民族，你只知崇拜黄帝、尧、舜、禹。甚至崇拜这一人，而侮辱那一人。制造民族与民族间的隔膜，以妨害大家的进步与发展，便失了读历史的意义。①

最后，充满了历史的反思智慧。在《苗族发展史》中，梁聚五于只言片语中表现出深刻的洞察力。比如他列举了大元帝国的生活等级即一官二吏三僧四道五医六工七猎八农九儒十丐，他分析之所以把官吏前置是因为可以巩固集权主义，之所以把读书人和乞丐放在最末端是因为要阻止他们议论国家之事。最后他睿智地指出："古今来，凡是讲集权、讲独裁、讲军事第一的，他们都特别注意这一点。"②

比如，提到殷纣王的"酒肉池林""长歌漫舞"，他冷静地概括道：

---

① 梁聚五：《苗族发展史》，贵州大学出版社，2009，第53页。
② 张兆和、李廷贵主编《梁聚五文集　民族·民主·政论》（上册），香港科技大学华南研究中心，2010，第156页。

"只顾自己淫乐,不管人民死活的统治者,是不会长久的。"① 又如,针对历代封建王朝对待少数民族的政策,他提出:中国历代帝王对边疆民族尤其是西南的苗夷往往采取两种政策,即镇压与羁縻也。② 再如,对苗族地区的改土归流,不少学者赞同其积极的推进作用,从而肯定其合理性和进步性。对"熟苗"而言,改土归流固然在一定程度上加快了苗族的近代化进程;然而对"生苗"而言,整个过程十分残酷和血腥。正是因为自幼生长于苗族地区,深刻地意识到改土归流的残酷性,梁聚五将改土归流精辟地总结为:

> 改土归流之役,废除土司,改设流官,在表面上看来,好像是一个政治进步的改革。但其内容,恰恰与此相反。名为改土,实际使土司制度合法化,加强了他们的权力。设置流官,更使苗夷各族增加了一重负担,是没有丝毫好处的。这就是苗夷各族因改土归流而引起的战争。③

梁聚五一直是以"士"为己任,他积极为民呼吁、为民请命,他在《参议员不应做政府官吏的尾巴》明确提到参议员与其结纳官吏,不如爱好人民;与其做少数官吏政府的尾巴,不如做广大群众的喉舌。④《苗族发展史》中提及朱元璋对待才智之士即身边大臣的"跪对"、"膝行"与"廷杖"的百般凌辱,而这些才智之士不以为耻,有时反而讲述自己承受廷杖的光荣。梁聚五尖锐地指出,这种行为不仅暴露出这些臣子的卑鄙龌龊,而且也纵容了当政者的胡作非为:古往今来,多少帝王不把人民当作人,而任意剥削屠杀,大抵是这些所谓才智之士捧出来的。⑤

《苗族发展史》的重要意义不仅仅在于上述提及的学术价值的四大贡献,更在于其政治价值。正如学者评论:

> 梁聚五无疑想通过历史书写来彰显苗族是中华民族中一个具有悠

---

① 张兆和、李廷贵主编《梁聚五文集 民族·民主·政论》(上册),香港科技大学华南研究中心,2010,第28页。
② 梁聚五:《苗族发展史》,贵州大学出版社,2009,第219页。
③ 张兆和、李廷贵主编《梁聚五文集 民族·民主·政论》(上册),香港科技大学华南研究中心,2010,第206页。
④ 梁聚五:《参议员不应做政府官吏的尾巴》,载于张兆和、李廷贵主编《梁聚五文集 民族·民主·政论》(下册),香港科技大学华南研究中心,2010,第86页。
⑤ 梁聚五:《苗族发展史》,贵州大学出版社,2009,第178页。

久历史的成员，达到建构"我群"认同的目的，更重要的是向"他者"，特别是掌控国家话语的人们表达这样的诉求：苗族在这个国家形成的过程中有贡献，乃至在推翻清朝统治建立民国政府中有突出的贡献，并以此应该获得承认和基本权利。①

2. 积极推进各民族平等

台湾中研院张灏将梁聚五对于民族之间的关系的表述概括为民族的民主。民族的民主之主旨即民族平等。梁聚五的苗族表述除了完成《苗族发展史》的撰写之外，还撰写了大量的民族研究论文、民族政治评论、民主政治评论与时事评论。梁聚五的这些表述不局限于苗族文化，他还研究了水族、侗族等二十多个少数民族。梁聚五的这类文章，表述逻辑一般都是先反思国外宣教师、洋八股和国内典型汉奸对各少数民族的歪曲表达，然后具体论述各民族的分布、衣食住行、婚嫁丧葬等民族文化，最后提出需要提高各民族政治、经济、文化的地位，奖励相互通婚。

比如在《黔南各民族生活剪影》中，梁聚五先梳理了黔南各民族的分布情形，探讨各民族的衣食住行，简介各民族婚嫁丧葬的礼俗，提及各民族分布、民族与习尚，还记录了一部分各县借贷、分租与混养牲畜的情况和各县工资与地价。在《各民族季节、民族与习尚》中，他概括性地提出苗、瑶、侗、壮、水各族有许多共通点：好家居，世业农，富保守性；喜渔猎；酷嗜牛马鸟雀斗；二月或六月子午日，青春男女喜作爬山比赛；有赶歌场之俗；恋爱方式有"行歌坐月"等。②

反思历代表述的遮蔽，梁聚五提出要在实地调查的基础上研究少数民族文化，这也是《边地地理讲话》的表述共性。不同于前者将比较对象仅限于贵州黔南，梁聚五在《边地地理讲话》中将调查少数民族的视野拓展至国内甚至国际的东南亚一带。《边地地理讲话》以不同民族的区域、地势、山脉、河流、物产、交通、民族、文化、生活习惯为线索，梳理了多个少数民族，虽然内容简短，但表述中肯。较之于同时代大量少数民族调查报告或研究性论文，这篇文章的精彩之处在于结语部分。在结语部分，

---

① 杨正文：《理想与超越：作为公共知识分子的梁聚五先生》，载于石朝江编《理想与超越：〈梁聚五文集〉暨苗族文化保护与传承研讨会论文集》，贵州民族出版社，2013，第49页。
② 张兆和、李廷贵主编《梁聚五文集 民族·民主·政论》（上册），香港科技大学华南研究中心，2010，第428页。

他先概述了边地民族文化的个性与共性,然后根据孙中山"国内各民族一律平等"的最高原则,提出下列几项意见,作为边地概况的结语:

> 一、我们要以公正立场,客观态度,对边地切实调查,务期得到真情实况……要虚心采纳他们的优点,搬到内地来推行。要如此,才能发生"共同进化"的作用。不能武断地说:"我们一切都是好的,你一切都是坏的。你跟我来,把你的固有一切都丢掉吧。"二、要健全边地行政机构,强化行政效率;三、我们要实行,国父孙中山先生"建筑铁路十万英里"的计划;四、要建立边地国防。①

"共同进化"作为核心关键词,充分证实了梁聚五毕生追求的目标即民族平等。其实早在1939年,他在榕江担任参议员,任教于黔南边区各族青年训练班时,就撰写了对联"满汉蒙回藏,亲如兄弟;苗瑶壮侗水,本是一家",表现出对各民族一律平等、共同进步的积极探索。梁聚五的这种民族平等思想是在反思历代封建王朝对待苗族的粗暴态度基础上形成的,他在《苗族发展史》中就大小金川之战做了深刻反思:

> (乾隆)四十一年,金川平。金川算是平了,而清廷以如此悠久的岁月,用尽七八万人马,消费七千余万两白银,仅收到三万穷户、千里崖疆,实在不值!然而清廷必须穷兵黩武者,一层因为要满足统治者——皇帝个人的私欲;另一层,就是因袭历代王朝歧视藏苗夷各民族的传统观念。②

可见,正是意识到民族歧视导致的冲突以及战争对两个民族之间摧毁性的伤害,他提出了民族平等的重要性:

> 这一人一家的天下,不一定是自己民族希望的国家,更不是别的民族希望的国家。因此,你杀我,我杀你,你干不好我来,我干不好他来。中国四千多年的历史,大抵是如此这般导演的……不过我们所

---

① 张兆和、李廷贵主编《梁聚五文集 民族·民主·政论》(上册),香港科技大学华南研究中心,2010,第515—516页。
② 张兆和、李廷贵主编《梁聚五文集 民族·民主·政论》(上册),香港科技大学华南研究中心,2010,第218页。

要建立的国家，不是一人一家的天下，而是中国各民族共有的国家。①

3. 明确反对民族同化

梁聚五是当时身体力行地反对民族同化的苗族学者，他反对民族同化，既有理论上的支撑，又有实践性的案例。其实，积极推进各民族的平等和明确反对民族同化犹如硬币的正反面，因为只有各民族取得了真正意义上的平等，各民族的文化才能获得良性传承，不被他者粗暴地以进化的理由消灭或取代；反对民族同化的实质也是肯定各民族相互平等，肯定各民族文化的存在价值，认识到每一种文化的合理性，不能以狭隘的民族主义推行文化同化。反对民族同化是梁聚五与当时国内一部分学者动辄以汉化的标准要求边地民族，积极为当局的民族同化或新生活运动充当吹鼓手的最大区别。具体而言，梁聚五反对民族同化的主张可以从两个角度加以论述。

一方面，他肯定少数民族文化具有合理性，提出良性的文化改进是在比较中扬长避短：要采取边民礼俗的优点，去补充内地礼俗的缺点，或发扬内地礼俗的优点，以改进边地礼俗的缺点。使汉回苗夷各民族，都得到一个合理的进步。这进步，可以走到"国内各民族一律平等"。②

可见，梁聚五提及的改进是在批判基础上的双向改进。正因如此，他对杨森推行的新生活运动给予了最为愤慨的揭露：

> 最可耻的如杨森等，捧着蒋氏意旨，执掌贵州政权，对于苗族，特别施以镇压。即"苗"字，亦不准提及，而以"边胞"两字来替代。从杨森等所组织的"贵州边胞文化研究会"看来，便是事实。他们的目的，在迫使苗族同化于汉族，以消灭其语言文字服装，及一切生活习惯。③

另一方面，梁聚五提出，反对民族同化的首要理念是反对大汉族心态。同时代的民族学者王兴瑞以自己在海南参与的田野调查婚礼仪式为

---

① 梁聚五：《苗族发展史》，贵州大学出版社，2009，第38页。
② 张兆和、李廷贵主编《梁聚五文集 民族·民主·政论》（上册），香港科技大学华南研究中心，2010，第472页。
③ 张兆和、李廷贵主编《梁聚五文集 民族·民主·政论》（上册），香港科技大学华南研究中心，2010，第257页。

例，记录了一位黎族女孩仿效汉族的"哭嫁"习俗犹如东施效颦。王兴瑞以其田野经验反思在少数民族中强行推行汉化的弊端：

> 一种文化价值高低，是不能用文明和野蛮来做估计的标准的，有许多野蛮民族中的风俗习惯，其合理和优美，远非所谓文明人所能企及，黎汉两族婚礼的比较，便是一个好例。因此，一个民族要接受别个民族的文化，或者好意地想去同化别个落后的种族，而于选择之间，是不可不审慎留意的。①

梁聚五撰写的大量文章贯穿着这样的批判和反思，他在文章中提出：

> 可是还是有些怀着狭隘民族主义的人，在那里高唱着"尊王攘夷"，或"内中夏而外夷狄"的老调，轻视并歧视别的民族，尤其是苗夷民族。对于构成苗夷民族结合的要素——血统语言宗教和生活习惯，随时加以侮蔑，甚至主张同化或消灭。②

梁聚五的呼吁与洞察在当时是十分难得的。正是在比较和思考中，梁聚五意识到民族平等和反对同化的紧密联系，同时他亦敏锐地意识到推进民族平等、反对同化与"多族共和"的政治体系息息相关。一个民族只有获得政治上的认可，才可能有争取民族平等的机会；只有在平等的民族关系中，才可能达成各民族文化上的美美与共。

梁聚五的著述和观点之所以能具有较高的学术价值，与其著述目的、著述视野、著述材料息息相关。

先就著述目的而言，梁聚五想书写一部完整的苗族史。梁聚五于1892年出生在贵州黔东南丹江（今雷山），1913年后进入贵阳学习，随后前往长沙、成都、广州、湖北、湖南、南京等地学习与工作。正是由于出生、成长于苗族地区，他与苗族人民一起感受到历代封建王朝对于苗族的残暴和不公；当他走出苗区，奔走于国内各种文化激荡之地，他开始思考苗族在整个中国历史上的地位与贡献，痛心疾首于当时"五族共和"缺少苗族参与的现状。尽管他的身份是军人与参议员等，但他认为自己有义务去完整、

---

① 王兴瑞：《考察海南岛黎苗民族日记》，载于贵州省民族研究所编《民国年间苗族论文集》，1983，第361页。
② 梁聚五：《苗族发展史》，贵州大学出版社，2009，第39页。

客观地完成苗族通史的书写。正如他在《苗族发展史》导论部分写道：

> 苗夷民族，是有历史的民族……可是许多历史学人，尤其是为着中国历代统治王朝写家谱的历史学人，往往忽略了苗夷民族，不肯把他们的历史写上。即令写了一些，大抵是歪曲的、片面的，甚至无端加以歧视和侮辱。①

再就著述视野而言，梁聚五认为需要突破狭窄的中国苗族论，将研究眼光拓展到整个东南、西南各省区甚至要扩展到越南、缅甸、暹罗一带。毕竟以狭隘的民族主义认定苗族是衰退、落后的民族而忽略苗族古代的文明或当前的进步都是偏见。②换言之，也许在国内，苗族暂时处于较差的经济境况，但这与民族迁徙导致的地理闭塞息息相关。较之于苗族在其他东南亚国家良好的发展趋势，怎么就能断定苗族是一个劣等的民族呢？

最后，就著述材料而言，在材料的获得上，梁聚五大量吸收了古今中外的论述，在书中引用了一百多位学者的书籍和各种地方志资料。在《苗族发展史》中，梁聚五引用了三十多种中国古典文献，还大量吸收了中国近代史的研究成果。正如学者评论：

> 梁聚五的历史研究并非单是为了构建苗夷身份认同本身，而是要阐述在整个中国民族史上，这些苗夷民族的贡献和应有的地位，从而将他们置于当代的中国国家体制中。因此，关于苗夷民族在各朝代中与国家的互动交往的汉文文献变得十分需要。③

诚然，由于强烈的政治平等诉求，《苗族发展史》也存在不足之处，具体可以概述为以下三点。第一，他在苗族史历时的时间断代上太过精确。梁聚五将苗族夏禹前的历史断代为公元前2797年至2205年，将殷周迄唐宋的历史断代为公元前1766年至公元1126年。事实上，因为无字，苗族的历史多数依靠口传歌谣与故事，这样精确的时间划分显然难以让人信服。第二，在民族的分类上较为含混。这部著作所论及的苗夷民族并不

---

① 梁聚五：《苗族发展史》，贵州大学出版社，2009，原版序言第1页。
② 梁聚五：《苗族发展史》，贵州大学出版社，2009，第5页。
③ 张兆和：《梁聚五关于苗族身份认同的书写——近代中国边缘族群以汉语文表述我族认同的个案研究》，载于石朝江编《理想与超越：〈梁聚五文集〉暨苗族文化保护与传承研讨会论文集》，贵州民族出版社，2013，第196—197页。

能等同于中华人民共和国成立之后的苗族,将苗夷民族等同于整个西南少数民族,也不免以点代面。第三,由于《苗族发展史》更多地想凸显苗族的战斗史和反抗史,它对苗族的歌谣、宗教、风俗、节庆等没有展开详细讨论。同时在材料的引用上,较少吸收苗族口传经典叙事如苗族古歌的储存功能以及苗族时政歌的记史特征等,撰写苗族发展史却几乎完全依靠汉语文献资料。这些都是《苗族发展史》需要反思的地方,然而梁聚五作为这一时段苗族表述的重要代表,《苗族发展史》作为这一时期苗族表述的重要文本,其意义仍然非同寻常。

三 重视口述、心怀悲悯:杨汉先苗族表述研究

张兆和以"自我表述"为关键词,逐一梳理了当时苗族表述的三大代表人物即东部苗族之石启贵、中部苗族之梁聚五以及西部苗族之杨汉先。在阐述杨汉先著述的意义时,张兆和提出:杨汉先根据土著口述历史和文化习俗来重新界定苗族身份认同,使他的著作有别于汉族学界的民族学传统,成为当时相对权威的关于族群身份认同的一种另类表述。①下文先简略梳理杨汉先的学术生平与著述,再介绍其科学的研究方法如重视口述、多元互证,然后举例论证其驳斥权威,最后阐述他反对同化并心怀悲悯。

(一) 学术生平与著述

杨汉先作为当时苗族最为优秀的学者之一,自1933年进入华西大学社会学系学习之后,陆续进行了大量的田野调查。他最早的一次调查始于1937年,和杨忠德到川南苗族地区做调查,成果为1938年初的毕业论文《川南八十家苗民人口调查》。毕业后,他陆续在不同的科研机构工作,按照时间顺序大概梳理如下。1940年2月,他被大夏大学社会研究部录用,其后重点研究贵州省威宁大花苗,发表《威宁花苗歌乐杂谈》等三篇文章,收入《贵州苗夷社会研究》。1942年8月,他调到四川省博物馆工作,1943年秋,他被派到滇黔进行民族考察。1946年5月,他受聘进入贵州大学文科研究所工作。在该所工作期间,他曾与德

---

① 张兆和:《黔西苗族身份的汉文书写与近代中国的族群认同——杨汉先的个案研究》,《西南民族大学学报》(人文社科版)2010年第3期。

国籍民族学家鲍克兰女士[①]一道，多次前往安顺、黔西等地从事实地调查。1947年，他独自去大定、黔西和赫章等地做补充调查，其成果为1948年的《黔西苗族调查报告》。1949年1月，杨汉先受贵州大学委派，与美国籍学者李桂英一起到龙里一带做苗族调查。

可见，自1937年至1949年12年间，杨汉先的足迹遍布川、黔、滇，他的著述多数是基于实地调查。由于1937年至1948年是他调查与著述的重要时期，故而本书将他的调查时间、调查区域与调查成果总结为表4-5。

表4-5 杨汉先苗族表述著述目录

时间	区域	篇目	收入情况
1937年	川黔滇	苗族述略	原载于贵州民族研究所编《民国年间苗族论文集》，1983年
1938年	川南	川南八十家苗民人口调查	《民族学论文集》第一辑，文通书局，1940年
1940年	威宁	威宁花苗歌乐杂谈、大花苗歌谣种类、大花苗名称来源	皆发表于《贵州苗夷社会研究》
1941年	威宁	大花苗移入乌撒传说考	原载于贵州民族研究所编《民国年间苗族论文集》，1983年
1943年	滇黔	大花苗的氏族	原载于《金陵齐鲁华西三大学中国文化研究汇刊》（第三卷），1943年，第387—396页
1943年	滇黔	乌蛮统治阶级的内婚及其没落	《边政公论》1943年第11、12期
		大花苗妇女的经济地位与婚姻	《华文月刊》1943年第2期
1946年		论解决苗夷问题	《边铎月刊》1946年第9期
1946—1948年	黔西	黔西苗族调查报告	载于杨万选等《贵州苗族考》
		读边政公论边疆自治与文化后	《边铎月刊》1948年第2期
		威宁苗族的婚姻和家庭情况	此文系以存世刻印稿印，时间不详

从《杨汉先文集》可知，在杨汉先所著的16篇文章中，有13篇创作于1937—1948年，这一时段是杨汉先苗学研究的重要时期，发表于中华人民共和国成立后的文章只有《基督教在滇、黔、川交境一带苗族地区史略》《基督教循道公会在威宁苗族地区传教始末》《回顾我的历程》3篇。从杨汉先

[①] 龙基成在《社会变迁、基督教与中国苗族知识分子——苗族学者杨汉先传略》提及，鲍克兰1950年初离开中国后在海外发表的《贵州大花苗》（1954）、《云南大花苗的一个村庄》（1954）等多篇论文以实地调查研究为基础，在很大程度上曾得力于杨汉先的协助。

的履历可知，1950年他作为少数民族知识分子进入政府机构，更多地将重心放在社会主义建设工作中。

（二）重视口述，多元互证

无字民族的文化研究如何着手？杨汉先摸索出一套行之有效的研究方法——重视口述，多元互证。

1. 重视口述

杨汉先曾在论文中提及：有文字之后，就用文字把历史记录下来传给后代，这是人所共知的。但有文字之前，历史是怎样传给后代的呢？那只有口述、耳闻和头脑记的方法了。[①]

首先是重视口述史。在实地调查中，杨汉先进行了大量口述史料搜集。据《大花苗移入乌撒传说考》前言叙述：1938年冬，杨汉先在黔养病，每于夜中邀苗老及能歌者10余人长谈。随后，杨汉先将自己在威宁搜集到相似文本的四个不同的口述资料版本进行对比。

从《黔西苗族调查报告》可以看出他对口述资料的高度重视。就表述逻辑而言，他先从绪论之地理环境、古代地理与民族简单梳理了黔西苗族，随后在调查资料中逐一梳理了坝苗、水西苗、牛角苗、白苗、长角苗、箐苗、大花苗、平坝青苗、安顺青苗、补龙苗、盘头青苗、郎岱青苗及黑苗共13种苗族分支，随后是比较研究，最后是结论提要。

具体到每一支系的苗族表述，杨汉先基本上从名称、民族混合情形、分布区域、历史传说、丧葬五个部分具体探讨。在讨论到名称时，杨汉先全部引入每一支系的苗语主位自称，在历史传说部分，除了箐苗之外，其余各个支系皆用口述资料阐释每一支系的迁徙概况。在丧葬部分，他重点记录了坝苗、水西苗、安顺青苗的丧葬开路古歌。在此基础上，他得出结论：明清两代为黔西诸苗分化与移徙之极盛时期，苗族传说中 jiang zlu 为苗族英雄之观点言之有据。

其次是重视诗歌与故事。苗族的诗歌和故事经常可以相互印证，正如同时代学者林名均所言：川苗的故事与歌谣不大分得开，可以说是故事的歌谣化、歌谣的故事化。杨汉先高度重视诗歌与传说，他对诗歌与故事的

[①] 杨汉先：《贵州省威宁苗族古史传说》，载于李文汉主编《杨汉先文集》，云南民族出版社，2016，第22页。

搜集和研究贯穿在其整个苗族调查中。从搜集而言，他在《黔西苗族调查报告》中搜集了三则较为完整的苗族丧葬古歌。此外，吴泽霖著《苗族中祖先来历的传说》所引用的《洪水滔天歌》也是杨汉先所译。从研究而言，他先后在《威宁花苗歌乐杂谈》《大花苗歌谣种类》《苗族述略》中探讨了苗族歌谣的分类、苗族歌谣的演唱特征及演唱场合等。

事实上，搜集和研究只是手段，杨汉先的目的是通过诗歌与传说了解苗族历史。他提出，诗歌与故事虽是艺术，但也是研究民族历史很重要的部分。从研究意义而言，他提出诗歌与故事是研究民族文化的重要媒介：我们研究苗族诗歌与故事，有两方面的价值，一方面可以得知他们的民族性，另一方面可以探索他们的历史线索。①

对比共时的苗族表述，鸟居龙藏在《苗族调查报告》中强调文献记载与田野调查相结合的研究方法。② 在《湘西苗族调查报告》中，凌纯声等人在对湘西苗族的调查过程中特别强调调查的细致性、深入性，表现出了对以细致著称的法国式田野调查法的偏爱，讲求不厌其烦的细致调查。③ 再参照同时代的其他民族志如《松花江下游的赫哲族》及《云南民族调查报告》等，杨汉先在同时代苗族表述中非常强调口述资料的重要性和不可替代性。张兆和提出，如果对比杨汉先与鲍克兰关于文献资料的处理方式，可以看出杨汉先几乎全盘否定汉文文献，转而采用口头传统和他自己观察所得到的民族志资料，来建构各地方苗族群体的共同祖先，并根据土著群体的称谓来区分各个支系。④

杨汉先对于口述资料并非完全盲从，而是有所批判和反思。他曾言及，口述较之文字当然有失落部分和顺序颠倒，甚至还会传错事实，但历史的基本实情还是能保存下来。⑤ 正是由于重视口述资料并反思口述资料的不足，杨汉先探索出了研究无字民族文化的另一种重要方式即多元互证。

2. 多元互证

除了研究口述资料，杨汉先还提到研究少数民族文化需要研究其语

---

① 杨汉先：《苗族述略》，载于李文汉主编《杨汉先文集》，云南民族出版社，2016，第15页。
② 杨志强、罗婷：《20世纪初鸟居龙藏在中国西南地区的人类学调查及其影响》，《民族研究》2016年第6期。
③ 凌纯声、芮逸夫：《湘西苗族调查报告》，民族出版社，2003，《导言》第6页。
④ 张兆和：《黔西苗族身份的汉文书写与近代中国的族群认同——杨汉先的个案研究》，《西南民族大学学报》（人文社科版）2010年第3期。
⑤ 杨汉先：《贵州省威宁苗族古史传说》，载于李文汉主编《杨汉先文集》，云南民族出版社，2016，第22页。

言、体质、艺术与民俗。他在《苗族述略》中明确提及：要研究一个民族，除了语言、体质等外，还要研究他们的艺术与民俗。①

就体质研究而言，早在1937年，杨汉先就利用暑假进入川南搜集材料。在《川南八十家苗民人口调查》中，他先在导言部分指出当时人口研究尤其是人口结构研究的匮乏，然后分析研究边民的四个阻碍即语言问题、风习问题、地理问题以及社会组织问题，随后他为川南高珙筠三县交界的80户苗民设计了7个问题共19张表格，具体参见表4-6。

表4-6 《川南八十家苗民人口调查》设计问题及表格目录

设计问题	表格目录
家庭的大小	80家家庭人口之大小
家庭人口的亲属关系	80家家庭人口之关系
人口的性比例	80家按五年组男女人数分配及其性比例
人口的年龄	80家各年龄之人数及其百分比
	80家按年龄组及家长年龄之比较
	80家按五年组人数之分配
	按年龄组80户人口与瑞典标准人口分配之比较
	80家人口与sundbarg三类人口分配之比较
婚姻状况	80家人口男女已婚及未婚之比较
	80家人口按各年龄已婚及未婚之男女人数比较
	80家人口按年龄组已婚及未婚之人数及其百分比
	80家已婚者之婚嫁次数
	54对苗民夫妇初婚年龄分组表
	80家54对夫妇初次结婚时的年龄
	54对苗人夫妇在初婚时年龄的差数
	80个家主鳏寡未婚及纳妾人数之比较
生产死亡及婚嫁率	80家苗民最近两年生产死亡及婚姻状况
	80家苗民其生产率死亡率增加率及婚率与其他各地之比较
其他	80家苗民姓氏之比较

因为以人口结构为研究对象，杨汉先在《川南八十家苗民人口调查》中展开了内容全面、数据翔实的调查，可以视为了解当时苗族人口情况的

---

① 杨汉先：《苗族述略》，载于贵州省民族研究所编《民国年间苗族论文集》，1983，第13页。

重要参照。

就服饰研究而言，苗族服饰曾被誉为穿在身上的史诗，其沉淀的历史价值与文化价值需要认真梳理。早在调查初期，杨汉先就清晰地意识到苗族服饰研究的重要性：

> 欲研究苗族的文化、欲研究苗族的社会制度、欲研究苗族的族源、欲研究苗族的性格等等，服装的研究，就是其中一条路径，也就是一个极重要的工作，因为苗族的不少文化，都与艺术有关，而服饰乃是艺术之一，所以欲知道苗族过去的一切，必须研究他们的艺术，可从服饰着手。[1]

就民俗研究而言，杨汉先高度重视丧葬研究。作为本民族文化学者，凭借对苗语的娴熟，杨汉先敏锐地意识到丧葬习俗研究对苗族文化研究的重要性：各苗族人死后葬俗中开路时所述之开路语中，往往透露出苗族一部分史事。[2] 正是基于对丧葬习俗的重视，杨汉先是当时对苗族丧葬习俗记录个案最多、记录流程最为完整的学者。对于苗族丧葬文化的研究，杨汉先的贡献有两点。第一，他在《黔西苗族调查报告》中详细记录了坝苗、水西苗、安顺青苗的丧葬文化，并记录了三则开路古歌。通过对这些开路古歌的主干人物与母题叙事的梳理，杨汉先在当时就提出了西部 jiang zlu 文化圈[3]之说。他根据《遵义府志》提出黔西苗族所述之杨六非史传之杨六郎，又根据苗族口述认为杨六功绩为创笙、创跳花等，提出此俗与僳僳族无关，其结论为黔西苗族所述杨六为苗族英雄可信也。第二，杨汉先提到苗族传统葬俗横埋。大花苗传统埋葬以山脉定方向，必向东，大定木梳苗也有这种葬俗。杨汉先还解释横埋的理由是苗族认为自己的祖先来自东方，去世之后的灵魂必须回到东方与祖魂团聚。

综上，杨汉先从口述、诗歌、体质、服饰与民俗等多角度研究苗族文化的合理性，下文以两个个案阐释其多元互证的科学性。

互证案例一：苗族迁徙路线之推测

对苗族迁徙路线之推测，最有利的证据是关于黔西各个苗族支系的传

---

[1] 杨汉先：《苗族述略》，载于李文汉主编《杨汉先文集》，云南民族出版社，2016，第8页。
[2] 杨汉先：《黔西苗族调查报告》，载于李文汉主编《杨汉先文集》，云南民族出版社，2016，第164—165页。
[3] 比当下出版的《亚鲁王》提前了近80年。

说。根据黔西苗族典型的13种传说，苗族来自川南之说的比例达61.4%，故杨汉先作出结论，如此大量数字并非偶然。除此之外，他提出了六个证据。樊绰在《蛮书·南蛮疆界接联国名第十》提及"黔、泾、巴、夏四邑苗众"，杨汉先认为以上四地除夏为川西之外，其余皆川南。故唐时川南或必多苗族，进而论证黔西苗族来自川南、黔北，此证一。根据叙永郑家沟白苗口述史和云南威信后山白苗家谱的记载，此证二。根据威宁大花苗及大定白苗谓昔年移来遇诺①，从其曾居住诺地推测，所指必在川南、黔北，此证三。根据毕节苗谚提及"吾祖足踏黑羊箐，手把峨眉山"，峨眉山之说必有因，可推测其来自川南、黔北，此证四。根据《叙州府志》《长宁县志》《贵州通志》《安顺府志》《大定县志》等皆有记载黔北苗叛，足以证明以前川南、黔北苗人众多，是则苗人早年居于川南、黔北，然后迁徙至黔西，此证五。根据萨维纳所得东京苗之传说与坝苗、牛角苗传说类似，故黔西之苗由川南、黔北移入更为可靠，此证六。②

互证案例二：大花苗移徙史

在《大花苗移入乌撒传说考》中，杨汉先先后访谈数十人，并记录了四则口述资料。随后，他在论证时提及，除了口述，还有两个较为重要的旁证资料：一是语言，二是地名。比如威宁古史传说中地理方位明显，故而可以从苗语去进行考察，又因为当地苗族与彝族互动较多且彝族先于苗族居住，故而结合彝语去考察就更确切些。③

从上文叙述可知，杨汉先不仅通过迁徙地名加以梳理，而且通过语言求证，不仅通过苗语而且通过彝语加以论证。在此意义上，杨汉先对口述资料的研究方法十分合理和科学：口语传统虽有所限制，但基本上我们应可得知族人对生存环境及四周社会的贯时诠释，更可以从其对其他族群接触过程的感受来分析族群适应与变迁的本质。④

（三）驳斥权威，心怀悲悯

杨汉先于1937年开始苗族调查与研究。在此之前，国外的鸟居龙

---

① 诺即彝族首领。
② 杨汉先：《黔西苗族调查报告》，载于李文汉主编《杨汉先文集》，云南民族出版社，2016，第147—149页。
③ 杨汉先：《贵州威宁县苗族古史传说》，载于李文汉主编《杨汉先文集》，云南民族出版社，2016，第27页。
④ 谢世忠：《国族论述：中国与北东南亚的场域》，台湾大学出版中心，2004，第232页。

藏、葛维汉、萨维纳，国内的凌纯声、芮逸夫、吴泽霖等大量学者已经对苗族有过深入的调查与研究。对于苗族的分类、苗族教育甚至苗族文化的探讨，杨汉先并不盲从，而是在占有资料的基础上驳斥权威。杨汉先身为苗族，自幼生长于苗族地区，亲身经历了苗族所遭受的政治漠视、经济窘迫与文化歧视，他根据实地调查结果对苗族作出了积极而正面的表述。

1. 驳斥权威

驳斥权威具体可参见关于苗族的分类、苗族的教育、苗族的笙谱以及苗族的迁徙线路等，还包括他数次当面对民族同化政策的坚定反驳。

关于苗族的分类。在苗族的分类上，鸟居龙藏的贡献是首次提到狭义之苗和广义之苗，不足之处在于他几乎沿用历代封建王朝的典籍分类。鸟居龙藏所依据的文献有《黔苗图说》《大清一统志》《贵州通志》，这类书籍提到的苗族分类含混并带有极大的污蔑性。后来鸟居龙藏根据考察结果，依据各个支系苗族所穿的衣服颜色及刺绣，把苗族分为五类，即红苗、黑苗、白苗、青苗、花苗。凌纯声在《湘西苗族调查报告·苗族的地理分布》中，几乎完全吸收鸟居龙藏的观点，并出现了诸如"爷头苗""洞崽苗""九股苗""黑脚苗""平伐苗"等一系列歧视性称谓。

杨汉先提出，如果仅仅因为服装颜色将苗族进行分类，并无多大意义。他提出苗族分类的五个标准，即关于苗族的分类，目前所能依据的有下列数项：体格、性格、语言、风俗、装饰。① 在《黔西苗族调查报告》中关于13个苗族支系的具体论述里，杨汉先引入了苗语自称、汉人称谓或附近其他苗族支系的他称。在比较研究部分，他详细地梳理了13种苗族27种名称，并得出其或与地理或与装饰有关的结论。他提出各个支系的苗族名称具有流动性，从中可以看出迁徙的大致方向。此外，他还解释了苗语自称或多或寡不一致的原因是苗族每个支系集团内所包含者或简单或复杂。大量的田野调查，让杨汉先对苗族的分类非常自信，"此次吾人在黔西所见之事实，更足以证明此说之可信也"②。

关于苗族的教育。1928年至1948年是苗族表述的重要时期，学者、

---

① 杨汉先：《苗族述略》，载于李文汉主编《杨汉先文集》，云南民族出版社，2016，第4页。
② 杨汉先：《黔西苗族调查报告》，载于李文汉主编《杨汉先文集》，云南民族出版社，2016，第137页。

第四章 阈限：苗族知识分子表述

官员乃至旅行者皆对苗族展开表述。在这诸多描述中，不少观点沿袭传统的鄙弃视角。比如提及苗族教育，不少他者认为苗族处于原始社会阶段，并无任何教育可言：

> 今广西、云南、贵州、湘西、川东南，皆为苗疆，贵阳城外，率为苗村。苗民有能作汉语者，谓之熟苗，惟衣饰颇异，体格多强健。因受经济压迫，甚贫困，而文化落后，亦无教育之者。①
>
> 唯有苗疆苗村，乃是地瘠民贫，文化闭塞之边僻村落，数百万苗民同胞，物质上既感着缺乏，教育上又尚属荒芜。②

杨汉先在《大花苗的氏族》中驳斥了这种他者想象，他提出在苗族社会里，每一个人都有接受教育的需要和机会：

> 一个成年人在氏族的社会活动很多，例如历史歌谣的讲述、射击术的训练、小领袖的学习，以及各种有关宗教、婚丧等仪式职务的担任，甚至政治、军事等职务的充当，这些都足以提高个人的社会地位，而且是人人必须学习的。③

随后，杨汉先提出，根据教育的场合和内容相结合的原则，在氏族中进行教育的方法可以分为公共的和个别的两种。在《大花苗的氏族》中，他提到，每在聚会的时候，氏族长老都要借此良机向青年男女施教，这些教材都是"ki chi jo zlao、Ki no jo zlao、Ki vu jo zlao、Qa sao hmao by、tu pw shi dao"这一类的史歌及传说。凡是本氏族中的一员都应该熟悉这些历史，本氏族的故事、全大花苗的历史，甚至于以外的历史，都应该知道。④

关于苗族的笙谱。鸟居龙藏以为苗族的笙并无一定的曲谱。杨汉先直接给予反驳：这大抵是短时间未能看出的缘故。他们并不是无一定曲谱，

---

① 常任侠：《战云纪事》，载于贵州省文史研究馆编《民国贵州文献大系》第七辑下册，贵州人民出版社，2015，第80页。
② 申廓英：《湘西苗疆考察纪要》，载于《汉译苗疆民歌集》，大伦印刷所，1937，第1页。
③ 杨汉先：《大花苗的氏族》，载于李文汉主编《杨汉先文集》，云南民族出版社，2016，第51—52页。
④ 杨汉先：《大花苗的氏族》，载于李文汉主编《杨汉先文集》，云南民族出版社，2016，第51页。

实际上曲谱是很多的。各支苗族芦笙的吹奏，各不相同，各有各的曲谱。①

此外，关于苗族的徙移路线。针对葛维汉所述川苗传说来自热带南方，杨汉先明确提出此次调查黔西苗族历史时尚未发现。杨汉先驳斥权威，都是在占有可靠资料的基础上，比如萨维纳言及苗族曾迁移至极寒之地，杨汉先在没有获得可靠资料的基础上虽然存疑，但依然认为，吾人虽尚未赞同萨维纳之主张，然以为萨维纳所云者，自有其理由。

杨汉先驳斥权威，最为直接的体现是他多次以实际行动反对大民族主义或民族同化政策。1939年4月，时任贵阳教育厅厅长张志韩在青岩设立贵州方言讲习所。虽然此时杨汉先工作无着，毕业即失业，但当他认识到讲习所的工作是推行大民族主义的工具时，他立刻主动辞职，无惧得罪时任讲习所所长的贵州省主席吴鼎昌。此外，1940年冬，贵州省民政厅谭光敏想利用杨汉先边胞知识分子的身份为其推行名为"边胞工作"实为"大民族主义"的民族同化政策，杨汉先提出反驳，并极力提及边胞文化的合理性和应该享有的平等地位。最值得一提的是1946年他与贵州省政府主席杨森的交流。据《回顾我的历程》所记：

> 杨森问清我的出身族别后，说："边胞问题不少，人家说'四大天王'、'八大金刚'的问题很难解决，但我们是有办法的。中国只有一个民族，必须'车同轨，书同文'，服装也要统一，这是治天下之道。你是读书人，知道历史，应该有所作为。"他说话时表情严肃，我心里也有几分不悦，便说："贵州是人无三分银之地，不如四川天府之国，所以文化落后，自古以来就是蛮夷之地。不过边胞保留的一些东西还是中国古代的宝贵文物，不能全部销毁。"杨森是想利用我当他推行民族同化政策的工具，但听了我的讲话后，他面色突变，问我在军队中有何朋友，我回答他说没有。他只哼几声。我感到已谈不下去，便告辞了，在省府大门遇到白敦厚，他问我见了杨森的情况后，责怪我对杨森的态度不好，表示不再帮我找工作了，我们便分手。②

总之，作为一个知识分子，杨汉先不仅能清晰地意识到大民族主义的

---

① 杨汉先：《苗族述略》，载于李文汉主编《杨汉先文集》，云南民族出版社，2016，第10—11页。
② 杨汉先：《回顾我的历程》，载于李文汉主编《杨汉先文集》，云南民族出版社，2016，第220页。

危害，洁身自好，不愿意为了利益参与其中，而且能当面数次反驳权威，表现出一个苗族知识分子的磊落和高洁。

2. 心怀悲悯

在《"窄门"前的石门坎——基督教文化与川滇黔边苗族社会》第一章中，张坦将石门坎苗族文化圈苗民生活的艰辛概括为颠沛流离的苦难民族、艰苦卓绝的生活环境、残酷凶暴的压迫剥削。自涿鹿战败之后，历代封建王朝不断征讨与杀剿，使得苗族数次被迫艰难迁徙。西部苗族作为苗族最为苦难深重的一支，因生活异常艰难，产生了大量苦歌与战争歌，如《根支耶老与革缪耶老的故事》《苗家三位首领》《阿耶混与阿耶荷、阿耶导的故事》《根支耶老往东迁》《革缪耶老的故事》《根支耶老、革缪耶老和耶玖逼蒿的故事》《格米爷老的子孙》《苗族绳疙瘩根源传》《格武爷老格诺爷老打仗的军队》《格蚩爷老的子孙》《格耶爷老的子孙》《龙心歌》《则噶老》《直米利地战火起》《战争与迁徙》《格自则力多》《平定天下的人》《古博阳娄》《苦难岁月》等。

由于自幼生长于苗族地区，杨汉先切身体会到苗族地理上的偏僻、经济上的窘迫和政治上的被歧视。提及苗族地理上和经济上的双重阻碍，他引用谚语"种的一大坡，收得一大锅"和"抬头朝上是白天，弯腰看底是夜间，隔山讲话听得见，走拢面前要半天"来佐证。他提到西部威宁一带苗族政治上依附于彝族土司，没有人身自由，完全隶属于诺，属于"五重天"①之最底层。正如民谚所言："乌鸦没树桩，苗家没地方，喊天天不应，叫地地不灵。"

就杨汉先自身而言，虽然他的父亲杨雅各属于石门坎早期民族觉醒的第一批苗族知识分子，但在经济上，他的家庭依然十分窘迫。他在华西中学和华西大学读书期间，曾两度因为经济问题被迫中途休学。正是因为从小耳闻目染苗族生活的悲惨境遇、艰苦环境，大学毕业以后，杨汉先以调查和研究苗族文化为己任。他在大学主修社会学，对苗族的表述贯穿着悲悯之情。杨汉先对苗族民族性的叙述具有文学的诗性审美：

（簧琴）奏时其音悠长，带有一种悲凉和古雅凄惨的情调，要是在万籁俱寂的深宵里吹奏，虽在数百步外也能听见，尤其在高秋幽谷

---

① 诺自命为五重天第一等的人；四重天是大管事；三重天是大管家；二重天是管理苗族的头人；苗族则是最底层的人，生死养育的权力都隶属于诺。

的苗疆奏起来，因两旁山谷的回音，实有异世的感觉。①

  苗族的历史歌音乐，正如鸟居氏所谓："充满了凄凉与悲哀。"它好比深秋里浸透了的野白鹤一样阴郁，好比深冬的天空布满了乌云般的凄凉，但是这种阴郁、凄凉的音调里却带着一些血的与情的成分在里边，而这样的音乐，是极自然的，它所有的悲哀，一方面是对自然的悲哀，一方面是如封建社会里的被统治者的呼声般的悲哀。他的赞美，也是对自然的赞美，好比一朵在沙漠里生长出来的野花，欣赏晴空的阳光，却没有谁给予它肥料一样。②

  花苗服饰制作工作浩大，常需数年始能完成一件……在夕阳下，在凉夜皓月的秋夜里，他们着上华服，歌着，舞着，显然是一个爱美、爱艺术的民族。③

杨汉先毕业于华西大学社会学系，从大学开始，他就从事苗族的调查和研究，在大量著述中贯穿着重视口述、多元互证、驳斥权威、心怀悲悯的学术追求。由于具有民族学、社会学的知识体系，熟练掌握国际音标、伯格理苗文与部分彝语，他的研究具有重要的开创意义。正如苗族学者伍新福所言：

  杨汉先是苗族中第一位接受大学的正规教育，掌握了近代社会学、民族学的理论和方法，对本民族进行科学研究的"科班"出身的民族学家……特别是他能从苗学的特点出发，并充分发挥自己的优势，深入搜集和多方运用苗族民间传说等口碑资料，以及民俗学和民族学方面的资料，并同相关的文献记载相比照、相印证，精心考证，得出自己的结论。④

第三节　苗族知识分子表述反思

这一时段的苗族知识分子表述反思可概括为确定蚩尤为苗族始祖、自

---

① 杨汉先：《苗族述略》，载于李文汉主编《杨汉先文集》，云南民族出版社，2016，第9页。
② 杨汉先：《苗族述略》，载于李文汉主编《杨汉先文集》，云南民族出版社，2016，第12页。
③ 杨汉先：《苗族述略》，载于李文汉主编《杨汉先文集》，云南民族出版社，2016，第8页。
④ 伍新福：《中国苗族通史》（增订版），贵州民族出版社，2017，第505页。

觉的民族认同、强烈的国家认同三个特征。

一 确定蚩尤为始祖

有关蚩尤形象的表述，大规模而有影响的讨论是从20世纪80年代开始的，这首先是因为80年代之前的政治环境不允许。其次，在这之前有关蚩尤的民族学、人类学的研究资料还没有大量整理与出版。最后，20世纪80年代初期，随着民族政策的落实，以前一度被掩盖和压抑的民族情绪得到释放。苗族知识分子中掀起几股带有政治化意味的学术、艺术问题讨论，体现了强烈的民族觉醒意识，蚩尤问题正是其中的一个。[①]

表面来看，《苗族简史》《苗族通史》《中国苗族通史》都在20世纪80年代之后出版，似乎可以看成蚩尤被认定为苗族始祖是在80年代之后。但事实上，除了上文分析的三个原因，1928—1948年以石启贵、梁聚五、杨汉先为代表的这批苗族知识分子对蚩尤的认同也是非常重要的原因之一。

在这批苗族知识分子中，肯定蚩尤为苗族人文始祖的有石启贵、杨汉先、梁聚五、石宏规、杨芝、石板塘等，他们从不同角度论证了蚩尤为九黎部落的首领。根据表述材料与方式的不同，笔者将蚩尤认同的表述分为以下三种类型。

第一种是口述资料。这类认同从诗歌与传说中找到蚩尤叙事，代表人物为杨汉先与杨芝。杨汉先提及苗族起初居住在直米立地，后迁到利莫坪，而后到金城，然后又迁至底玉帮大平原，后又至立福坝（音译），最后到力城。首领格蚩元老与来自日没方向及北风方向的开元福自老展开战争。他还提及战争地位于污水河，战场在印帮河旁岔口关的大坝，格蚩元老先取胜后战败，诸多叙事与汉文献的记录相近。杨芝老人还在其他场合吟咏过格炎爷老、格乌爷老与格挪爷老等祖先的故事。

第二种是文学叙事，以石板塘的诗歌表述为代表。他创作的《相普相娘歌》（即《祖先歌》）肯定了蚩尤的勇敢、聪明和英雄气质，改写了蚩尤与黄帝战争的结果，具有文学特有的虚构成分。或许从表述的目的而言，石板塘创作这首诗歌不是为了记史而是为了唤醒苗族的民族自信与民族自豪感。正如学者评论：石板塘苗文歌中把蚩尤认定为苗族的人文始

[①] 梁昭：《"乱神"与"祖先"——汉苗传说中的蚩尤形象比较》，四川大学硕士学位论文，2004，第2页。

祖，这不仅是社会记忆沉积在民间的文化延续，而且说明中华民族多元一体格局在当时边疆少数民族文学的自我表述中就已经得到了呈现。①

第三种是文献梳理，以梁聚五、石宏规和石启贵为代表。石启贵的蚩尤叙事依据《史记·五帝本纪》简单梳理。石宏规明确提及蚩尤发明了武器、农业稼穑、宗教。② 在这些苗族知识分子的表述中，对蚩尤为苗族始祖之观点以梁聚五的论说最为充分和合理。梁聚五在《苗族发展史》第二篇第一节"蚩尤三大发明"和第二节"蚩尤与黄帝之争"中，集中笔墨探讨了蚩尤的贡献以及蚩尤与黄帝之战的过程。

在第一节"蚩尤三大发明"中，他引用蓝文徵提出的"昔人以发明器物，为生活进步之要件"，列举了伏羲、神农、黄帝等诸圣人的发明。梁聚五提出，作为苗族始祖、九黎之君，蚩尤有三件伟大发明，即刑法、武器与宗教。③ 随后，他先引用不同的文献论证这三大发明属于蚩尤，其后又对每一项发明进行了单独梳理。在宗教部分，他还提出较为新颖的视角，即蚩尤发明的宗教不仅以"神道设教"约束人心，而且打破君民之间的扞隔，追求人间的真理。④ 原因是多数的统治者以"天子"自居垄断着"天命"，"绝天地通"，蚩尤则认为普通民众也可通天意，"夫人作享，家为巫史"。

在第二节"蚩尤与黄帝之争"中，梁聚五基本按照司马迁的《史记·五帝本纪》叙述黄帝、炎帝与蚩尤之间的战争。对于蚩尤与炎帝之战，他肯定蚩尤的正义性："榆冈（炎帝）既衰微，而且无道，不但先入黄河流域之君长蚩尤，应当向他进攻；就是后来跨进黄河流域之一群，也不肯放过这良好机会的。"⑤ 对于蚩尤与黄帝之间的数次战争，他提出："大家都为生活而战争，为夺取黄河流域肥沃土地而战争。这战争，质言之，是为饲养牲畜，种植植物，各自繁衍其子孙。即使蚩尤怀挟野心，想统治其他

---

① 吴正彪：《文学表述与边疆多元文化重塑：民国时期湘西板塘苗文歌管窥》，《西安石油大学学报》（社会科学版）2017年第3期。
② 石宏规：《湘西苗族考察纪要》，飞熊印务公司，1936，第5页。
③ 张兆和、李廷贵主编《梁聚五文集民族·民主·政论》（上册），香港科技大学华南研究中心，2010，第55页。梁聚五与石宏规关于蚩尤三大发明的提法略有不同。
④ 张兆和、李廷贵主编《梁聚五文集 民族·民主·政论》（上册），香港科技大学华南研究中心，2010，第57页。
⑤ 张兆和、李廷贵主编《梁聚五文集 民族·民主·政论》（上册），香港科技大学华南研究中心，2010，第60页。

民族，充其量，也不过像黄帝的行动一样。"他继而反思黄帝的暴虐：既然黄帝已经杀死蚩尤，达到他统治的目的，何必迁怒于蚩尤的九黎苗民，展开中国四千多年来民族歧视和仇视的先例？

可见，对于蚩尤与黄帝、炎帝的关系，梁聚五提出了较为新颖的视角，不再单纯地以成败论英雄，而是试图还原当时的历史语境，从战争的起因、战争的经过以及战争的目的等多个角度进行全面反思。

有学者认为苗族学者认定蚩尤为其人文始祖有攀附之嫌：蚩尤被本土知识分子选择作为苗族英雄祖先，一方面凸显族群相对于汉族的边缘地位，另一方面强调苗曾与汉等相争互竞。① 同时代的汉族学者吴泽霖等人提出：此族（苗族）当五帝时，居住于长江中下游一带，后人口增多，因黄河一带土地较为肥沃，乃由其酋长蚩尤率领，北向进兵，经略黄河。② 上述观点以及中华人民共和国成立后搜集的苗族口述资料、苗族民俗或祭祀活动，构成多重证据，论证了蚩尤为苗族始祖这一观点，因此，这一时段苗族知识分子表述的蚩尤认同说具有合理性和科学性。

二 自觉的民族认同

在这个时段的苗族知识分子表述中，各位表述者充满了自觉的民族身份认同。这样的民族认同可以通过序言、导论或他者的评价与论述加以理解。

当时，政府并未承认苗族是一个独立的民族。1937年国民大会时，蒙古族、藏族诸族设有240名指定代表，苗族及其他西南少数民族却一个名额也没有配给。后来经西南诸多少数民族积极争取，政府勉强给予全国土著民族10个名额，苗族知识分子石启贵、杨砥中作为代表参加。当时，即便没有政治认同，这批苗族知识分子依然通过调查或编著等文本书写方式试图发出主位的呼声，石板塘的诗歌表现出对于"五族共和"之苗族缺席的极度愤慨和强烈不满。石板塘认为苗族的祖先在汉史上有记载，苗族也出过丁、出过粮、出力保卫国疆，故而只提汉满蒙回藏"五族共和"，把苗族甩在一边，从道理上实在讲不过去。③

---

① 王明珂：《英雄祖先与弟兄民族》，中华书局，2009，第171页。
② 吴泽霖、陈国钧等：《贵州苗夷社会研究》，民族出版社，2004，第2页。
③ 湖南少数民族古籍办公室主编《板塘苗歌选》，刘自齐、赵丽明选译，岳麓书社，1992，第6页。

即便没有获得当局认定的政治和民族身份，这批苗族知识分子还是通过自己的著述创造了苗族表述的多个第一。前文言及梁聚五《苗族发展史》是第一本苗族通史。在写作之时，梁聚五就清晰地意识到书写本民族历史的使命感和自豪感。①

石启贵搜集了大量的神辞古歌，汇编成《民国时期湘西苗族调查实录》。此外，他还编著了《湘西苗族实地调查报告》，这本调查报告的重要意义，正如我国著名民族学家林耀华先生所言——这是迄今由苗族学者编著的第一部湘西苗族志专著。②

在自觉的民族认同方面，王建明表现得尤为明显。他在著述中写道：苗民真情的自述，今天算是第一次。可是今日西南苗族里，能够出来，有我这样机会好的人，是再指不出几个的，所以发表苗民情形，可不可我有相当的决定权，能不能是我的责任。③除了王建明之外，石门坎的朱焕章、杨汉先、韩杰等多位苗族知识分子，都试图通过著述表达强烈的民族认同。韩杰及其著作《花苗史略》被学者界定为中国首部由苗族花苗支系人撰写自己族群历史的专著。④

此外，朱焕章编著了第一本苗乡扫盲读本。朱焕章作为当地为数不多的有机会掌握汉语文化的苗族知识分子，倍加珍惜自己在华西大学深造的机会。强烈的民族忧患意识，使他深刻地意识到教育可以改变命运。他参考陶行知的《平民千字课》，结合当地苗族地区的特殊性，编撰了《西南边区平民千字课》。这套课本共有生字1397个、插图74幅，分4册，共计120课，涵盖生活文化、人物传记等内容，贴近苗民生活，具有较强的实用性。朱焕章之长女朱玉芳评价这本乡土扫盲读本的教育意义在于以下五点：

> 第一，是教育苗族人民要刻苦、勤奋读书，提高民族文化素质。第二，是教育苗族人民要热爱自己的国家和民族。第三，是教育苗族人民要讲卫生，爱清洁，革旧习。第四，是教育苗族人民要科学种

---

① 梁聚五：《序言》，载于张兆和、李廷贵主编《梁聚五文集 民族·民主·政论》（上册），香港科技大学华南研究中心，2010，第9页。
② 林耀华：《序》，载于石启贵《湘西苗族实地调查报告》，湖南人民出版社，1986，第2页。
③ 滇东、王建明：《现在西南苗族最高文化区——石门坎的介绍》，载于《民国年间苗族论文集》，贵州省民族研究院编制，1983，第249页。
④ 朱佶丽：《苗族主动融入国家体制的历史事件和文化遗存研究》，载于《苗族历史文化研究和运用研讨会论文集》，2019，第1页。

地，发展农村经济。第五，是教育苗族人民要摆脱痛苦，争取平等和自由。①

最后，必须提及的还有杨汉先。作为当时苗族表述的杰出代表，杨汉先的重要意义在于他首次高度重视本民族的口述资料，正如张兆和评价：杨汉先透过关于黔西苗族的文本生产，一方面以苗族民族身份来思考土著群体的历史文化，另一方面以土著文化历史的内容和理念来重新定义苗族的身份。② 杨汉先的文本表述表现出强烈的政治、文化关怀，表现出自觉的民族认同。尽管"五族共和"把苗族甩在一边，但当时的苗族知识分子还是表现出自觉的民族认同感，这是国家认同的基础。当然，二者也互为肌理。

三 强烈的国家认同

国家认同是指一个国家的公民对于自己归属国家的认同。有学者提出，苗族的国家在场自明代开始，至清朝时期达到新的程度即通过教育渗透：

> 有清一代，"苗疆"之湘西部分阶级矛盾、民族矛盾尖锐，统治者剿抚兼用，尤其是兵燹之余，注重倡兴文教，构建官学、苗疆书院、苗义学三位一体的文化教育体系，以期让苗民涵濡圣化，实现社会治理目标。③

相对于清朝之际苗疆腹地"红苗"与"黑苗"的教育儒化，基督教在石门坎一带的传播，使得不少苗族知识分子掌握了汉文表达能力，从而完成了民族认同与国家认同的双重认同：

> 近代以来，花苗由于受到基督教现代教育的影响，以韩杰为代表的花苗知识分子，在新中国的"民族识别"之前就已经通过自身实践完成了苗族的民族认同，主动、积极地建立其"苗族"的民族认同和

---

① 朱玉芳：《光华之子——我的父亲朱焕章》，云南民族出版社，2012，第80—83页。
② 张兆和：《黔西苗族身份的汉文书写与近代中国的族群认同——杨汉先的个案研究》，《西南民族大学学报》（人文社科版）2010年第3期。
③ 周永健：《清代湘西苗疆文教政策考实》，载于《苗族历史文化研究和运用研讨会论文集》，2019，第467页。

国家认同。①

这一时段的苗族知识分子强烈的国家认同可以从以下两个维度加以理解。第一个维度是苗族知识分子在著书立说之时表达出强烈的国家意识，比如：

> 查湘西之苗族，近数十年，天灾匪祸，变乱纷乘。农村破产，十室九空，小而言之，影响社会，大而言之，影响国家，欲弭隐患，复兴民族，当由安边之事做起。边靖而国内定，国定而天下平。民虽复杂，思想一致，政府能以优遇提之，其感恩戴德，归若拱辰也。②

> 五族已兆分崩离析之现象，独为人摈弃落伍之苗族而能与汉族休戚与共，亲若弟兄。③

> 兹为民族自决之时期，民族团结之亟需，愿为民族者，恢复为一，以辅国族，而建大厦，是所至望。④

石启贵所言的"归若拱辰"，石宏规通过对比提出的苗族与汉族"休戚与共，亲若弟兄"，韩杰提出的"以辅国族，而建大厦"，都表现出强烈的国家意识，即融入整个中华民族共同体、与整个国家命运患难与共的意识。这正好解释了当时苗族知识分子国家认同的另一个重要维度——积极参与抗日，通过书写或行动，表达苗族知识分子的担当与道义。

尽管当时苗族的政治地位较为模糊，但在外敌压境、国家存亡之际，苗族知识分子通过书写表达了强烈的国家意识：如今最残暴最丑恶的莫过于敌寇，最需要帮助的莫过于我们苦难的国家，最近于英雄行为的莫过于齐心协力共同抗敌，最得人敬重的莫过于到前线去收复失地，给敌人以沉重打击。⑤ 除了通过书写呼吁苗族大众参与抗日，还有部分苗族知识分子以实际行动积极参加抗战。有学者指出这批知识分子对苗族群众抗战具有重要的引导作用：

---

① 朱佶丽：《苗族主动融入国家体制的历史事件和文化遗存研究》，载于《苗族历史文化研究和运用研讨会论文集》，2019，第 6 页。
② 石启贵：《湘西苗族实地调查报告》，湖南人民出版社，1986，第 671—672 页。
③ 石宏规：《湘西苗族考察纪要》，飞熊印务公司，1936，第 38 页。
④ 韩杰著，朱佶丽整理：《〈花苗史略〉校释》，中央民族大学出版社，2013，第 94—95 页。
⑤ 沈从文：《莫错过这千载难逢的报国机会》，载于《沈从文散文》第 4 集，中国广播电视出版社，1994，第 450 页。

第四章 阈限：苗族知识分子表述

苗族已有不少见识远大的知识分子。无论是82师的罗启疆、欧百川，还是苗族革屯军的吴恒良、龙子雍、龙云飞、龙杰，或是税警总团的龙骧和远征军的梁聚五，他们通晓汉语、熟知汉文化，受过政治和战争的多次考验，对国家的形势和苗族的状况，有深刻的认识和正确的判断。他们了解苗族并主动担当苗族图存的历史使命。他们能够运用苗族社会的动员机制进行动员和组织。①

上文言及的吴恒良在自传体诗歌《苗帚苗钟》中勉励同胞共赴国难，表现出苗族知识分子强烈的国家认同：

> 国家兴亡，匹夫有责；冯唐易老，知己难逢。是以愤集八千子弟，东下抗日。湘鄂会战，迭遇凶锋；苗将苗兵，均已遂其成功成仁之愿……爰集斯篇，唤醒苗胞，共赴国难；扫荡群氛，统一河山。②

可见，这批苗族知识分子从族源上追溯蚩尤为苗族始祖，体现出了自觉的民族认同意识。虽然"五族共和"中没有苗族，但苗族知识分子通过著书立说，积极为苗族争取政治权利。国家处于内忧外患之时，他们摒弃前嫌，参与抗战并动员广大苗族同胞积极抗战，表现出强烈的国家认同。

这批苗族知识分子的表述属于首次整体性的苗族知识分子表述，强烈的政治诉求使得部分著作的学术严谨性有所减弱。同时，进化论思想的影响使得这批知识分子在进行苗族文化自表述中无意识地减弱了宗教尤其是祭祀方面的书写，比如基本没有涉及苗族最为重要的祭祀活动鼓藏节，对苗族古歌的搜集和研究都仅仅属于起步阶段。然而，较之历时性的苗族表述，这些知识分子的表述有民族学、文学等多学科的参与，表现出自觉的民族认同与强烈的国家认同。

---

① 麻勇斌：《苗族在抗日战争中的牺牲与贡献述略》，《贵州社会科学》2015年第4期。
② 吴恒良：《苗帚苗钟》，转于石启贵《湘西苗族实地调查报告》，湖南人民出版社，1986，第71页。

第五章 阈限：沈从文的文学表述

之所以将沈从文的文学表述[①]界定为阈限表述，可以从他和同时代的知识分子身份对比、他对苗族文化[②]的思考以及他对苗族文化的文学表述这三个角度加以理解。

第一，与同时代的知识分子身份相比，沈从文表现出强烈的局外人特征。

首先，相对于同时代的作家而言，沈从文是一个局外人。他没有显赫的学历学位背景，没有出国喝过"洋墨水"，甚至没有上完小学。他来自

[①] 参考附录二可知，1928—1948年的苗族文学表述出现不下20位作者，鉴于沈从文的表述在数量上和质量上都属于佼佼者，故而这一章仅仅以他的文学表述作为个案论述。前文言及沈从文的文学作品按照题材分为都市题材和乡村题材，本书提及的沈从文的苗族文学表述特指乡村题材。本章先是论证沈从文表述的阈限特征，再从时代、地域与民族三个角度来论证沈从文的乡村题材作品多数集中于这一时段的苗乡。之所以用《七个野人与最后一个迎春节》作为沈从文对于苗族历史的反思是因为这是沈从文对苗族历史重大事件改土归流的文学表述。这篇小说几乎可以看成是苗族历史的寓言式书写，只有细读文中传达出的对神的敬畏与对官的抵制、对平等的追求与对权势的抵触、对寄生生活方式的排斥，才能读懂沈从文苗族表述的悲悯基调。对于当时苗族命运的思考，《苗民问题》《长河》《凤子》《阿丽思中国游记》等作品都有涉及，因《莫错过这千载难逢的报国机会》侧面书写了苗族1937年的重大事件革屯抗日，加之表现方式是书信体，其作品内容、文本世界、拟定读者都非常明显，故从这一文本可以读出当时苗族社会的时代背景。《莫错过这千载难逢的报国机会》正面书写了苗族抗日的英勇与牺牲，还侧面透露出即便苗民愿意为国流血牺牲，依然无法改变当局的顽固认识，他们遭受"土匪"称谓、不平等待遇、流血又流泪的痛楚。这既是了解苗族抗日的文学作品，也是沈从文对于当时苗族命运的文学思考，凸显沈从文文学表述的悲悯特性，故作为重点文本加以解读。

[②] 就沈从文与苗族文化的接触，书中既提及沈从文与苗族文化较为隔膜又提到沈从文熟悉苗族文化，表面看来自相矛盾，其实应该辩证区分：提到沈从文熟悉苗族文化是特指"熟苗"文化；提到沈从文对苗族文化较为隔膜，是特指"生苗"文化。沈从文作品所依托的苗族社区为东部苗族尤其是"熟苗"文化，沈从文笔下的宗教祭祀描写有如《神巫之爱》《凤子》《龙朱》等都是还傩愿的文学表述，较少涉及"生苗"区的文化特质如椎牛祭祀即鼓藏节等文学表述。

在他者看来完全是边缘的蛮荒之地。甚至从血统的角度而言,他也并不完全是汉族血统。他的祖母为苗族,母亲为土家族。因此,在血缘、学历、情感认同上,他都与城市人不同。他在血统上具有苗族基因,自幼生活于乡土社会,自称"乡下人"[1]。苗族文化与乡土文化的双重熏陶,使得沈从文认同并礼赞这样的文化,他的写作既是向他者呈现也是向他者抗争,他的书写素材与当时的文坛有着明显的隔离感。

其次,对于受过科班训练的民族学家来说,沈从文是一个"熟悉的陌生人"。凌纯声、芮逸夫、吴泽霖、陈国钧都进入苗族地区尤其是"生苗"地区实地调查至少三个月以上,后两位停留的时间更是可以用年来计算,而沈从文没有进入苗乡腹地,他没有第一手的田野资料可以采用。他梦想自己能够返回老家认真研究苗族语言,搜集苗族歌谣:

> 我还希望我在一两年内得到一点钱,转身去看看,把我们那地方比歌谣要有趣味的十月还傩愿时酬神的喜剧介绍到外面来。此外还有苗子有趣的习俗,和有价值的苗人的故事。我并且也应把苗话全都学会,好用音译与直译的方法,把苗歌介绍一点给世人。[2]

事实上,沈从文没有在"生苗"地区实地调查的经历。就与苗族文化的接触机会与渠道而言,他不懂苗语,根本不会唱苗歌,他仅有的苗族文化熏陶来源于身边的亲友或佣人。正是因为没有真正进入"生苗"地区,他的文学创作较少涉及苗族现实生活场景描写,他笔下的苗人恋爱方式、祭祀场景更多地借助于想象力,侧重精神内容的表述,较少关于仪式流程和细节的书写。

最后,较之于同时代石启贵、吴恒良等这些从小用苗语交流的当地苗族知识分子,沈从文更像是局外人。他的祖父辈包括他都生活在县城,他的身份多少算得上是乡绅之子。由于苗族生育的子女不能参加文试武举,故而他的苗族血统在家族中一直都是讳莫如深。沈从文虽然在作品中偶尔提及他的族别身份,但多数较为隐晦。

第二,对于苗族文化的思考而言,沈从文表现出阈限者的冷静。自鸦片战争以来,西方列强利用坚船利炮的巨大威力,迫使部分汉族知识分子

---

[1] 沈从文:《习作选集代序》,载于《沈从文全集》第9卷,北岳文艺出版社,2009,第3页。
[2] 沈从文:《筸人谣曲》,载于《沈从文全集》第15卷,北岳文艺出版社,2009,第20页。

开始质疑并反思自身,其结果,一方面表现出较之于西方文明的自卑,另一方面催生出对国内少数民族文化的蔑视:

> 中国是一个多元族群的国家。从历史去看,族群之间的文化矛盾,存在已久,特别是少数民族与汉族之间的摩擦。这种情形,近现代以来,有增无已,引发民族整合的危机。同时,以"中华民族"为代表的大民族主义内部也存著一些思想倾向,助长小民族主义激化的趋势。我这里主要是指中国传统中根深蒂固的汉族文化中心主义,所谓大汉心态,仍然在近现代汉人心里作祟。再加上西方近代文明对中国产生的一些文化影响,特别是环绕西方现代化的观念,如进步、理性、开明等,使得中国现代的文化界与知识界充满了蔑视传统文化的倾向,这自然包括少数民族的文化传承,视之为落后或野蛮的象征。①

在这样的时代语境下,他者的苗族表述表现出了明显的征服与拯救姿态。正是将其定性为古文明古文化,故而较多学者在单线进化史观下自诩汉族能够成为拯救边疆少数民族文化的重要资源,能够起到引领和导向作用:边胞文化落伍,岂能坐视不顾?②

与此对照,在沈从文的笔下,都市文明恰恰成了懒惰、虚伪与堕落的代名词;对于苗族文化,他赞美它的雄强、热情、勤劳与质朴。当然,沈从文并非把这一时段的苗族地区想象成世外桃源。长篇小说《长河》就流露出沈从文对苗族命运深层的忧虑,尽管有对历史的悲悯、当下的记录与未来的思考,沈从文对苗族文化还是表现出肯定与赞美的一面。沈从文认为,相比之下,苗民具有道德优越性。这个观点尽管带有主观色彩,但是他提及的苗人品质具体方面却与民族学家以及来自异邦文化的观察家们的观察结果相吻合。外人几乎一致认为,苗族人诚实、勤劳、好客、对买卖一无所知,而这些正构成了他们的品质特点:正直勤奋,没有上流社会的虚伪。③

---

① 张灏:《序一》,载于张兆和、李廷贵主编《梁聚五文集 民族·民主·政论》(上册),香港科技大学华南研究中心,2010,第 ii—iii 页。
② 杨森编著《贵州边胞风习写真》,贵州省政府边胞文化研究会,1947,第75页。
③ 金介甫:《沈从文笔下的中国社会与文化》,虞建华、邵华强译,华东师范大学出版社,1994,第170页。

第三，就表现形式而言，沈从文的文学表述也体现出明显的阈限特征。沈从文的表述有小说《长河》《边城》《丈夫》《贵生》等，有散文《湘西》《湘行散记》《自传》等，有诗歌《箄人谣曲》等，有戏剧《旅店》等，有书信《莫错过这千载难逢的报国机会》等。从读者接受而言，沈从文向大众书写了一个神性与魔性并存的苗族地区。但就学科分类而言，这些表述形式皆属于文学。较之于民族学、社会学表述的理性与抽象，文学以其活生生的可感性，用人物、故事与情节来传达出具体可感的苗族文化，文学特有的想象性与虚构性使得中华人民共和国成立之前的沈从文研究热点为质疑其表述的真实性。其实，正因为文学表现特有的空灵性与审美性，沈从文的表述超越时空，为很多读者所接受、赞誉。在此参照意义下，沈从文的文学表述摆脱了民族志实录的沉重，表现出人类学诗学的可感性和丰盈性。

可见，沈从文有关苗族表述的文学表现形式，体现了主位的关切与客位的冷静。他对当时的苗族文化的表述理智而且客观——他所拥有的现代理性，使他已经实现了对自己曾置身其中的乡下人的超越。[①]

第一节　沈从文乡土作品的时空依托

任何作品的产生都有特定的时空并依附于特定时空的文化。黑格尔提出，每种艺术作品都属于它的时代和它的民族，各有特殊环境，依存于特殊的历史的和其它的观念和目的。[②] 紧随其后，史达尔夫人认为作品与其产生的自然环境、时代精神与民族精神息息相关。泰纳将这样的观点总结为文学三要素，即特定的作品与特定种族、环境、时代紧密联系。

从时间而言，1928年至1948年是沈从文乡土作品的重要时期；从空间而言，苗族地区是其乡土作品依托的重要地标；从民族而言，沈从文表述了纷繁复杂的苗区全景。下文将从时代、地域、民族三个角度论证这二十年苗乡是沈从文乡土创作的重要时空依托。

[①] 凌宇：《沈从文创作的思想价值论——写在沈从文百年诞辰之际》，《文学评论》2002年第6期。

[②] 黑格尔：《美学》第一卷，朱光潜译，商务印书馆，1979，第19页。

一　1928—1948：沈从文乡土作品创作的重要时期

1928年至1948年是沈从文创作的重要时期，具体而言可以从以下两个角度加以论述。

第一，从作品的数量而言，1928—1948年是沈从文创作的重要时段。沈从文作品最初发表于1924年12月22日的《晨报副刊》，是一篇题为《一封未曾付邮的信》的散文。1948年12月31日，他在《传奇不奇》后题识："卅七年末一日重看，这故事想已无希望完成。"同一天，沈从文又在赠周定一条幅落款处写下："三十七年除日封笔试纸"[1]，预示将结束文学事业。

从文本收入情况而言，从1926年北新书局出版的第一部文集《鸭子》到1948年开明书店出版的《长河》，皆在1948年前完成。据统计，沈从文95%以上的文学作品完成于这二十年。

第二，从作品的艺术成就而言，这一时段的作品代表了沈从文文学创作的最高成就。尽管沈从文创作了不少散文作品如《新湘行记》《自传》等，编著了代表其最高成就的学术专著《中国服饰研究》[2]，然而提及沈从文，尤其是其代表性作品，如《边城》《长河》《湘行散记》《湘西》等，则几乎全在1928年至1948年完成。具体而言，可将其较有代表性的作品梳理为：

1928年，创作《柏子》；

1929年，创作《牛》《龙朱》《媚金·豹子·与那羊》《神巫之爱》；

1930年，创作《丈夫》《萧萧》；

1932年，创作《月下小景》《从文自传》《虎雏》；

1933年，创作《阿黑小史》《凤子》；

1934年，创作享誉中外文坛的《边城》和散文集《湘行散记》；

1937年，发表《贵生》，并创作《小砦》和系列散文《湘西》；

1938年，写下重要代表性作品《长河》，并在8月开始连载《湘西》；

1942年4月，补充修改《长河》第一卷[3]；

1947年3月，写完散文《一个传奇的故事》，6月发表小说《巧秀与

---

[1] 沈从文：《沈从文全集》附卷，北岳文艺出版社，2009，第38页。
[2] 沈从文：《中国古代服饰研究》，商务印书馆，2011。
[3] 沈从文：《沈从文全集》附卷，北岳文艺出版社，2009，第27页。

冬生》《传奇不奇》，是《赤魇》和《雪晴》的续篇，这也是他文学创作生涯中最后发表的小说作品。

可见，从数量和质量而言，沈从文乡土作品多数创作于1928年至1948年，这二十年是沈从文乡土作品创作的重要时期。

二 苗乡：沈从文乡土作品依托的重要地标

著名作家汪曾祺评价沈从文："沈从文在一条长达千里的沅水上生活了一辈子。20岁以前生活在沅水边的土地上，20岁以后生活在对这片土地的印象里。"换言之，沈从文的乡土创作与苗族文化联系紧密。苗族地区是沈从文乡土作品依托的重要地标，这可以从生命履历、创作目的及作品解读三个角度加以论证。

首先，从生命履历而言，少数民族的血统、青少年的乡土生活与军旅经历和成年后的两次还乡，使得沈从文与苗族命运紧密联系。

第一，从血统而言，沈从文在《从文自传》中说："祖父本无子息，我婆为住乡下的叔祖父沈宏芳娶了个青年苗族姑娘生了两个儿子，把老二过房作儿子……我照血统说，有一部分应属于苗族。"在《龙朱·前言》中，沈从文写道：血管里流着你们民族健康的血液的我，二十七年的生命，有一半为都市生活所吞噬，中着在道德下所变成虚伪庸懦的大毒，所有值得称为高贵的性格，如像那热情、与勇敢、与诚实，早已消失殆尽，再也不配说是出自你们一族了。[1]

可见，从文化与心理认同而言，沈从文认同自己的少数民族身份。如果说上述作品对身份认同的表达较为含糊，那么，沈从文在与凌宇谈及他文学创作的情感基调时，则体现出强烈的民族认同。

> 凌宇："……您作品中那份乡土悲悯感给我的震撼实在太大。在这人生悲悯里，深藏着您对南方少数民族命运的忧虑。不知我的感受对不对？"
>
> 沈从文："苗人所受的苦实在是太深了……所以我在作品里替他们说话。"[2]

---

[1] 沈从文：《龙朱》，载于《沈从文全集》第5卷，北岳文艺出版社，2009，第323页。
[2] 凌宇：《风雨十载忘年游》，载于中国作家协会编《新时期中国少数民族文学作品选·苗族卷下》，作家出版社，2013，第496页。

第二，青少年的乡土生活与军旅经历使沈从文深深浸染苗族文化。童年在镇箄的生活经历，使他有较多机会接触"熟苗"区的苗族文化。在军营的生活期间，他的足迹遍布湘西、川东、黔东、鄂西的乡镇与码头，使得他对苗族文化的描写得心应手。在沈从文乡土作品中，活跳跳的苗族文化随处可寻：春天采蕨，秋摘八月瓜，冬熬腊八粥；溪流深处砍鱼，秋天的夜晚夜渔，农闲之时捉野猪；端午节吃粽子、划龙舟，还傩愿时请神、上牲等。

第三，沈从文成年后的两次还乡使其与苗族命运紧密联系。1934年，沈从文因为母亲病重第一次回乡。《边城·新题记》中写道："入冬返湘看望母亲，来回四十天，在家乡三天，回到北平续写。二十三年母亲死去，书出版时心中充满忧伤。"可见，《边城》固然是回乡之前开始创作，但继续并完成于回乡之后，即便只在老家停留三天，然而沿途创作的《湘行散记》可看成是对当时苗族社会的速写：《辰河小船上的水手》流露出他对苗族命运的担忧；《滕回生堂的今昔》则通过其继父以及干哥哥松林的命运，暗示了苗族文化的剧变。

沈从文的第二次还乡是在1937年。抗日战争爆发后，湘西地方部队革屯后被收编抗日。沈从文的六弟沈荃在嘉善之役中负伤，沈从文通过他得以了解战争内幕，意识到抗日战争的爆发使得苗族地区的重要性日益凸显。为了澄清外界讹传，他创作了系列散文《湘西》，试图消除误解，增加同情。1938年春天，沈从文还在湘西历史上扮演了一个小小的政治角色。他在沅陵时，把同乡文武大员请到哥哥沈云麓的家里谈了一次话，号召家乡人"团结"起来——就是说要识大体、顾大局，支持有关国家存亡的战事，再乱下去等于资敌，会让全湘西人丢脸。在回湘西之前，沈从文在长沙写过一封极其感人的信[1]，号召全湘西人不要啸聚为匪，落下骂名[2]。

其次，从沈从文的创作目的而言，苗族地区亦是其乡土文学作品魂牵梦绕的地标。从沈从文影响深远的《边城》《长河》《湘西》来看，在每一部作品中皆有关于苗族的叙述。《湘西》的写作目的在题记中说得很清楚。至于我这册小书，在本书第一章上即说得明明白白：只能说是一点

---

[1] 这封公开信即下文要重点解读的《莫错过这千载难逢的报国机会》。
[2] 金介甫：《沈从文传》，符家钦译，国际文化出版公司，2009，第304—305页。

"土仪",一个湘西人对于来到湘西或关心湘西的朋友们所作的一种芹献。我的目的只在减少旅行者不必有的忧虑……能对这边鄙之地给予少许值得给予的同情,就算是达到写作的目的了。①

《长河》是沈从文着墨最多的未完成长篇小说。在题记中,沈从文明确提出:一般人士对于湘西实缺少认识,常笼统概括为"匪区"。地方保甲制度不大健全,兵役进行又因"贷役制"纠纷相当多。所以我写了两本小书,一本取名《湘西》,一本取名《长河》。② 关于《长河》的创作目的,金介甫的解读最为合理。金介甫提出,蒋介石将沈从文家乡的部队安置在前线,采取种族灭绝政策来对付苗民。沈从文认为他未来的著作一定要写出这一点,这部作品就是《长河》,虽然他没有把它写完。③

要想更为直接地理解《长河》的创作目的,《一个传奇的故事》是较为重要的参照。《一个传奇的故事》表面写的是其表兄的故事,实则是以本地历史为背景,借一个人的命运书写当时苗族的人生际遇。可见,虽然沈从文的文学作品避开政治捆绑与道德说教,唯恐留给读者的只是痛苦,所以特意加上牧歌的谐趣,取得一定程度的调和。然而,透过其作品,依然可以看出他对苗族命运的牵挂与担忧。

最后,从文化深描而言,沈从文的乡土作品传达出苗族文化的特质。这可以从作品的内容简介以及作品传达的苗族文化两个方面加以理解,笔者将他较有影响的代表作整理如下(见表 5-1)。

表 5-1　沈从文乡土作品的苗族文化解读

作品	地点	作品内容简介以及作品传达的苗族文化
《沈从文全集·小说·第一集》	凤凰	早期练笔阶段:野店、赌徒、卖糖复卖蔗、羊羔、鸭子、蟋蟀、往事、玫瑰与九妹、夜渔、代狗、船上、占领、槐化镇、宵神、猎野猪的故事、入伍后、我的小学教育、屠桌边。
《沈从文全集·小说·第二集》①	凤凰	早期练笔阶段:船上岸上、雪、在私塾、卒伍、爹爹、更夫阿韩、瑞龙、赌道、堂兄、福生。
《阿丽思中国游记》	凤凰	借助阿丽思的童话体小说批判当时的中国,其中,第二部第十章以阿丽思在湘西的见闻再现苗民为生计所迫鬻儿卖女的悲惨境况。

---

① 沈从文:《湘西》,载于《沈从文全集》第 11 卷,北岳文艺出版社,2009,第 329 页。
② 沈从文:《长河》,载于《沈从文全集》第 10 卷,北岳文艺出版社,2009,题记第 6 页。
③ 金介甫:《沈从文传》,符家钦译,国际文化出版公司,2009,第 307 页。

续表

作品	地点	作品内容简介以及作品传达的苗族文化
《男子须知》	里耶	主人公即大王之部队将全体移住里耶，地点明显在苗族地区；被逼上梁山的大王重情重义，接亲时大王被招安为清乡第十支队司令，描绘出当时苗族地区官逼民反、官匪一体的真实境况。
《七个野人与最后一个迎春节》	北溪村	文中传达出对神的敬畏与对官的抵制、对平等的追求与对权势的抵触、对寄生生活方式的排斥，可看出这是"有族属而无君长，有贫富而无贵贱"的"生苗区"。
《一个女人》	所里	丈夫为苗哥，有早婚（童养媳）的习俗，因为战争，丈夫被抽为壮丁，可看成湘西20世纪上半叶的缩影，即大量青壮年被迫抽丁。
《龙朱》	白耳族苗	尽管地点模糊，但从以歌求爱的婚恋方式加之出现了较为清晰的白耳族苗人，可推测为苗族地区。
《媚金·豹子·与那羊》	白脸苗人	从爱情胜过一切牛羊、金银等物质的习俗与为爱殉情的媚金与豹子加之出现了明确的白脸苗人可推出为苗族地区。
《神巫之爱》	云石镇	由于出现明确的花帕族②，可推测为苗族地区。
《牛》	桑溪	牛被当局强制征用暗示当局的为所欲为，可视为当时苗族地区的缩影。
《建设》	X市河街	从"乡下的哥"特有的做事耐劳、待朋友诚实、不会赌博、不会偷东西等品行可推测其为苗民。
《黔小景》	贵州深山	饿殍遍野，随处可见挑着父兄人头的小孩，传达出贵州深山苗区的满目疮痍。
《凤子》	镇箪新寨苗乡	人民敬神守法，神治大于法治与礼治；以歌求爱的婚恋习俗；通过一位外来者与总爷的交流传达出苗族宗教仪式的神圣性。
《阿黑小史》	油坊	阿黑与五明的婚恋故事。
《边城》	茶峒镇③	文中"车路"与"马路"并存的婚恋方式，质朴、勤俭、和平、勤劳与正直的民族品质，可推断《边城》理论上属于苗族故事。
《贵生》	浦市	地主对贵生经济和精神上双重压迫，结局是贵生落山为匪。
《顾问官》	四川某部	苗族地区经济学记录，从文中解读出鸦片与赌博对地方的腐蚀，地点在川东。
《丈夫》	黄庄	违背人伦道德的妻子短期卖淫；水保与军人的随意凌辱迫使丈夫最后愤然带走妻子回归乡村。
《柏子》	辰州河岸	年轻水手柏子与妓女简单而热烈的爱，这样的主题多次出现在沈从文的系列作品中。
《月下小景》	黄罗寨④	一个语言、习惯与汉族隔离的民族居住地：小砦主傩佑与女孩以歌为媒的恋爱却陷入南方汉人杀戮、西方荒山阻隔、向北处女禁忌、向东日头炙烤的境地，故而双双自杀殉情。

续表

作品	地点	作品内容简介以及作品传达的苗族文化
《长河》	吕家坪	对以保安队长为首的沙脑壳⑤的排斥、来来去去的军阀对百姓的搜刮、以三黑子为代表的年轻一代萌动出的反抗意识,地点清晰,在湘西麻阳苗族自治县吕家坪。
《小砦》	王村	永顺县酉水中部:下行二百里到沅陵,就是酉水与沅水汇流的大口岸。上行二百里到茶峒,地点在川湘边上,接壤酉阳。底层妓女桂枝靠商人生活却情寄乡下的憨子。
《芸庐纪事》	沅陵	沈从文大哥沈云麓对受伤弟弟沈荃的关照以及对抗战后方工作的支持。
《动静》	长沙	沈从文胞弟沈荃在嘉善之战中的英勇,在伤势未愈之时重上前线。
《雪晴》	高枧⑥	吃血酒盟誓、奔婚的传统,以及安良除暴替代乐善好施,可视为当时苗族文化蜕变的缩影。
《张大相》	地点不详	纨绔子弟的典型,文中出现一个苗护兵跟随,离苗区应该不远。
《湘行散记》	湘西掠影	书写了桃源、辰河、箱子岩、凤凰等苗族地区的人生百态。
《湘西》	湘西全景	常德、沅陵、泸溪、浦市、辰溪、凤凰等苗区文化的掠影。
《一个传奇的故事》	常德凤凰	借表兄与杨小姐的故事写出近两个世纪以来苗区的历史。

注:①《沈从文全集》之小说第一集与第二集皆注重故乡生活的全景式回忆,流露出较为明显的自然主义,可看成苗族风情与风俗的展示。

②沈从文此处所言的花帕苗可能是两林一带尚黑服饰之苗族 ghueb zheat 的他称。如就行政区域而言,ghueb zheat 属湖南凤凰、花垣、吉首三县市,包括凤凰县禾库镇、两林乡、米良乡、柳薄乡、三拱桥乡、腊尔山镇的贺村 giub xud 自然寨、原火炉坪乡,以及花垣县雅酉乡、补抽乡的少部分村寨,吉首市的社塘坡乡、大龙乡的少部分村寨等。就服饰文化而言,其服装特点是男装戴梅花状丝帕子、包黑裹脚,苗语叫 xaot mes zheat ghuoud(狗脚帕子),女装跟松桃服饰相比,后面没有滚花,围腰及膝盖;其他文化与东部苗族大同小异。ghueb zheat 直译为黑脚苗,人数约十万人。沈从文对苗族宗教较为详细的文学书写为《龙朱》《媚金·豹子·与那羊》《神巫之爱》,这是他少有的对苗族宗教文化的文学书写。

③据石启贵1935年调查,茶峒镇人口6825人,苗族4556人,约占67%。

④黄罗寨曾多次出现在沈从文传记中,为沈从文乡下老家即"长子四叔"的生活之地,为苗区。

⑤沙脑壳即从长沙派过来的军队。

⑥苗语音译,在湖南省湘西州凤凰县麻冲乡,临近猴子坪,是凤凰的朱砂矿区,靠近贵州省松桃正大乡的瓦窑村。

215

三 民族：沈从文表述纷繁的苗乡全景

沈从文的乡土作品深刻地描绘了当时苗族地区的整个面貌，写出了 20 世纪苗族地区的人物生存处境。正如学者所言：

> 沈从文以湘西乡村世界为题材的作品是 20 世纪前半叶的一部湘西史，是一部揽及湘西政治、军事、经济、文化、百姓的普通生活、平常心理、乡间民俗、山川、地理、历史文物等等的百科全书，其内容史一般的厚重和广博。①

沈从文乡土作品构筑了纷繁复杂的苗族生活全景，下文从经济、人物以及事件三个角度展开论述。

1. 经济角度：沈从文乡土作品的经济现象列举

沈从文的乡土作品对于经济的描述翔实而精确，大量地用数字对比与参照，揭示当时苗族地区的经济萧条与贫富悬殊。

在《辰溪的煤》中，沈从文以一个普通的煤矿工人家庭为例向读者介绍苗人生活之艰辛：户主向大成，挖煤工，每天工作 12 个小时，收入一毛八分，被煤块砸死后得 12 元安埋费；妇人李氏到河边码头给船户补衣，每天可得二三百钱；大女儿观音为两块钱被引诱破身，16 岁时父亲将她以 26 元钱押给"老怪物"，婚后卖淫 5 毛钱一回，后受辱自杀。

从《湘行散记》之《辰河小船上的水手》与《桃源与沅州》中可知，沅水一带约有 10 万人靠当纤夫在渡船上讨生活，这些人收入如何？沈从文列举道：掌舵的每天合八分钱；精壮能干的大伙计平均每天合一角三分；最为底层的小伙计一天可得十个铜子即一天一分二厘。从工作时间来说，这些人起早摸黑，拼命拉纤；就工作性质而言，水手该下水即下水，遇险滩就得拉纤；就待遇而言，饮食上吃辣椒、臭酸菜，晚上则睡硬船板；就职业风险而言，这些水手常年与恶浪险滩打交道，因选择这种工作之前与船主签有卖身契，即便遇到意外淹死，家人也无权过问。

固然，经济对比只能在同一文本中进行，不同文本的经济对比没有可比性，然而从《辰河小船上的水手》可知，就以沈从文这次包船为个

---

① 向成国：《回归自然与追寻历史——沈从文与湘西》，湖南师范大学出版社，1997，第 439 页。

案分析：沈从文需要花掉15块钱包一次船，除去舵手两块三、大伙计的两块六以及不足四角的小水手的开销，减去臭酸菜、干辣椒的简便饮食，余下的大约一半的收入是船主的利润。在此意义上，舵手、大伙计与小水手都成为他人赚钱的工具。笔者将上文提及的这两个文本中的底层人的收入列表如下（见表5-2）。

表5-2 沈从文作品中的底层人物收入情况

作品	角色	职业	收入	备注
辰溪的煤	户主向大成	挖煤工	0.18元/天	矿难后家属得到安埋费12元
	妻子李氏	农妇	偶尔补衣，合0.02—0.03元/天	
	大女儿	妓女	卖淫0.5元/次	典卖得26元，后受辱自杀
辰河小船上的水手	舵手		0.08元/天	
	大伙计		0.13元/天	
	小伙计		0.012元/天	

较之于这些胼手胝足的底层人物食不果腹的窘迫，同时代苗族地区上层社会的经济挥霍可谓触目惊心，试择录《贵生》中几段经济描写。一个城里来的小秃头，老军务神气，一面笑一面说：

> 你猜猜花多少钱？四十块一夜，除王八外快不算数。你说，年青人出外胡闹不得，我问你，我们想胡闹，成不成？一个月七块六，伙食三块三除外还剩多少？不剃头，不洗衣，留下钱来一年还不够玩一次，我的伯伯，你就让我胡闹，我从哪里闹起；老太太死时，他办丧事做了七七四十九天道场，花了一万六千块钱；不多久在城里听说又输了五千，后来想冲一冲晦气，要在潇湘馆给那南花湘妃挂衣，六百块钱包办一切，还是四爷帮他同那老娘子说妥的。不知为什么，五爷自己临时又变卦，去美孚洋行打那三抬一的字牌，一夜又输八百。六百给那"花王"开苞他不干，倒花八百去熬一夜。①

将《贵生》中以四爷为代表的地主阶级的开销与为四爷服务的贫民如贵生舅舅的收入对比，可列表如下（见表5-3）。

---

① 沈从文：《贵生》，《沈从文全集》第8卷，北岳文艺出版社，2009，第369—370页。

表5-3 《贵生》中三个角色的收入和支出情况

角色		身份	开销、收入、积蓄
贵生	四爷	乡绅	给母亲办丧事花费1.6万元；赌博输掉5000元；给"花王"开苞600元；赌博又输800元
	轿夫	长工	一个月7.6元，除去伙食3.3元，还剩4.3元
	贵生舅舅	长工	一辈子的积蓄20元

注：贵生的舅舅是一个大户人家的厨子，一个年过半百的孤寡老人，其一生的积蓄仅为20元，以当时的物价，5元钱可买两丈官青布、两丈白布、三斤粉条、一个猪头和一些香烛纸张。

从表5-3可见苗族地区的贫富悬殊。生活在同时同地的苗乡，贫富差距何以如此巨大？参照《顾问官》的叙述即可理解。作为军阀底层的顾问官每月薪水24元，但当他被派为收烟苗捐委员即监收人后，经乡长、保长层层克扣，共得1500元，除了打点各方的400元，一个冬季就可以盘剥民脂民膏1100元。当时，苗族地区民不聊生，经济掠夺的方式花样繁多，什么猪头税、牛头税、田谷捐、月月捐，甚至连买个鸡蛋都要抽税，当时苗族地区的捐税多如牛毛，据统计多达50多种。地主与军阀不劳而获，穷奢极侈，鱼肉乡里，为非作歹，底层人民却不得不卖儿鬻女，挣扎在贫困线上。无怪乎沈从文对传统苗族社会有贫富无贵贱无限赞美，对有权有势者的寄生生活方式极端愤慨。

2. 人物角度：沈从文文学表述下的众生形象

沈从文乡土作品构筑了纷繁复杂的苗乡全景，还表现在其塑造了众多的人物形象。就文学形象而言，沈从文塑造了少女系列的翠翠、三三、萧萧、幺幺；青年形象如三黑子、大老、二老、花狗等；军阀形象如保安团团长、大队长；乡绅形象如团总顺顺、滕长顺；水手形象如牛保、七老等；妓女形象如桂枝、观音等。

据学者统计，沈从文笔下的人物多达数十人，如乾城的傅良佐、杨安铭，麻阳的张秋潭，常德的丁玲、戴修瓒、余嘉锡，桃源的宋教仁、覃振，永顺的向伯翔，永绥的石宏规，溆浦的向警予、向达、武培干、舒新成，晃县的姚继虞、唐伯庚，凤凰的龙云飞、顾家齐、戴季韬、田星六、田三恕、刘俊卿等。① 对于这些人物，沈从文的记录有详有略，但都传神

---

① 向成国：《回归自然与追寻历史——沈从文与湘西》，湖南师范大学出版社，1997，第409页。

可感。其中有曾叱咤苗族地区的风云人物，如湘西王陈渠珍、湘西最后一位游侠田三怒、湘西枭雄陈汉章、苗族知识分子石宏规、青帕苗王龙云飞等，无一不在沈从文的乡土作品中得到立体的呈现。

不管是文学作品中的虚构形象还是现实生活中具体可感的真实人物，其命运都可以按照身份加以分类。前文曾言及，沈从文的乡土作品可按照内容分为三类，即边城净土、巫楚神韵与梦断桃源。下文以这三分法将沈从文乡土作品的人物形象表述予以分类。鉴于梦断桃源在数量上较为丰富，人性表达上更为复杂，故而重点论述。

边城净土中的人物彰显人性美与人情美，这些人生性善良、勤劳勇敢，性格算得上尽善尽美，最为集中地表现在《边城》里的翠翠、老船夫、二老与大老，《阿黑小史》里的阿黑与五明等。尽管那是一曲曲缠绵悱恻的乡村牧歌，但由于命运安排的错乱，最终成为苍凉的悲剧。这样的悲剧宿命最为集中地表现在沈从文寓言体小说《七个野人与最后一个迎春节》，鉴于下文将重点解读，此处省略。

巫楚神韵表现在沈从文众多宗教题材的乡土小说中，如《神巫之爱》《凤子》等。读者会误认为沈从文在虚构宗教弥漫的苗族祭祀，其实如果深入了解当时苗区巫风傩影的文化传统，便可以理解沈从文对"神"阐释的丰富性与立体性，并非简单的"迷信"二字所能概括。

梦断桃源成为沈从文乡土作品的重头戏，出现了众多的人物形象，具体而言，可以按照经济收入与政治身份划分为上层的寄生者、中层的乡绅团总、下层的底层人民以及上层与下层之间的"土匪"形象。

先说寄生者。这类寄生者成为沈从文笔下鞭挞的对象，虽然身份有所不同，如《传奇不奇》里有权有势的县长、《长河》中骄横的保安团团长、《顾问官》中的顾问官、《一个爱惜鼻子的朋友》中的印瞎子等。这类寄生者利用手中权势凌欺百姓，恶意造势"剿匪"，以便达到升官发财的目的；如《巧秀与冬生》里为了谋取私利蓄意激化村民矛盾的县长；做帮凶的如印瞎子或顾问官之流则充任烟捐或百货捐委员，利用手中特权搜刮民脂民膏，以供日常奢靡的开销。这类寄生者在经济上任意掠夺百姓，草菅人命，然而世事轮回，大量军阀到头来亦丧命于军阀火拼中，少数幸运者即便聚敛了大量财物，依然无法摆脱堕落的生活方式：荷包满了有什么用？还不是打几颗金戒指，镶两颗金牙齿。再不然，喝半斤闷胡子，胀得头晕晕的后，就跑到尤家巷小婊子处坐双台席面，去充阔摆格，哗啦哗啦送给小姨子。①

　　再说乡绅。乡绅在沈从文的笔下分为两种截然不同的角色，一种是沿袭旧传统的"老辈子"。这类生活于传统苗乡的"老辈子"是沈从文笔下较为正面的角色，如《长河》里的滕长顺以及《边城》里的团总顺顺以及《传奇不奇》里的满老太太。这些"老辈子"勤劳善良，深明大义，平时赡亲恤邻，保存着沈从文推崇的那种正直素朴的人情美。可时代急剧改变，不劳而获、唯利是图的社会环境使得他们以前寨老、耆老的身份逐渐模糊：满老太太家门的匾额已经由"乐善好施"改为"安良除暴"；滕长顺因为赌气，不肯白送一船橘柚，被保安队长威胁着要砍掉橘园，最后只能通过会长周旋破财消灾。细读滕长顺与会长的谈话可以看出这类乡绅的朝不保夕：

　　　　这个冬天不知道还要有几次，他们不会让我们清清静静，过一个年的。试想想看，巴掌大一片土地，刮去又刮来，有多少可刮的油水……你们都赶我叫员外，哪知道十月天萝卜，外面好看中心空。今年省里委员来了七次，什么都被弄光了，只剩个空架子。②

　　较之于令人尊敬的"老辈子"，另一种乡绅则为鱼肉乡里、腐蚀农村灵魂的特权者，如《贵生》中的四爷与五爷兄弟俩、《传奇不奇》中的大队长、《丈夫》中的水保等。这些人可谓上层寄生者的帮凶或走卒，依靠地租或权势，在经济上掠夺可怜的底层人民。如《贵生》里的五爷不仅在经济上无偿地占有贵生的劳动，还为了满足自己"开苞"冲喜的一时冲动，迎娶了唯一给予贵生希望的情人金凤，逼迫贵生上山为匪。这些肮脏的灵魂命运如何？即便金满箱、银满箱，转眼亦可能挥霍或被绑票，这些人的财富，除了被动的派捐绑票，主动的嫖赌逍遥，似乎别无更有意义的用途。

　　最后说底层人民。这是沈从文笔下最为悲悯却又哀之不幸怒其不争的角色。青少年的乡土生活与军旅生活使得沈从文有很多机会接触底层人民，这当中有水手、船工、老鸨、妓女等。上文已提及水手、船工任劳任怨地在水边、船上讨生活，在他们年富力强的时候，这些人毫不吝惜气

---

① 沈从文：《长河》，载于《沈从文全集》第 10 卷，北岳文艺出版社，2009，第 71—72 页。
② 沈从文：《长河》，载于《沈从文全集》第 10 卷，北岳文艺出版社，2009，第 70、134 页。

力,老了或病了,就躺在空船上或太阳下死掉。他们生活中仅有的娱乐便是上船和下船之间与相好的妓女短暂的温存,卑微得似乎可有可无。

对于妓女来说,从《小砦》里的桂枝、《辰溪的煤》中的观音、《丈夫》中的老七等可知一切皆为生活所迫。病态的社会使得正常的求生存活艰难,故而只能卑贱地谋生。这些人生前强颜欢笑,病倒了就被抬到河船边咽气。死去后亲人呼天抢地哭一阵,购一副薄棺木,再请和尚安魂念经埋掉完事,可怜可叹。

沈从文笔下的"土匪"可谓其乡土作品中的一抹亮色,具体形象可参照《男子须知》里的石道义、《从文自传·一个大王》里的刘云亭和惊艳美丽的女匪幺妹以及《沅陵的人》里的团长等。这些人之所以沦落为匪并非主动而为,更多的是官逼民反。如刘云亭曾用两只手毙过两百个左右的敌人,并曾经有过17位压寨夫人,然而在落草之前这人本是一个善良的良民,又怕事又怕官,被外来军人当成土匪枪决过一次,侥幸逃脱后居然当了大王。

沈从文在《沅陵的人》中对于农民沦落为匪的原因的剖析十分精当。对比前文第二章苗族歌谣之时政歌可知,当时苗族地区军阀混战,国民党到处抽壮丁,有权有势之辈可以通过购买或强迫他人替代自己服兵役,无权无势的百姓"独子也要当壮丁"。加上地租、力役、苛捐、杂税,条条绳索禁锢得底层人民无路可走,故而,有家有产的可能成为"土绅",无根无柢的只能转为"土匪"。事实上,在那个弱肉强食的年代里,"土匪"至少能暂时活命或勉强自保甚至还可能借此发迹。如《男子须知》里的石道义最终被招安,意外获得清乡第十支队司令的官府任命。

3. 事件角度:沈从文作品记录的苗族大事件

沈从文的乡土作品在体裁上有小说、散文、诗歌和戏剧,除去少数信件,多数表述都应归入文学作品,文学特有的虚构与想象加上沈从文特有的空灵表述,使得更多的读者认为其创作的终极目的是建构他所言的"希腊小庙",其实仅仅将沈从文的乡土作品作为文学作品来阅读,会消减其蕴含的史料性。作为从边城走向世界的第一位苗族作家,沈从文的创作一以贯之地表达了对于苗族命运的思考,细心的读者可以从其作品中读出影响苗族的重大事件。

在《湘西·题记》与《湘西·引子》中,作者以较为简略的文字概括了整个苗族历史。这份题记中出现的关键词如"地域五溪""马援征蛮"

"巫楚神韵""土司制度""改土归流""屯田练勇"等,均可视为东部苗族历史的缩影。

在《从文自传·辛亥革命的一课》中,沈从文对于辛亥革命的描写较为隐约。在作为孩童的沈从文眼中,他看到辛亥革命失败后大量的屠杀,沈父给他的解释是因为"造反",但沈从文记忆中不能忘记的只是关于杀戮那几千无辜苗民的画面。据《湘西苗族百年实录》所记:

> 唐世钧顾虑聚众日增,泄露风声,便提前在农历十月二十七日半夜,率部出发,袭击厅城。光复军以刀矛为武器,英勇奋战,旗开得胜,首战缴获清军枪械数十支。但终因城内毫无接应,清军火力密集,光复军寡不敌众,只得后撤………
>
> 举义失利之后,朱益浚大施搜捕、屠杀举义民众,并把所有倾向光复会的嫌疑人等集中在厅城内的三王庙正殿。强令搜捕的"嫌疑"民众一个个面对天王神像打"筶"定罪。[1]

这打"筶"的缘由与判决方式就是沈从文自传中提到的"杀人游戏":每天捉来的人有一两百,差不多全是无辜的农民,既不能全部开释,也不忍全部杀头,因此,便委托了本地人民所信仰的天王,把犯人牵到天王庙大殿前,在神前掷竹筶决定生死。

这些与整个事件无关的贫民成为替罪羊,其生死完全依靠竹筶投掷的结果,真正荒诞至极,无怪乎成年后的沈从文对于屠杀与特权深恶痛绝。在《湘西·引子》中,说起外地人对湘西的隔膜,他悲痛地写道:

> 陈先生(陈序经)是随同西南联合大学在长沙住过几个月的,既不知道湘西还有几县地方,苗民占全县人口比例到三分之二以上,更不注意湘主席何健的去职,荣升内政部长,就是苗民"反何"作成的。[2]

此外,《长河》则通过外地一个中学教员与当地老水手以及船长的谈

---

[1] 石建华、伍贤佑主编《湘西苗族百年实录》(上),方志出版社,2008,第391页。
[2] 沈从文:《湘西·引子》,载于《沈从文全集》第11卷,北岳文艺出版社,2009,第334页。

话，反映出当时轰轰烈烈的革屯抗日运动：

> 省里怕他得人心，势力一大，将来管不了，主席也怕坐不稳。所以派两师人上来，逼他交出兵权，下野不问事……船长说："这里那人既下野了，兵也听说调过宁波奉化去了，怎么省里还调兵上来？又要大杀苗人了吗？苗人不造反，也杀够了！"①

这段引文叙述的是1937年前后的湘西革屯事件。② 据史料梳理，自乾嘉起义失败之后，傅鼐提出"以苗治苗"政策，在湘西七县抢夺大量屯田以养军勇，自此百余年来"荒田不荒粮"的屯租犹如遏制苗族地区发展的枷锁，不少苗民为此家破人亡，妻离子散。革屯爆发之际，迫于抗日时期国内的"一致对外"，国民政府当局在革屯军武装斗争下，不得不同意"废屯升科"，革屯军接受改编开赴抗日前线，这部分内容可以参照《湘西革屯史之歌》③ 以及前文对苗族时政歌的解读。

如需了解当时苗族地区的抗日情况，还可阅读《芸庐纪事》与《动静》等。《芸庐纪事》通过描写沈从文大哥迎接在战场上受伤的弟弟，侧面反映出苗族在抗日战场上的付出和牺牲。《动静》则通过为沈荃治病的医生，描写了苗族地区的抗日行动。同样题材的描写出现在《一个传奇的故事》里。下文将重点解读反映苗民抗日的沈从文公开信《莫错过这千载难逢的报国机会》，此处简略提及。

第二节 《七个野人与最后一个迎春节》的寓意解读

《七个野人与最后一个迎春节》（下文简称《野人》）是沈从文创作于1929年的短篇小说，属于从创作摸索期向成熟期过渡的代表作之一。对于这部作品的解读，多数人以"乌托邦"为关键词展开，例如：邓晓东在

---

① 沈从文：《长河》，载于《沈从文全集》第10卷，北岳文艺出版社，2009，第101—102页。
② 1936—1938年，湘西屯田七县以永绥、凤凰、乾城苗族人民为主体，掀起了大规模抗缴屯租革除屯田的武装斗争，这即是历史上著名的湘西苗民革屯运动。革屯义军攻陷乾城、麻阳、凤凰、永绥和保靖，运动波及湘川黔三省边界，给国民党在湘西的统治势力带来沉重打击，促使省府主席何健被蒋介石强制调离湖南。
③ 前文在苗族歌谣叙事中已经详细梳理，此处不再赘述。参见石昌炽主编《中国民间歌谣集成湖南省卷·花垣县资料本》，1991年编印。

《悲剧语境下的乌托邦幻灭——解读沈从文〈七个野人与最后一个迎春节〉》中提出，小说不过是在历史想象中建构了一个彼岸的梦幻，一个悲壮而破碎的梦。① 黄璐在《一个有关异质文明如何败亡的故事——浅析文本〈七个野人与最后一个迎春节〉》中认为，小说秉承了沈从文乌托邦小说一贯的重要特点即对于原始文明的神往、对原始生活模式的推崇以及对以湘西文明为典范所建构的那个原始、纯真、率性、神秘、正义世界的膜拜。②

以"乌托邦"为关键词的解读之合理性在于能将单一作品融入世界文学的主题中，丰富桃源情结的素材，然而会漠视这一作品的真实性与寓言性，消解这部寓言性作品的厚度和深度，造成理解上的误读。事实上，《野人》并非小说而是故事，对此，向成国、凌宇与金介甫皆有论述。其中，金介甫的论述最为清楚与明晰：

> 沈从文的另一篇小说《野人》是个可靠的民间故事，从中我们看到，七个苗族猎手，为了逃避官府王法，逃到山洞里去，每天打猎、唱歌、学拳棒医药，山洞成为恋人的藏身之所。他们咒骂官府来人以及那些"喜欢找麻烦的种族"的入侵；沈说故事《野人》是纯正的民间传说。在1980年6月27日和我的谈话中，也证实了这点。③

同一文本，为什么会出现如此截然不同的认识？《野人》究竟是乌托邦小说还是真实的苗族历史叙事？美国文论家詹姆逊提出，第三世界的知识分子都是政治知识分子，他们的文本总是政治文本，沈从文的苗族作品亦具有广泛的象征与寓言意义。事实上，《野人》表面看来是沈从文虚构的一个乌托邦短篇小说，然而设如参照沈从文的乡土系列作品，再通过当时苗族地区的文化深描可知，《野人》是苗族地区改土归流的文学表述，是苗族命运的寓意表述。

下文将以寓意为理解核心，以反抗为主线，以七个野人对于官府的反

---

① 邓晓东：《悲剧语境下的乌托邦幻灭——解读沈从文〈七个野人与最后一个迎春节〉》，《山东文学》2007年第11期。
② 黄璐：《一个有关异质文明如何败亡的故事——浅析文本〈七个野人与最后一个迎春节〉》，《文学教育》（中）2014年第4期。
③ 金介甫：《沈从文传》，符家钦译，国际文化出版公司，2009，第208页及第五章的注释43。

抗原因、反抗过程以及反抗结果为经,以四个重点词即"神""官""山洞""进步"为纬,结合沈从文的系列作品来逐一解读这部暗含苗族历史的短篇小说。

一 反抗原因的寓意解读

在《野人》中,北溪七个野人表面上所反抗的是北溪村的纳捐、纳税、法律、鸦片烟、乞丐、盗贼、公债、痛饮、拉兵役以及在一切极琐碎极难记忆的"规则"下走路吃饭等。① 细读文本可知,七个野人反抗的实质原因在于有"官"之后的文化与北溪村原有文化对于同一问题的不同处理方式,用二元对立的思维可以总结为无"官"之前对神的敬畏与有"官"之后对官的抵制。

1. 对"神"的敬畏

在《野人》中,沈从文写道:他们愿意自由平等地生活下来,宁可使主宰的为无知无识的神,也不要官。因为神是永远公正的,官则总不大可靠。② 在乡土系列作品《凤子》中,沈从文亦有类似的叙述。

由于缺少对苗族文化的深描,以往很多人无法理解"神"在苗乡文化中的神圣与权威。据乾隆《凤凰厅志》载:"盖苗族人畏鬼,甚于畏法也。"无怪乎沈从文在《湘西·题记》中提及:尤其是与《楚辞》不可分的酬神宗教仪式,据个人私意,如用凤凰县大傩酬神仪式作根据,加以研究比较,必尚有好些事可以由今会古。

正是对于"神"的信任与坚守,才可以理解《传奇不奇》里的中砦人对于誓约的舍生取义,"我们吃过了血酒,我不能出卖朋友,要死一起死在这个洞里";正是对于"神"的敬畏,方可理解前文提及的苗族古歌构筑苗乡巫风傩影的宗教信仰。

作为从苗族地区走出的文学家、思想家,沈从文熟悉巫楚神韵的非理性,他是否如当地居民一样对于"神"顶礼膜拜?事实恰恰相反,他知道"神"的虚幻性,但他亦同意"神"存在的合理性在于给人一种传统的敬

---

① 在一切极琐碎极难记忆的"规则"下走路吃饭等即沈从文先生在《长河》中多处提及的让乡下人闻风丧胆的所谓"新生活",参见沈从文《长河》,载于《沈从文全集》第10卷,北岳文艺出版社,2009。
② 沈从文:《七个野人与最后一个迎春节》,载于《沈从文全集》第4卷,北岳文艺出版社,2009,第186页。

畏感。在《凤子》里，沈从文借助一位城市客人反思"神"内涵的丰富性以及"神"存在的缘由：

> 在都市里它竟可说是虚伪的象征，保护人类的愚昧，遮饰人类的残忍，更从而增加人类的丑恶。但看看刚才的仪式，我才明白神之存在，依然如故。不过它的庄严和美丽，是需要某种条件的，这条件就是人生情感的素朴，观念的单纯，以及环境的牧歌性。①

这段话明确解释了"神"的存在需要素朴的情感、单纯的观念以及牧歌性的环境，而这一切恰为苗族社区拥有，故而"神"的存在有地理、历史与文化基础。正因为苗区深受巫楚神韵"三十六堂神，七十二堂鬼"的浸染，方可理解沈从文作品所言的"此外庙里还有几多神，官管不了的事情统归神管"，方可理解《野人》对于"神"的敬重与信任。

2. 对"官"的排斥

在《野人》故事中，七个野人最为反对的是"官"进入北溪。为什么对"官"具有如此巨大的排斥？当然是对"官"的作用全盘否定。"官"能保护什么？正如小说所叙述，老虎来了，蝗虫来了，起火水灾等自然灾害，官不能保护。没有官的社会，没有赖债的人、欺骗人的人和不劳而获的人；而有官的社会，赖债之事会发生，会增加乞丐盗贼娼妓兵役，每一个人会学会以骗人的方法去生活。②

通过对《野人》的细读，可以知道野人对"官"否定的理由有三。首先，从苗族传统的农耕文化而言，"官"不能应对任何的自然灾害。其次，从社会管理而言，"官"的存在会徒增"捐税"，而这一切的花费必然转嫁到百姓头上。一个捐税多达50多种的地区，百姓生活必然是水深火热。最后，从社会风习而言，有"官"之后会使人徒增狡诈，从而滋生盗窃、欺骗、卖淫等城市病。

果然，在《野人》故事之地——北溪改了司后，迎春节醉酒被禁止，别的集社也被禁止。不久就有不劳而获的人，就有靠说谎骗人的绅士，就有靠狡诈杀人的"伟人"，就有人口的买卖，就有大规模官立鸦片烟馆。

---

① 沈从文：《凤子》，载于《沈从文全集》第7卷，北岳文艺出版社，2009，第163页。
② 沈从文：《七个野人与最后一个迎春节》，载于《沈从文全集》第4卷，北岳文艺出版社，2009，第186页。

只有将《野人》中对"神"的敬畏与对"官"的排斥加以比较,方可理解沈从文在《边城》中所叙的老船夫与二老的一段谈话。在二老谈及为什么本地不出大人物之时,老船夫认为有大名头的人不应该也不必要出在边城这种小地方:"我们有聪明,正直,勇敢,耐劳的年青人,就够了。"①

野人也好,老船夫也罢,苗人想要的是自力更生的劳作。70多岁的老船夫不论天气好坏都要坚守自己的渡船,绝对不需要绅士、"伟人"与圣人。在有"神"的社会里,在《野人》中,野人的首领事事亲力亲为,为年轻人做榜样。而在有"官"的社会里,不劳而获、贫富悬殊、民不聊生成为当时苗族社会的缩影。

二 反抗过程的寓意解读

在《野人》中,沈从文将野人反抗官府的过程分为三个阶段即排斥、设阻、逃避。

排斥的过程是通过简单的语言描写来完成的。对于"官"要进来,第一个野人说我们赶走他们,第二个野人说我们把这些来的人赶跑,其他人意见全是这样。既然一定要来,而野人们又不需要,所以只有赶走,这唯一的办法。如若赶不走,倘若必须要力甚至血,野人将不吝惜为此牺牲。

设阻的过程亦同样充满无奈。既有设法去阻碍调查人员者,也有不许本乡人引路者,更有不许一切人与调查人来往者,甚至野人们分布各处,假扮引导人将调查人诱往深山以使其迷路,然而结果还是不行。

排斥无效,设阻亦于事无补,则只有反抗。反抗的结局如何?结局也是注定的。反抗的最后阶段只有逃避。逃到哪里?逃到山洞。因为按照惯例,住山洞的可以作为野人论。这些野人可以不纳粮税,不派公款,也不为地保管辖。逃往山洞并非在《野人》中单独出现,在《小砦》里皆有叙述:桂枝的情人黑子因为不愿意交粮纳税,亦乐意住在山洞。住在那些天然洞穴里的,多是一些似乎为天所弃却不欲完全自弃的平民。②

是否逃到山洞就能一劳永逸地解决问题?当然不是。山洞只是官府暂时鞭长莫及的临时避难所。此处要想理解"山洞"的寓意,必须与苗族历史的两个核心词即"边墙"与"生苗"相联系。只有这样,才能理解

---

① 沈从文:《边城》,载于《沈从文全集》第8卷,北岳文艺出版社,2009,第100页。
② 沈从文:《小砦》,载于《沈从文全集》第10卷,北岳文艺出版社,2009,第186页。

《野人》对于反抗官府过程的寓意解读。"边墙"几乎是民族隔离的地标,其修建目的在《苗族简史》中有着明晰的梳理:

> 万历四十三年(1615),(明廷)采纳辰沅兵备参政蔡复一的献策,拨帑金四万多两,修筑了一条从铜仁亭子关到镇溪所长约 300 里的"边墙",进行军事封锁,后来又从镇溪所到保靖喜鹊营,添筑了 60 多里,合共 380 余里,号称"苗疆万里长城"。从此正式放弃了对腊尔山地区的统治,直到清代康熙、雍正年"改土归流"后,才又复出设官治理。①

这道"边墙"即当下作为旅游景点的南方长城,区别于北方长城的防御功能,边墙的目的在于把苗族与汉族隔开。作为"化外之民"的"生苗"必须恪守"苗不出境,汉不入峒"的民族隔离规定,禁止苗、汉的商业贸易和文化交往。

依靠边墙的切分与隔离,"生苗"一词更加凸显。前文注释提及,"生苗"是相对于"熟苗"而言,前者在文化上指生活习俗与汉人迥异的苗人,他们在居住地理上与汉人隔离,在行政隶属上由于地理位置的"鞭长莫及"几乎不需缴纳赋税且不受土司管辖;后者则指在文化上与汉人文化有较多互动与交流的苗人,他们在居住地理上与汉人较近或杂居,在行政隶属上已被纳入户籍,同当地汉民一样遭受赋税和徭役且多数在某一土司的控制之下。"生苗"与"熟苗"是相对的概念,据苗族学者介绍:元明和清朝,"生苗"可能相当多,故郭子章说"生苗多而熟苗寡"。但随着封建王朝统治实力的扩展和苗汉接触、交往的加强,必然有一个"生苗"不断变成"熟苗"的过程。②

可见,"边墙"与"生苗"之间是辩证统一的关系:"边墙"的隔离使得"生苗"的文化得以传承。即便"生苗"地区无食盐出产,"生苗"亦乐意作为"化外之民",自愿放逐,过着有族属无君长、有贫富无贵贱的生活。《野人》中北溪村的七个野人即算"生苗",因为他们自愿搬到山洞居住。

是否排斥、设阻与逃避进入山洞或"边墙"之后,这些野人或曰"生

---

① 《苗族简史》编写组:《苗族简史》,民族出版社,2008,第 94—95 页。
② 伍新福、龙伯亚:《苗族史》,四川民族出版社,1992,第 223 页。

苗"即可按照传统的苗族文化平等地生活？答案是否定的。在第二个迎春节，因为这些野人即"生苗"居住之地没有被禁止痛饮，将近两百多人即所谓的"熟苗"前往饮酒作乐，"生苗"亦慷慨地将所猎取的野味与大伙分享，然而，第三天，七个野人全部被杀掉。

三 反抗结果的寓意解读

《野人》的反抗注定是悲剧，然而通过对结局的细读，可以解读出沈从文对于苗族命运的思索：

> 用十个军人服侍一个野人，于是将七个尸身留在洞中，七颗头颅就被带回北溪，挂到税关门前大树上了。出告示是图谋倾覆政府，有造反心，所以杀了。凡去吃酒的，自首则酌量罚款，自首不速察出者，抄家，本人充军，儿女发官媒卖作奴隶。
>
> 这故事北溪人不久就忘了，因为地方进步了。①

"进步"是整个故事的结局，也是整个故事的关键词，有必要来解读"进步"的寓意。"进步"一词，沈从文在系列作品中亦有提及，表面上事事物物都有了极大进步，但仔细分析，便见出在变化中堕落的趋势。怎样理解沈从文系列作品中对"进步"明褒暗贬的含义，下文将以小说《野人》中的"进步"所涉及的两个高度相关的文化事项加以论述。

一方面，"进步"的出现是以屠杀为前提。《野人》的描写是以苗族地区改土归流为蓝本，在《野人》中，野人的尸身留在洞里，野人的头颅被带回北溪挂到树上以杀鸡儆猴，最后结局是"官"进入北溪，北溪与其他地方一样纳入国家管辖。进步是以屠杀为起始可参见苗族地区的改土归流，据学者梳理：清朝统治者对"生苗"区的"开辟"，自始以来就采取以武力"进剿"为主，"先剿后抚"的方针。"生苗"区的"开辟"过程，充满了屠杀和流血斗争。②

在此参照下，《野人》是苗族改土归流的文学表述。凌宇也曾论述过：

---

① 沈从文：《七个野人与最后一个迎春节》，载于《沈从文全集》第4卷，北岳文艺出版社，2009，第192页。
② 伍新福、龙伯亚：《苗族史》，四川民族出版社，1992，第330—331页。

在沈从文小说里，对湘西社会历史演变的描写，可以追溯到"改土归流"这一重要历史事变，《野人》就展示出这一事变在苗区发生时的清晰图景：强行设立官府，取缔苗族宗法传统，消灭原有风俗习惯。伴随这一过程的，是对"不肯归化"的苗民野蛮与血腥的屠杀。①

可见，以"边墙"即山洞为界，改土归流的意义一分为二：就"熟苗"地区而言，因为早已汉化且有土司管辖，故而改土归流并没有遇到较大阻碍；而对于"生苗"而言，尤其是前文言及的武陵山一带"红苗区"和雷公山一带"黑苗区"，因为之前不隶属官府，素来无土司管理，不需缴纳赋税，根本"无土可改"，故而一定会导致"生苗"极力抵抗，正如《野人》所言，为了阻止"官"的进入，这些野人不吝啬力气甚至鲜血。事实上，于"生苗"而言，改土归流导致苗族大规模的反抗和抵制，随之而来的定然是征讨与杀戮。

据《清代前期苗民起义档案史料汇编》统计，仅乾隆年间对黔省两次苗民起义的镇压，就使得苗寨被毁1224座，起义者牺牲17600余人，被俘苗民25000余人，其中11000余人惨遭杀害。②被俘者家属被充赏为奴者13600人。因有清军围寨，被迫投崖自尽及饿死山林者，不下万人。这样的屠杀绝不是个案，据《湖南通志》所记：清康熙四十二年，清兵直逼镇篁苗区，勒令"苗民归诚"，"设立州县"，苗民不满，礼部尚书席尔达率清兵残酷屠杀不满的苗民。12月13日，攻下小天星寨，杀苗民493人。21日攻箐南大山，斩700余人。有统计显示，乾嘉苗民起义失败后，由于清政府的征战与杀戮，苗疆人口锐减，仅剩1/3。

另一方面，"进步"的代价是对异己文化的消灭。"进步"背后是文化优势法则。文化优势法则指那些在既定环境中能够有效地开发能源的文化系统对落后系统赖以生存的环境进行扩张。③在《野人》中，七个野人对待爱情是热情与赤诚的：他们的口除了亲吻就是唱歌赞美情欲与自然，不像有的人还要拿来说谎。而当北溪隶属"官"的管制之后，就开始有了不必劳作靠说谎谋生的"伟人"。在对待爱情方面，堕落方式正如沈从文在《龙朱》写道：女人把牛羊金银虚名虚事等物质看得比爱情更为重要，美

---

① 凌宇：《从边城走向世界》，生活·读书·新知三联书店，1985，第226页。
② 中国第一历史档案馆、中国人民大学清史研究所、贵州省档案馆编《清代前期苗民起义档案史料汇编》，光明日报出版社，1987。
③ 叶舒宪、彭兆荣、纳日碧力戈：《人类学关键词》，广西师范大学出版社，2004，第136页。

的歌声与身体同样被其他物质战胜，成为无用的东西。可参照同时代民族学家对于苗族婚恋文化的涵化反思与批评：

> 一部分的苗民，因为与汉人来往，染上了汉人的习惯，婚姻也仿照汉人一样，一切由父母出来包办，不管子女同意与否，父母把子女当成货物交易……这就是公认为文化很高尚的汉人所给与他们的恩赐啊。[1]

一边是在"神"的敬畏中人人依靠良心自食其力，一边是依靠权力掠夺他人劳动成果；一边是以歌声求偶，一边是以财物占有女性；一边是平等地自食其力、饮酒作乐、自由恋爱，一边是等级森严、强取豪夺与规矩众多；一边是想进入山洞而不得，一边是以"十个军人服侍一个野人"的绝对优势被杀掉割头。沈从文对于两种文化的取舍是明晰的。正是因为如此，"进步"在沈从文看来恰恰是堕落的。也正是出于对苗族命运的担忧，沈从文系列作品的基调显而易见：《边城》，牧歌里的凄凉；《长河》，压抑中的愤怒；《小砦》，堕落下的绝望；《野人》，乌托邦中的悲痛。

表面看来，《野人》里所描绘的人人劳作的谋生手段、众生平等的管理体制以及以歌求爱的恋爱方式，犹如虚构的乌托邦，事实上，《野人》中所谓的"进步"不过是苗族"改土归流"的缩影。在此意义上，《野人》是沈从文用文学的形式表述苗族历史的优秀作品。

第三节　细读《莫错过这千载难逢的报国机会》

苗族学者龙海清评论沈从文说，他正是弹唱着民族的悲歌从苗山边城走向世界的。在他弹唱的悲歌里，表面看来，不乏田园牧歌式的温馨，然而，细心的人不难从中领会到深层的悲痛，更不难发现他对民族性格、民族品德的讴歌，对悲惨命运的呐喊。[2] 若想感受沈从文对于当时苗族的忧虑、思考与关切，我们可以细读《莫错过这千载难逢的报国机会》这一封

---

[1] 林名均：《川苗概况》，载于贵州省民族研究所编《民国年间苗族论文集》，1983，第95页。
[2] 龙海清：《抛莲作寸丝难绝》，载于中国作家协会编《新时期中国少数民族文学作品选·苗族卷下》，作家出版社，2013，第542页。

公开信。

《莫错过这千载难逢的报国机会》（下文简称《报国》）是沈从文1938年春写给湘西在乡军人的公开信，这一公开信是他生平中为数不多的政治性作品。沈从文的文学标签多为讴歌人性美与人情美的作家，故而这少见的夹杂着血泪的纪实性作品，由于其创作时代的特殊性加之其隐含着苗族文化的诸多历史信息，可以成为解读沈从文文学表述的一个独特视角。

美国学者 M. H. 艾布拉姆斯认为任何文本的阐释与解读，都与文学四要素即作者、读者、作品与世界密切相关。

就作者而言，该文使用书信题材，纪实性与互动性使然，沈从文在开头或结尾处皆以自身经历加以叙述，在谈到创作动机时，他认为自己虽不能追随同乡上阵杀敌，却应该将同乡抗战经历写成书，让全国人知道所谓苗族匪区的真相，在抗日烽火中苗族健儿的每一个喋血之处都可证明他们爱国报国的赤子之心。

就读者而言，因为是书信体，从其副标题"给湘西几个在乡军人"可知，读者为同乡军人。从《沈从文年表简编》可知：1938年春，沈从文通过其大哥沈云麓邀请新任湘西行署的陈渠珍和"同乡文武大老"多人到"芸庐"家中，同他们围绕团结稳定湘西后方、支持全国抗战的大局做长时间的恳谈；后来，在给几个湘西在乡军人的公开信即《报国》中，沈从文进一步坦陈其意见。[①] 据相关资料，这些同乡中包含沈从文的老上司湘西王陈渠珍、青帕苗王龙云飞等。

就作品内容而言，《报国》分四个主题：沈从文自己的在外经历；分析家乡人自卑自弃的性格与抗日的紧迫；以128师嘉善之役的骁勇激励同乡人抗日报国；以"捍卫国土"和"糜烂地方"尖锐的价值对立，再次倡议安定后方和积极抗日，呼应标题即"莫错过这千载难逢的报国机会"。

就文本世界而言，《报国》不是单一文本，它与沈从文其他苗族题材的作品如《湘西》《边城》《长河》等作品相互呼应。加之处于抗日救国的特殊时代，《报国》充满强烈的国仇家恨，从中可以解读苗族在抗日战争之中所负的光荣与重负，饱含作者对苗族历史思考的悲痛，128师惊天

[①] 沈从文：《沈从文全集》附卷，北岳文艺出版社，2009，第23页。

地、泣鬼神浴血战斗的悲壮，对不公平遭遇的悲愤。参照沈从文的其他作品，《报国》和同类题材作品都流露出沈从文特有的对苗族地区忧患意识的悲悯。

一 悲痛：土匪污名与家乡人的自卑自弃

"悲痛"在《现代汉语词典》中解释为伤心，在具体运用上多指悲伤痛苦之意。沈从文在《报国》中提到，有次回长沙时被人称作"湘西土匪"，觉得很痛苦。① 当时的湘西，军阀混战，正如前文歌谣表述部分提及，"有枪就有势，有势就有官，当官须为匪，为匪可当官"，军阀、地主、土匪三位一体，被外界冠以匪窝之称。作为从苗族地区走出的作家，沈从文对此痛心疾首却又无能为力。

在沈从文的意识中，土匪对于地方的骚扰，其罪不可饶恕。他在还乡期间，耳闻目睹"春耕在即，匪势转炽"，房子被焚烧，家什被抢劫，要事不能行。然而湘西人何以沦为土匪这一问题更值得深思。在他表述苗族的系列文本如《苗民问题》中，沈从文指出，如果领导者贤明，外官能爱民、恤民，则家乡百姓绝不会啸聚山林，部分青壮铤而走险，为官地方者，难辞其咎，应该内疚、忏悔并反思。官逼民反的事例可参照沈从文文学表述之《一个大王》《男子须知》等。

除了统治者的横征暴敛、逼民为匪外，湘西人有其自身特有的局限性。沈从文在《湘西》中提及家乡人的性格特征，认为湘西人自以为穷，不时且不免因此发生"自卑自弃"的感觉，俨若凡事为天命所限，无可奈何。② 然而，沈从文知道家乡人本质上勤劳善良、勇敢正义，正如《报国》中所说：同乡们的本质、体力和智力都极好，吃亏之处在于缺少向上的理想，缺少现代人的训练，多数表现为个人私斗和意气争持。

怎样改变外人的眼光和家乡人的自卑自弃？沈从文在《报国》中提出：抗战刚刚开始，前线需要大量的勇士，我们应该克服自暴自弃的心理，无论是外出作战，还是安定后方，都应该拿出苗族不畏强暴、仗义济人的本色，用苗族健儿的鲜血证明自身的价值。

---

① 沈从文：《莫错过这千载难逢的报国机会》，载于《沈从文散文》第4集，中国广播电视出版社，1994，第447页。
② 沈从文：《题记》，载于《沈从文全集》第11卷，北岳文艺出版社，2009，第328页。

二 悲壮：苗族抗日战争的英勇表现

"悲壮"为悲哀而雄壮之意。就美学而言，接近于崇高的内涵，多指相对弱小但代表正义的力量与强大敌对势力的抗争过程中人所展现出来的精神力量。在《报国》中，沈从文指苗族抗日战争中苗族子弟"慷慨激昂、捍卫国土"的英勇表现。

1937年11月8日，以湘西凤凰籍官兵为主组成的国民革命军第128师在浙江嘉善与拥有飞机大炮的日军18师团交战。在这场战斗中，他们与日寇激战7昼夜，打退了敌人无数次进攻，创造了阻滞日军7天7夜只推进11公里的佳绩。交战双方武器装备悬殊，白天日军先以飞机狂轰滥炸，地面用炮火轰击我方阵地，然后以战车掩护其步兵冲锋。128师白天正面迎敌，晚上还得用白刃肉搏，将失去的阵地再夺回来。这是抗日战争中中国军队最悲壮的一幕，正如百姓对联所写：7天7夜128师扬威，11公里日寇步步是坟。128师官兵60%以上系凤凰、麻阳等地的苗族子弟，多为沈从文的同乡，加之沈从文的六弟沈荃在128师任764团团长，所以沈从文得以了解湘西战事的来龙去脉。

嘉善之役的战略意义自有史学家考证，沈从文在《报国》中流露出的悲壮，则是作为同乡人对同学、同事、同胞英勇抗战的高度赞许。其实，沈从文在《报国》中提到的伤亡数字并不全面，与中国人民革命军事博物馆的资料并不一致，但并不影响《报国》对读者心灵的震撼。

浴血奋战，伤亡惨痛，但以大局为重的苗族儿女在国难当头的情况下不计个人得失，以民族大义为重，以抗战守土为己责，慷慨为国捐躯。一些负伤的同乡，伤口尚未痊愈，得知前方需要人手，再次抛下妻儿老小，毅然走向前线。沈从文六弟沈荃重伤方愈，即率部在长沙、九江等地奋勇参战。苗族子弟就这样义无反顾地奔赴抗日战场，陆续参与了淞沪会战、武汉会战、长沙会战和华容之战等，表现出为国捐躯的悲壮。据苗学专家麻勇斌初步估算，在抗战时期，苗族人口不足200万，而在抗战中牺牲的苗族将士超过7万人，超过苗族人口的3.5%。

三 悲悯：苗乡题材的家园忧患意识

"悲悯"一词指对他人的苦难表现出感同身受的情感，折射出博爱之情。作为一封倡导抗日救国的公开信，沈从文在《报国》中更多地是激励同乡积极抗日。然而历史不是白板一块，苗族的历史更是一部被征战与被讨伐的沉重记忆——周代的"荒服"、大秦国的"五溪蛮"、汉代的"羁縻州"、宋元的"土司制"、清代的"流官"制，当时的苗族地区则被视为"匪区"。沈从文在《报国》中提到"只知道问题甚多，各方面都有问题"，其中"使爱国者不至向隅，欲抗日者不致无从抗日"的问题，其实就是苗族当时面临的革屯问题。革屯与苗族的历史密切相关，沈从文在《湘西·苗民问题》一文中曾提到，前文歌谣叙事《湘西革屯史之歌》也有梳理，不再赘述。

事实上，自乾嘉苗民起义失败之后，屯田制在苗族地区流毒百年，因沿未改。1936年6月"麻栗场之役"时称"永绥事变"揭开了武装革屯的序幕，屯田七县苗民在隆子雍、梁明元、吴恒良等湘西革屯军领袖的领导下掀起了大规模抗缴屯租革除屯田的武装斗争。即便这是苗民正义合理的诉求，然而到1937年10月8日，省府认定为苗民骚乱暴动，何健急调保安团前往镇压，提出击毙龙云飞、吴恒良、梁明元者各奖励五百元。抗日战争的爆发使得情况急剧变化，在国内"一致对外"的巨大压力下，革屯起义避免了重蹈咸同、乾嘉、雍乾等苗族起义素来流血漂杵、满目疮痍的悲剧性结局，革屯军与省府达成"废屯升科"和"改编抗日"的协议，更为翔实的表述可参考附录一中的《湘西革屯史之歌》。

作为从边城走出的作家，沈从文的创作与苗族文化密不可分。由于文学作品特有的审美性与形象性，沈从文在作品尤其是人物的塑造中避开了过多的政治说教，在《长河·题记》中，沈从文写道：四年前的一点杞忧……向上的理想刚刚能够发芽生根却又不免被急风猛雨摧折。文中的这"四年前的一点杞忧"是什么？"急风猛雨"指的又是什么？作者没有明言，我们不好妄加推测。

比起战死沙场的捐躯，同根相煎更令人悲愤。在《报国》撰写几年后，在《长河》后记中沈从文写道：

> 十二月十五校毕，去《边城》完成刚满十年。时阳光满室。长荣、子和、老三等战死已二年。陈敬摔车死去已一年。得馀离开军职已三年，季韬、君健两师部队在湘中被击溃已四个月。重读本文序言：骤然而来的风雨，说不定会把许多人的高尚理想，卷扫摧残，弄

得无踪无迹。然而一个人对于人类前途的热忱，和工作的虔敬态度，是应当永远存在，且必然能给后来者以极大鼓励的！这热忱与虔诚态度，唯一希望除了我用这支笔来写它，谁相信，谁明白？然而我这支笔到当前环境中，能写些什么？纵写出来又有什么意义？逝者如斯，人生可悯。①

苗族没有文字，更没有史官记载苗族这些英雄事迹，沈从文记录和叙述这些事实，可是谁来认真阅读和倾听——谁相信，谁明白？在多数读者心中，沈从文笔下的《边城》皆是醉心于人性美、人情美等"希腊小庙"的营造，而忽略了他作品背后对于整个苗族历史悲悯的反思。

在沉重的苗族历史前，在太多同乡的鲜血前，沈从文感觉到文字的苍白，故发出"逝者如斯，人生可悯"的感触。其中既有悲痛之后的感悟，悲壮之余的感慨，又有悲愤之时的无奈，更多的是悲悯之间的痛楚：两个世纪来清朝的暴政，以及因这暴政而引起的反抗，血染赤了每一条官道每一个碉堡。②

再次细读《报国》，悲痛、悲壮、悲愤、悲悯，一以贯之，不免引发悲从中来、不可断绝的情感共鸣。作为一介书生，沈从文的理想是善良的、积极的、正义的，然而在旧式中国军阀混战的局面下，一个素来背负化外生民的苗族社区，即便甘愿去流血牺牲，却几乎改变不了当局顽固的认识。作为走出边城的苗族人，沈从文认为，苗族地区被称为"匪区"，苗民被称为"土匪"，这是苗族人的耻辱，每个人都有涤除这耻辱的义务。他在《报国》中多次声明，他没有为一己私欲而呼吁抗日，他是为了家园、为了民族、为了国家而奋笔疾书。他极力呼吁同乡人应该不计前嫌、不计得失、积极地抗日救国，因为他懂得雪国耻重于解乡恨、救国才能救民族的道理。在此意义上，沈从文书写了当时苗族的现状与历史，构成了苗族文学表述的重要一维。

---

① 沈从文：《长河》，载于《沈从文全集》第 10 卷，北岳文艺出版社，2002，第 182 页。
② 沈从文：《凤子》，载于《沈从文全集》第 7 卷，北岳文艺出版社，2002，第 106 页。

结　论

在1928—1948年这二十年里，苗族的表述出现了重要转折，苗族从"蛮夷"转化为"边民"，甚至成了"中华民族的新鲜血液"和"引燃整个民族的青春火焰"。这一时段，苗族文化的表述出现了多重维度即沈从文的文学表述、凌纯声等的民族学表述、苗族知识分子的地方志表述以及以苗族时政歌为代表的苗族歌谣表述，形成了"他者观察"和"自我表述"的良性互补，呈现出主位、客位及阈限的互文与张力。本书通过扎实的文献查阅和深入的田野调查，综合运用文学、民族学、口头诗学等理论与方法来进行研究，主要结论如下。

一　1928—1948年是苗族表述的重要转折

历史上的苗族表述大多为对奇风异俗的兴趣以及对"顽苗"的征服与控制方略，本书提出1928—1948年是苗族表述的重要转折，苗族地区的形象经历了从"蛮荒之地"到"边城圣境"的转变。据不完全统计，在这二十年里，至少有110位作者参与了苗族的表述，当时刊载有关苗族表述的杂志近100种，论文不少于200篇，有数十个出版社出版了数量不少于15部的苗族著作，至于编印数量则远远超过出版数量；在这一时段共搜集了苗族歌谣不下1300首，囊括了苗族古歌、情歌及时政歌等种类；就图片和影视资料的整理而言，学者们拍摄的照片不下1000张，本书附录二收入了600余张图片名称。最值得一提的是，还有两段珍贵的视频记录，其中之一成为中国民族学影像志的起始标志。

1928—1948年是苗族表述的重要转折还可以从以下三个角度加以认识。

第一，从表述资料的获得渠道而言，不同于封建时期苗族表述材料的道听途说，这一时期的民族学家进行了多次团体调查和个人调查，在表述资料的获得上是通过田野调查而不是文献摘抄。国外调查多数属于个人行为，既有学者鸟居龙藏、鲍克兰等，又有传教士伯格理、克拉克、葛维汉与萨维纳等。国内调查方面，既有大夏大学社会研究部、中研院历史语言研究所与中山大学语言历史学研究所等研究机构组织的不下10次的团队调查，又有民族学专业学者、苗族学者、苗族地区的旅行者或工作人员进行的个人调查。

第二，从表述内容而言，这一时段的苗族表述出现了多学科、多身份、多角度与多媒介的多重表述。就多学科而言，表现为文学、民族学、语言学、地质学等多学科的专家参与这一时段的苗族表述，其中以文学和民族学成就最为突出；多身份则指这些表述者有民族学家、苗族知识分子、官员、客籍文人、传教士等；多角度表现为出现了主位、客位及阈限的互文与张力；多媒介则表现为文字、图片、视频、歌谣与碑刻等多种表述形式共存。

第三，就表述成果而言，这一时段的表述开创了苗族表述的若干个第一。具体包括：产生了第一位在国内乃至国际有影响的作家沈从文；第一次苗族国外表述大量出现；第一批苗族调查报告出版；第一本苗族（通）史写成；第一次苗族整体文化被表述；第一次出现对苗族表述历史的反思；第一本苗法字典出版，第一本苗汉字典印刷；第一本苗族乡土扫盲教材《西南边区平民千字课》印行；等等。

二　表述角度的主位、客位与阈限

人类学在表述角度上提出主位与客位的二元之分，主位与客位都具有相对性，故而超越简单的二元对立应有阈限之说。

长期以来，我们将表述限定在文字一维，正是文字中心主义的根深蒂固，使得在谈及这一时段的苗族表述时多数观点认为石启贵、杨汉先与梁聚五构成苗族的"自我表述"。事实上，在民间，苗族时政歌等口头歌谣才是苗族真正的主位表述。

本书凸显苗族歌谣的主位表述，由于无字，以苗族古歌为代表的苗族口头诗歌在苗族民众之间口口相传，苗族民众一直将其视为苗族社会的"编年史"和"百科全书"。换言之，除了文学与民族学的精英表述之外，底层的、满含细节并具有时代气息的歌谣表述，构成了解苗族文化的重要一维。

结 论

苗族歌谣的全民性使得它与整个民族的现实生活血肉相连。[①] 歌谣不同于文人表述的精英身份与疏离感,通过对苗族古歌、情歌与时政歌的系列解读,虽然未能完全勾勒这一时段苗族地区的样貌,但至少可以了解到:在婚恋方式上,苗族恋爱与婚配方式相对自由,以歌为媒介的求爱方式普遍存在;就经济民生而言,匪患多、捐税重,苗民生计艰难。这些成为沈从文文学表述、凌纯声等民族学家表述、石启贵等地方史志的逻辑基点和重要参照。

凌纯声等民族学家开启了苗族客位表述的重要维度。首先,就身份而言,这些民族学家几乎都是汉族,他们从地理到文化都属于"他者"身份。其次,就学术素养而言,这些民族学家多数都受过专业的学科训练,具备民族学家客位表述的专业素养。再次,就表述内容而言,这一时段的客位表述囊括了整体性的苗族文化。最后,就表述目的而言,民族学表述具有强烈的时代气息与政治背景。客位表述的贡献是,这一时期民族学关注苗族的教育、经济、文化等与民生密切相关的现实问题;其局限是,在进化论与传播论的双重影响下,凸显了汉化的合理性,而汉化合理性的直接后果,则为推行文化同化提供了理论借口。

之所以将苗族知识分子的表述定性为阈限是因为现代苗族知识分子的多元性即不同的知识分子在民族文化上的取舍各不相同。具体而言,当时的苗族知识分子的表述可以分为单线进化史观下的"耻苗"说、挣扎于苗汉文化之间与强烈捍卫苗族文化三类。本书以三个较为典型的案例梳理石启贵的表述特征为由述而作、诗史互动,梁聚五的表述目的为撰写通史、反对同化,杨汉先的表述个性为重视口述、心怀悲悯。他们的表述共性可概括为确定蚩尤为人文始祖、自觉的民族认同和强烈的国家认同。

这一时段进行苗族文学表述的作者不下 20 位,其中以沈从文最为典型。作为第一位影响深远的苗族书面文学作家,沈从文以《边城》《湘西》等作品表述构筑了亦"神"亦"魔"的苗乡,既有千年孤独的田园牧歌如《边城》中对苗乡净土的赞美;亦有巫楚神韵的张扬与渲染,如《龙朱》《神巫之爱》等;更有军阀混战后的梦断桃源,如《七个野人与最后一个迎春节》《湘行散记》等。之所以将沈从文的苗族文学表述界定为阈限表述可以从三个角度加以理解。首先,从身份而言,相对于同时代的汉族作

[①] 徐新建:《从文化到文学》,贵州教育出版社,1991,第 361 页。

家、相对于受过科班训练的民族学家，相对于同时代石启贵、吴恒良、隆子雍等这些从小用苗语交流的当地苗族知识分子，沈从文表现出强烈的局外人特征。其次，从对苗族文化的思考而言，由于走出苗区，沈从文表现出阈限者的冷静，他"入乎其内却又出乎其外"的视角，在对苗族表述中呈现阈限者的理智与客观。最后，就表现形式而言，沈从文的文学表述也体现出明显的阈限特征。文学表达特有的空灵性与审美性，使得沈从文的表述超越时空，为读者接受与赞誉。换而言之，如果能跳出狭隘的细节真实，细读沈从文的文学表述，则不难发现沈从文对苗族的宗教祭祀、自由恋爱方式、苗民热爱劳动鄙视不劳而获等苗族文化特质表述准确而又充满生命律动。在此意义上，沈从文用文学表述了苗族的历史、当下与未来。沈从文的作品能从边城走向世界，源于其走出苗区，取得了阈限视角所特有的冷静与悲悯。

三　表述多元互证的合理性和必要性

表述表面而言是"写作"或"表达"，实质是话语权的呈现。有学者将人类学的表述范式划分为三个时段，即业余民族志、科学民族志、反思民族志。承接表述范式转变的是表述角度的转变。人类学的表述从客位研究的一统天下到客位研究与主位研究的分庭抗礼，这不仅是研究方法的转变，更是社会思潮与哲学思想的投射。承接上文言及的主位、客位与阈限的多重表述，梳理多重表述的目的不是比较它们之间的优劣得失，而是并置多元，在互证中形成复调。类比于叙事学，表述的多元互证类似于巴赫金提及的陀思妥耶夫斯基小说中的对话原则：到处都是主人公们公开对话与内在对话的交叉、呼应或断续。到处都有一些观念、思想和话语，它们分属于几个互不融合的声音，在每种声音中又都独有意蕴。[①] 简而言之，复调的合理性在于各声部既有独立性，又能彼此形成良好的和声关系。

这一时段的苗族歌谣叙事、沈从文的苗族文学书写、凌纯声等苗族文化的民族学表述与石启贵等地方知识分子的地方志实录共同表述了这一时段的苗族文化本体。遗憾的是，由于专业所限，长期以来有关上述表述的研究都只在同一学科内有重要推进，沈从文乡土题材的主要表述对象即当时的苗族文化本体仅仅被作为背景提及，忽视了苗族文化持有者的本土性

---

① 钱中文主编《巴赫金全集》第5卷，河北教育出版社，1998，第369页。

声音，较少借鉴口头诗学、民族学等学科的研究成果；苗族古歌等歌谣研究则局限于在搜集出版汉译文本基础上的文学审美与史学考据，忽视苗族歌谣在苗族民众的认同与凝聚作用，漠视口头诗学的传承语境；民族学或地方实录研究则局限于二者之间的比较和民族史梳理，较少引入同时代多学科的探讨与并置。

民间的往往是真正民族的。① 如果漠视当时苗族古歌存在的巫风傩影的社会基础，忽略当时苗族青年以歌为媒的恋爱方式、奔婚与自由婚并存的婚嫁方式，不去探析当时苗族时政歌提及的苗族革屯抗租、黔东事变等大事件，仅仅从学者、文人的表述看苗族地区，它就是"他者"眼中落后的、原始的蛮荒之地，因其过度"汉化"，故而民族同化或"新生活运动"的推行就显得合情合理。

如果没有民族学家如凌纯声、吴泽霖等长期实地调查后的文本呈现，苗族的歌谣叙事与石启贵等本土知识分子的叙事则陷入自说自话。同样，缺少对《湘西苗族调查报告》《湘西苗族实地调查报告》中的宗教祭祀的理解，缺少对苗族巫风傩影的文化深描，则无法理解神在苗族文化中的神圣与权威，也就无法解读沈从文《龙朱》《神巫之爱》《凤子》等作品中对苗族宗教的相关描写。

无视当时苗族政治权利被忽略的时代背景，没有意识到部分苗族知识分子与苗民在身份认同上的"以苗为耻"，就会对石启贵等苗族知识分子提出更改苗族名称为"土著民族"、提倡苗族"废除椎牛等祭祀习俗"等流于片面的指责。②

缺少对当时苗族文化语境的解读，就无法深入理解沈从文作品。换言之，没有深描的苗族文化背景，对沈从文乡土作品的研究势必流于表面，无怪乎沈从文研究专家金介甫曾以自嘲的口气说："我仍然认为，沈之所以愿意接待我，讲他的生活经历，不过是因为我对他家乡历史感兴趣。说真话，哪怕连湖南人在内，对20世纪30年代湘西军阀混战史感兴趣而且深入了解这段历史的，我怕是唯一的一个。"③

---

① 高丙中：《民俗文化与民俗生活》，中国社会科学出版社，1994，第9页。
② 赵树冈：《边地、边民与边界的型构：从清代湖南苗疆到民国湘西苗族》，《民族研究》2018年第1期。
③ 金介甫：《〈沈从文传〉新版序》，载于《沈从文传》，符家钦译，国际文化出版公司2009。

综上，1928—1948年这二十年作为苗族表述的重要时段需要多维参照，随着中华人民共和国成立后苗族古歌、情歌、时政歌的大量搜集和出版，随着歌谣研究从歌词研究走向吟诵语境研究，随着沈从文的文学表述研究由传统的文本细读走向文化阐释，走向其依托的苗族文化的深描，伴随国外民族志书写的反思，凌纯声、吴泽霖等的苗族调查报告成为解读中国现代民族志的较佳个案，加之近年来更多这一时段苗族地方志的出版，人们可以更为全面地认识这一时期的苗族文化本体。

总之，本书区别于传统主位与客位的简单划分，提出超越二元对立之上的阈限视角，对这一时段苗族表述的文学、口头诗歌、民族志及地方实录进行多维度阐释，凸显口头诗歌的重要参照作用，深入认识并置多种表述的合理性。从学理意义而言，同一文本由于表述角度、表述身份与表述媒介的不同会呈现差异、分歧甚至对立，多重角度的并置并非比较其优劣得失而是更为立体地认识本体；精密的学科分类是近代教育的产物，在特定的民族区域文化研究中，需要突破单一的学科理论，整合同一对象的不同文本。从当下的现实意义而言，这一时段的苗族表述上承历代封建正史的污蔑表述，下启当代的民族学书写范式，是苗族从"蛮夷"走向"国民"的重要转折，特定时段与区域的多重叙事研究不仅有利于人们认识当时的苗族文化本体，而且有利于学界与官方以更多维的视角认识苗族社会，有利于尊重地方性知识与民族感情，促进少数民族地区的和谐稳定，促进不同民族之间的文化交流和对话。

附录一　苗族时政歌搜集选录[*]

一　《汉译苗疆民歌集》[①]

1. 《屯租之苦》[②]

朝耕土，夕锄土，年年月月欠屯租。
男耕田，女耕田，子子孙孙欠饷钱。
一年到头替人锄，苗家没有一块土。
四季劳动替人耕，苗家没有地安身。

2. 《何为难》

米不难，包谷红苕也可餐；
菜不难，萝卜白菜也送饭；
酒不难，高粱谷酒也把盏；
柴不难，荆棘枝丫可烧饭；
只有官盐实为难，没有白尝没有尝。

3. 《终岁勤劳》

不怕太阳如火烧，只要花巾把头包。
不怕雨大如倾盆，戴起斗笠随他淋。

---

[*] 这一时段的苗族歌谣除了六个较为完整的搜集本即《贵州苗夷歌谣》《西南采风录》《箅人谣曲》《民国时期湘西苗族调查实录·祭祀神辞汉译卷》《民国时期湘西苗族调查实录·文学卷》《汉译苗疆民歌集》之外，多数散落在著作、文集、歌谣选或地方文史资料之中。此附录仅仅选录从不同文本搜集的时政歌，特此说明。

① 申廓英：《汉译苗疆民歌集》，大伦印刷所，1937。
② 1928—1948年这些苗族歌谣多数没有歌名，故而除非搜集者搜集到歌名，否则下文所有歌谣的歌名全部以第一行歌词命名。

不怕风来不怕雨，不管阴来不管晴；
一年三百六十日，天天劳动要出门。
天天劳动要谋生，不比有田有土有钱人。

4.《吸鸦片烟自述》

苗家富豪万万千，田园土地尽湘边，
我本苗家富豪子，有吃有穿赛神仙，
自从学吸鸦片烟，开灯打火相缠绵，
一口二口尚无瘾，呼朋引类把味研，
吸了一年又一年，每天吸得七八钱，
到了中年染大瘾，混沌沉迷黑暗天，
三年四年七八年，金钱耗尽卖田园，
田园扫户归别姓，债项无偿典屋檐，
房屋绝契无座落，流落乞讨破庙前，
流落饥寒为匪盗，捉将官里下刑监，
一年未满牢内死，身败名裂辱祖先，
苗家不怕蛇和虎，只怕男女吸大烟。

二 《湖北苗族》[①]

1.《山上云里钻》

山上云里钻，山下在河边，
对山喊得应，走路要半天。

2.《去年教八个》

去年教八个，今年教一桌。
不是卖草鞋，险些养不活。

3.《桑木扁担软绵绵》

桑木扁担软绵绵，上挑桐油下挑盐。
草鞋磨破几多双，过年无有"刀头"钱。

---

① 龙子建等：《湖北苗族》，民族出版社，1999。

4. 《听说抓壮丁》

> 听说抓壮丁，穷人泪淋淋。白天逼得四处躲，
> 晚上狗咬踢破门，绳索捆绑成"罪人"。

5. 《鸦片烟》

> 鸦片烟，害人狂。
> 未曾害病先倒床。

6. 《月亮我的灯》

> 月亮我的灯，岩洞我的屋。
> 盖的是肚皮，垫的是脊背骨。

三 《湘西文史资料第十三辑》[①]

1. 《匪如梳》

> 匪如梳，兵如篦，团防犹如剃刀剃。

2. 《大刀兵百万》

> 大刀兵百万，佐道辅天行，保命乃小事，
> 世道要清平，打倒国民党政府，
> 消灭贪官污吏，取消苛捐杂税。

3. 《打官府、捉土豪》

> 打官府、捉土豪，
> 不上税、不完粮，
> 贫苦农民是一家。

4. 《张天师》

> 戊辰年腊月二十三，张天师出在芭蕉湾。
> 带领青兵和神兵，打得民团满山转。

---

① 酉阳 秀山 龙山 永顺 来凤文史资料协作委员会编《帅兴周的玩枪杆与抓权势》，参见《川湘鄂边民国时期兵灾 匪祸 民变·湘西文史资料第十三辑》，湘西州民族彩印厂，1989。

5.《如今地方一下穷》

> 如今地方一下穷，烧屋害到老百姓，
> 吃饭几个缺缺碗，挑水一担竹筒筒。

6.《有枪就有权》

> 有枪就有权，有枪就有钱；
> 有枪就有势，有势就有官，
> 当官须为匪，为匪可当官。

四 《苗家史》①

1.《糠菜半年粮》

> 糠菜半年粮，辣椒当衣裳，
> 棕毡作被盖，岩框是住房。

2.《望乡台》

> 望乡台上雾漫漫，苗家苦难说不完。
> 种田的没有饭吃，绩麻的也无衣穿。
> 天灾疾病年年有，更有抓丁虎狼捐。
> 当牛做马难活命，十有九家断炊烟。

3.《地租重》

> 地租重如山啊，劳役多如毛！
> 顶首加千遍，拉罗像狼嚎。②
> 千人血汗被喝尽啰，大人娃儿命难逃。
> 苗家世代受苦难，何日砸烂这铁牢。

4.《云遮雾锁雪山关》

> 云遮雾锁雪山关，冰封雪盖绝草岩。
> 虎狼当道难度日，家破人亡恨满怀。

5.《二郎滩》

> 好个二郎滩，四面都是山。

---

① 古蔺县《苗家史》编写组整理《苗家史》，四川民族出版社，1979。
② 顶首即地租，拉罗即财主。

家家背盐巴，户户盐巴淡。
三岁娃娃认不得自己的爹，
十岁孩子还没有裤子穿。

6. 《川滇路》

川滇路啊，穿丛山，
提起修路真伤惨。
男的被逼修路去，
妻儿老小去讨饭。
十个去了九不回，
死在路旁没人管。
乡长保长发横财，
穷人血汗全榨干。

川滇路啊，坡坎多，
干人修路苦情多：
一天两顿沙子饭，
皮鞭赶做牛马活；
地当床铺天作帐，
盖的树叶草砣砣；
谁能熬到路修好，
不死也脱几层壳。

7. 《韦吉周》

韦吉周，黑心狼，干人提起恨断肠。
派粮派款乱抓丁，修路贪污扣口粮。
敲诈勒索花样多，黑夜还要抢猪羊。
"黑狗""黑狗"再猖狂，定要剥你的皮，
抽你的筋，还要烧你的房！

8. 《晏家坝》

赶场不赶水落窝，爬坡不爬灯盏坡，
帮人不帮晏家坝，肚皮挨饿活路多。

9. 《帮人不帮这家人》

> 帮人不帮这家人，这家活路磨死人，
> 太阳当顶吃早饭，月亮当顶放工程①。

10. 《抓壮丁》

> 十月小阳春，又要抓壮丁，
> 若想不当丁，大家要齐心；
> 只要有联络，哪个敢来捉，
> 不怕龟子恶，捉到都打脱。

11. 《红岩脚》

（一）

> 红岩脚，荒草坡，苗家代代受折磨。
> 老板租子重，劳役比毛多。
> 筋骨累断血榨干，手捧芦笙心唱歌。
> 借它诉苦情，不是苗家乐。

（二）

> 红岩脚，荒草坡，苗家后代不怕磨。
> 斗罗落下去，仓罗出山坡。
> 财主老板心肠黑，总有一天跑不脱。
> 跳起芦笙舞，苗家要欢乐。

（三）

> 红岩脚，荒草坡，苗家汗水流满坡，
> 种出好庄稼，为啥肚皮饿？
> 同是人生父母养，为啥老板不干活？
> 谁能回答我，快快给我说。

12. 《抬轿歌》

（一）

> 爬山豆，叶叶长，这婆娘，像母狼。

---

① 放工程即放工，古蔺一带的方言。

坐在轿上打拐棍，下轿歇气又嚎丧。
老子今天不怕你，拿点苦头给你尝。

（二）

花花雀，闹山林，财主崽，似猢狲。
坐上滑竿要飞跑，上坎下坡不准停。
游山又玩水，折磨穷苦人。
猢狲不早死，难解心头恨。

（三）

山有崖，路有坡，地主老财真可恶。
他坐滑竿摇蒲扇，轿夫汗水流成河。
坡要铲，崖要凿，老财不死总是祸。
不要天爷长眼睛，要靠干人法儿多。

13. 《早晨天不见亮就动工》

早晨天不见亮就动工，晚上月落山梁才上床；
挖矿砸破手和脚，烧磺烟火鼻眼呛；
一月工钱拿过手，饭钱开了就精光。

14. 《二月惊蛰天》

二月惊蛰天，干人受熬煎。
保长又在画圈圈，来把壮丁编。
有钱便放你，无钱就拿米。
无钱无米把命抵，丢下儿和女。

五 《苗族文学史》[①]

1. 《国民党太不平》

有儿是老蒋的，

[①] 田兵等编著《苗族文学史》，贵州人民出版社，1981。

>有钱是乡长的,
>有谷子是地主的,
>有猪羊是队长的,
>有乖婆娘是保长的。

2. 《国民党》

>国民党,太凶暴,捐如草,税如毛!

3. 《天见张平》

>天见张平,日月不明;
>地见张平,草木不生;
>人见张平,九死一生。

4. 《国民党来抓大兵》

>国民党来抓大兵,无钱死,有钱生,
>开到前方去打仗,不打日军打共军。

5. 《日本鬼子坏良心》

>日本鬼子坏良心,卢沟桥边起战尘,
>蒋、何不去打日本,一心要去打共军。

6. 《高坡高岭田连丘》

>高坡高岭田连丘,爬坡上岭大汗流,
>栽秧薅草穷人苦,谷黄米熟财主收。

7. 《十冬腊月大雪飘》

>十冬腊月大雪飘,柳树枝头挂银条,
>财主身穿皮棉袄,牧羊孩子披稻草。

8. 《官家土目虎般凶》

>官家土目虎般凶,官家土目蛇样毒,
>官家土目修房子,苗家受尽苦。
>往来百里扛木石,人比牲畜还不如!
>人也扛来牛也驮,人扛不动双泪流,
>牛驮不动牛也哭,苗家苦处向谁诉?

9.《为了养活土目的老命》

为了养活土目的老命，我们去稻田坝①为他耕田；
为了养活土目家的后生，我们去稻田坝为他栽秧。
我们为他去薅秧，我们还为他去收割，
养活了土目一家大小，我们苗家的命难养活！

10.《龙街子土目的心太坏》

龙街子土目的心太坏，龙街子土目的心太毒，
撒秧的季节才来到，强迫苗家去先为他种。
龙街子土目的心太坏，龙街子土目的心太毒，
秋收季节还未到，催逼苗家先交他的租。

11.《哪天河水倒着流》

土目马脸长又长，没有苗家意志强；
木槽梁子虽然高，没有苗家志气高。
哪天河水倒着流，土目家就灭亡；
哪天河水倒着淌，木槽梁子就崩垮。

12.《天上星多月不明》

天上星多月不明，地上坑多路不平，
塘里鱼多水不清，土匪多了不太平。

13.《苦心歌》

烘笼当棉袄，红薯当粮草；
红竹当灯笼，赤脚当鞋跑。

14.《大反攻》

龙济公，真英雄，龙老德，了不得，
火药准备几大包，炸死屯官不让他们再作孽。

15.《交手打一仗》

交手打一仗，四五个县的官兵全死光，
上城快捉李县长，看他这回猖狂不猖狂！

---

① 稻田坝及下文的龙街子、木槽梁子皆在贵州省威宁县境内。

16. 《民国二六年起战争》

　　　　民国二六年起战争，日本疯狂在六月中，
　　　　他恢复满清做资本，压迫我彝汉和苗人。
　　　　兵分三路打中国，上海一打到湖北；
　　　　老蒋南京坐不住，林森四川去立都。
　　　　有田有地无人种，有房有屋住不得，
　　　　逃难讨吃排成行，无衣无食就把孩子舍。

17. 《活活要把日本鬼子捉》

　　　　日本强盗鬼飞机，来了三九二十七，
　　　　丢下五个冒烟弹，沅陵的百姓死千万！
　　　　我们都是中国人，快背枪，快集合！
　　　　死也不打共产党，活活要把日本鬼子捉。

18. 《美国兵是狗养》

　　　　美国兵呀，是人生还是狗养？
　　　　大白天来把人抢，抓住姑娘用车子装，
　　　　糟蹋多少好姑娘，爹娘泪汪汪。

19. 《蒋介石和美国狼》

　　蒋介石和美国狼，强迫我们去修飞机场，
　　挨饿受冻皮鞭抽，累死压死几多少年郎，哭瞎气坏几多老爹娘！
　　死的都是穷人哟，发财的却是乡保长。
　　乡保长买田又买地，老爹娘丢儿子又卖田庄。
　　气死人哟，哪时才天亮？

20. 《一年四季闷悠悠》

　　　　一年四季闷悠悠，苗家世世都发愁，
　　　　春耕青黄不能废，更无银钱买耕牛。

21. 《春耕、夏耘忙又忙》

　　　　春耕、夏耘忙又忙，秋天稻谷满田黄，
　　　　寸土不留我一分，种田人眼泪流成行。

六 《滚你的蛋吧，洋佬》①

滚你的蛋吧，洋佬，
信教不信教，自己有选择；
滚你的蛋吧，洋佬，
信教不信教，用不着你向导。
我们有正义的心，我们有勤劳的手。
信，我们自养，
信，我们自立，
信，我们自传。
不要你的"博爱"，不要你的"仁义"，
不要你的"平等"，不要你的"恩赐"，
不要你的"祝福"，不要你的"保佑"。
我们不是傻瓜，你怎能买得死人心？
滚你的蛋吧，洋佬！

七 《路边草踩平》②

路边草踩平，山坳石坐光，
纸钱灰堆三尺高，爆竹碎纸遍山乡。

八 《苗族文学概论》③

1. 《大田大坝官家占》

大田大坝官家占，梯田山岭财主圈。
官家地主两相连，土地山林湾又湾。

2. 《苗家砍柴没山砍》

苗家砍柴没山砍，打个麻雀没石岩。
屙泡臭屎没棒开，打把蕨菜也要钱。

---

① 参见苏晓星《苗族文学史》，四川民族出版社，2003。
② 参见湘西苗族编写组《湘西苗族》，《吉首大学学报》1982 年第 3 期。
③ 巴略、王秀盈：《苗族文学概论》，中国文史出版社，2006。

3. 《说到秋》

　　　　说到秋，望到秋。到了秋来收完谷子就借谷。
　　　　一斗生谷还斗米，一担生谷还三斗，到了秋时心更苦。

4. 《冬月里来冬月冰》

　　　　　　冬月里来冬月冰，乡乡县县抓壮丁，
　　　　　　兄弟俩人抽一个，独子也去当国军。

5. 《民国十年闹纷纷》

　　　　　　民国十年闹纷纷，又修马路又抓兵，
　　　　　　几郎被抓去施秉，修完马路去充军。
　　　　　　充军充到长沙省，夜间捆手床上睡，
　　　　　　腊月里来满一年，爹娘流泪妻哭声，
　　　　　　家中无米无柴火，军中无情冻死人。
　　　　　　白天起来上场地，天天喊着一二一，
　　　　　　吃的全是粝子米，穿的黄皮破稀稀，
　　　　　　当兵当了年又年，六十八岁没娶妻。

6. 《这也税》

　　　　　　这也税，那也税，打个臭屁也上税。
　　　　　　老子有钱偏不交，硬逼请你棺材睡。

九　《湘西苗民革屯抗日辑略》[①]

1. 《龙潭豆旺好坝田》

　　　　　　龙潭豆旺好坝田，田坝重叠卷书般。
　　　　　　十望谷子九望田，年年没有米过年。

2. 《餐餐都吃罐糊糊》

　　　　　　餐餐都吃罐糊糊，早早要咽锅菜羹。
　　　　　　一餐饭吃都没有，盐巴只剩牙一根。

---

① 雷安平主编《湘西苗民革屯抗日辑略》，中南工业大学出版社，1987。

3. 《年年起屋没人住》

年年起屋没人坐，岁岁养崽不见孙。

屋未修成野火到，儿未长成断了颈。

4. 《顺水漂呀顺水流》

顺水漂呀顺水流，莫送脑壳撞石头。

不是为娘心毒狠，灾荒、租重下场头。

5. 《今日登门来拜访》

今日登门来拜访，暂寄"猪"① 头在颈上。

来日挥刀把"猪"杀，祭天祭地祭苗疆。

6. 《兴坝百骑劫魏营》

兴坝百骑劫魏营，怎及"三英"调朱军。

古今俱有英雄将，"三英"② 美名万古扬。

十 《黔东南苗族抗日民间歌谣文化意蕴》③

1. 《可恨东洋小日本》

可恨东洋小日本，占我江山杀我人，

好男儿要当兵去，打倒鬼子才太平。

2. 《万家劫后无完瓦》

万家劫后无完瓦，千村毁灭剩破缸。

最恨残酷日本鬼，老弱妇孺都杀光。

3. 《妈妈，你不要去挖红苕了》

妈妈，你不要去挖红苕了，

红苕土下是一个弹药库，

那是盟军给日本鬼子备下的"晌午"。

---

① 猪为朱熙全。
② 三英为梁明元等。
③ 罗义群:《黔东南苗族抗日民间歌谣文化意蕴》,贵州省苗学会 2015 年年会参会论文,贵州都匀。

255

让他们吃了脑袋开花,让他们吃了魂上九霄。

4. 《飞虎队》

昨天,我给"美国街"送柴火,
见四个人抬着一个白人兄弟从我面前过。
他的脸上满是血块块,只有两个眼球像两个小窟窿。
白人兄弟呀,你有你的国家,
你有你的爸爸妈妈,为何来这里打仗?
假如你的爸爸妈妈看到你这个样子,
该是怎样的伤心难过!白人兄弟没有回答我,
戴墨丝镜的汉人说,日本鬼子在中国烧杀掳掠,
无恶不作,美国盟军帮我们打日本,
大家才过上好生活!

5. 《白人兄弟,你不能死》

白人兄弟你不能死,让我来为你招魂。
三个鱼崽摆上桌,六杯清酒敬神灵。
你神清气爽上飞机,炸死狗日的日本兵。

6. 《雷震是雷公》

雷震是雷公,打雷响轰轰。
消灭日本鬼,苗寨出英雄。

7. 《兄弟,我不能再等了》

兄弟,我不能再等了,
明天我要去到张秀眉归天的地方。
在那里,日本鬼子杀人放火呈疯狂。
家交给你了,爸爸交给你,妈妈交给你了。
假如两个月没有我的信,
你用一叠纸,用三炷香,用六条鱼,
招我的灵魂回故乡。
兄弟,我不能再等了,
明天我要去到张秀眉归天的地方。

十一 《闹土匪歌》[①]

(一)

湖南吵闹已有年,任是哪个只坐哭。
宣统坐位没有名,印信交给袁世凯。
如今百姓个个苦,贼子吵闹不得息。
地方完全做不成,搬在大地只坐哭。
民国成立二十年,土匪闹满一片地。
不得办法愁不好,百姓个个不得住。
地方团体把状告,也得统领帮扎兵。

(二)

苗家吵闹已有年,受苦受难坐在此。
山坡山峰没有路,水田荒作草坪场。
一半因病才打富,远空现出扫把星。
如鬼恶人龙三五,独立的人有许多。
一半就因土蛮龙,到处都是土匪窝。
天星庵堂也生好,大家做好一个寨。
不想土匪忽然进,和尚叫骂惊失措。
没有法子做得好,三营百姓只坐看。
团长带兵大家来,百姓来的也齐整。
五方四面围好好,两边开仗打一阵。
人马重叠成云块,队伍站满地方宽。
路上多塞树木枝,在后投降也不知。
如今地方将将好,达官富人不要怕。
歌唱拿来给你听,知要何时才宽心。

十二 《苗族通史》[②]

1.《苗王打江山》

苗王打江山,百姓喜连天,

[①] 参见凌纯声、芮逸夫《湘西苗族调查报告》,民族出版社,2003。
[②] 吴荣臻总主编《苗族通史》,民族出版社,2007。

不要躲壮丁，煮菜有了盐。

2. 《田大坪》

田大坪，不养人；
谷大堆，还受饥。

3. 《打到京城去》

打到京城去，穿绸子又穿缎；
三口肉一口饭，吃米不见糠。

4. 《不出捐》

不出捐，不纳粮，
赶走魏豺狗，共享太平年。

5. 《长工歌》

早早扫地哟才得早饭吃，
晚晚挑水哟才得晚饭吃。
官家主人哟又打又恶骂，
像打猪打狗呀把我乱糟蹋。
……

6. 《跑壮丁歌之抚胸想到伤心处》

想起以往恨夜长，泪洒枕头自凄凉；
抽丁抓我儿子去，我儿欲跑遭了枪，
失声喊妈倒下地，口吐鲜血把命丧；
抚胸想到伤心处，几番告状无人帮。

十三 《对国民党反动政府痛恨歌》[①]

反动政府统治下，国民党的大军阀。
倡谈民主尤著假，欺骗苗胞是生涯。

[①] 全诗揭露了国民党倡导民主、"五族共和"的虚假性，并谴责国民党到处抓丁、调戏妇女并鱼肉乡里的恶行，虽然是石启贵个人创作作品，但依然可以看成是当时苗族生活的缩影。参见石启贵编著《湘西苗族实地调查报告》，湖南人民出版社，1986。

附录一　苗族时政歌搜集选录

可恨伪军威风大，抓来丁役乱鞭打。
不讲理由分高下，处罚绚拷乱拘押。
强奸妇女作戏耍，轮行生死不管她。
把我苗人当牛马，力下无情任宰杀。
鼓睛暴眼令人怕，军纪坏透太偏差。
大人都是凶恶霸，瞒心昧己肚歪斜。
民有肥狗捉来打，饱餐不断鱼鸡鸭。
成群三五游乡下，摘人果实偷豆瓜。
这样军人天下寡，怨声载道痛肉麻。
谈起政治不成话，令人可恨叹谘嗟。
整饬吏政牌虽挂，暗中联系一把抓。
满清皇帝早打垮，看来政策还照他。
推行事业皆腐化，贪污重重一大沓。
痛心疾首真惮怕，政治经济猛高压。
任尔有钱都要垮，一次不了二次加。
为人个个怕挨打，出钱无非为免法。
物力财力损失大，鄙视苗人硬偏差。
剥削鱼肉横敲诈，视同化外非一家。
要钱恨把人心剐，恣意贪赃大枉法。
乱将苗人刑吊打，陷入火热满身疤。
众口一词开言骂，祸国殃民泪眼花。
五族共和招牌假，独把苗人抛水涯。
愚民政策谋分化，好来驾驭顺从他。
我毛主席忧心窝，保障苗胞建中华。
解放军来把他打，驱出海外陷泥砂。
七零八落台朝垮，内部分裂乱交加。
天罗地网八方下，罈中鳖蟹岂能爬。
一鼓动员跳上马，生擒活捉个个拿。
收回国土民归化，争取台朝共一家。
太平有日做戏耍，东海同游好泛槎。
苗族翻身有救驾，欢天喜地见光华。

259

十四 《民国湘西苗乡纪实》①

1.《抓丁派款害人民》

抓丁派款害人民，克扣食盐坏良心，
要布将帅杀恶吏，天下才能得太平。

2.《要像雄鹰展翅翔》

要像雄鹰展翅翔，飞到很远好地方，
飞到美丽京城去，杀了恶头转回乡。

3《家家户户种洋烟》

家家户户种洋烟，不种还要抽懒捐，
暴政昏官行霸道，苗民叫苦苦连天。

十五 《民间文学资料》②

1.《抓兵苦》

有个蒋介石，抽兵真厉害。
先前抽个把，以后抽得多。
把青年抽走，远离了家乡：
"我丢下家庭，流浪到远方。"
到了省城里，军服穿在身，枪支扛肩上。
坐车代替马，一早翻九坡，一晨过九处，
走遍天涯海角，走得晕头晕脑。
来到了江西，谁晓得八年能否回？
谁晓得十年能否回？谁晓得能回不能回？
要是死在自己的家乡，还会有棺材来埋。
要是死在人家的山上，只有用青草来遮，只有用树叶来盖。
命好还能返回见爹妈，命不好这回就死啦，不知何日才能再相逢。

---

① 隆名骥：《民国湘西苗乡纪实》，北京燕山出版社，2010。
② 贵州省文联、省作家协会、省民间文学工作组、省民间文艺家协会：《民间文学资料》第14集，贵阳中中印刷厂，1959。

2.《可恨国民党》

可恨可恶的国民党,不准苗家说苗话,逼我们剪头发。

我们苗家去赶场,见到他的狗警察,吓得我们到处躲藏。

可恨可恶的狗警察,见到我们砸石头,又往花衣涂上黄泥巴。

我们要是吹起芦笙,他们就骂:"苗子吹芦笙,再也吹不出个苗王来!"

3.《蒋介石压迫我们多惨啊》

我们苗家,命运不好,天天做活路,腰酸骨痛。

太阳出来就挨晒,大雨落来就挨淋。

砍高山,犁平地,种麦子,收玉米,

那些地主,要去一半多。

我们吃的没有,穿的没得。

屋前屋后,破破烂烂,像鬼住的地方。

蒋介石、吴鼎昌和杨森,压迫我们苗家多惨呀!

4.《搞秘密一点》

说不完的苦哟,道不完的难,

百花开来了蜜蜂,我们优美的苗家山歌哟,歌声多年没有了?

爹爹说:"那是鬼歌,信教的不能唱!"

我呆了半天,我呆了半晌,什么道理呢?!

"哪!"我说:"可怜的爹爹阿!我们上了当,

洋经才是鬼歌哩!信教,你得什么好处?

照样受人敲磕,照旧遭人侮辱,

不许唱苗歌,亲戚不想走,弟兄反了目。

爹爹啊,你是知道的,苗歌是好歌。

唱起苗歌来,心里热烙烙,兄弟来相亲,

亲戚相迎送,大家笑嘻嘻。"

爹爹说:"孩子,你选择吧!

苗歌是好歌,孩子,你去学吧!苗家有好歌,

苗家有好诗,苗家有好午(舞),孩子,学去吧。"

"哆!哆!哆!哆!哆!哆!"

歌儿学会了,还学吹芦笙。

爹爹说:"搞秘密一点!"

爹爹的眼泪淌下了:"洋歌是鬼歌,苗歌是好歌。"
小龙开心了,爹爹也笑了。

十六 《花垣县资料本》①

1.《湘西革屯史之歌》②

(一)

湘西是个好地方,风土民情分外香;
锦绣河山美如画,人杰地灵名远扬。
封建社会铁枷锁,生灵涂炭苦难当;
星移斗转天地变,更政不改旧朝纲。
封建王朝施屯政,田地被占瓜分光;
湘西有屯七个县,荒田荒地不荒粮。
辛亥革命爆发后,清朝政府被灭亡;
中华民国建立了,社会仍旧雾茫茫。
屯政更加猛似虎,百姓如坐针毯上;
死者无棺活受罪,无数投河颈悬梁。
凤凰有个大军阀③,狼群狗党一大帮;
全靠屯租养兵马,独居一方称霸王。
麾下大小头领多,各自称雄相对抗;
永绥有个宋濂泉,反陈抗租势力强。
陈氏下令清屯租,宋氏作梗在中央;
两霸各自怀心计,挟持屯租不相让。
虎视眈眈相对峙,暴雨欲来风满墙;
老奸巨猾陈渠珍,先发制人下毒方。
被处绝境宋濂泉,心中有数早提防;

---

① 石昌炽主编《中国民间歌谣集成湖南省卷·花垣县资料本》,1991年编印。
② 这首歌谣创作于中华人民共和国成立后,之所以将其列为1928—1948年苗族歌谣表述是因为其吟诵内容发生在1937年前后,是湘西革屯运动歌谣叙事最为完整、翔实、具体可感的民间口头诗歌,由于民间歌谣断代的模糊性与创作者的集体性,故而这首诗歌可视为湘西革屯最为典型的民间歌谣叙事。因为行文大量引用且目前还没有正式出版,故完全收入。
③ 指陈渠珍。

紧急组织"义勇队",连夜赶到大坪场。
六月廿四日凌晨[①],苗寨山村雾茫茫;
地方势力开战火,陈、宋两家动刀枪。
炮声隆隆震天地,人民更加遭祸殃;
战火相持成数日,形势难分弱与强,
省府派人来调解,绥靖处长叫陶广;
明装公正暗藏奸,支持永绥压凤凰。
有恃无恐宋濂泉,招兵买马更猖狂;
以抗屯租为理由,要挟县长刘慕唐。
召开区乡代表会,"废屯升科"定主张;
组织革屯诉愿团,主任交给吴恒良。
发表《宣言》和《代电》,呈报省里述端详;
请愿政府废屯制,违心改制定法章。
谁知专员余范传,逼陈交权任处长;
深得何健的赏识,自以得势趾高扬。
亲自跑到湘西来,强迫百姓交屯粮;
认为刘氏手段软,另派狗党来作伥。
新任县长李卧南,狗仗人势叫汪汪;
手段更加猛如虎,"诉愿"革屯无希望。
省县衙门相勾结,地方势力也帮腔;
平民百姓无路走,只有奋起搞武装。

(二)

一九三四三五年,旱涝灾害紧相连;
人民生活千般苦,饿死荒郊无人怜。
恶霸地主心肠狠,催租逼债更凶残;
隆团有个狗总爷,名字叫做石达轩。
豢养家丁四五个,前呼后拥在身边;
为虎作伥害良民,群众敢怒不敢言。
石春六和张巴柱,代表民意去告官;

---

① 1936年6月24日。

三十四军屯政处，受贿倒把良民陷。
春六被关一年多，释放回家仅月间；
为民告官遭不测，尸骨抛到天心眼。
噩讯传遍各苗寨，隆团群众怒火燃；
善恶到头终有报，慰藉英烈在九泉。
蚂蟥塘人石维桢，立志为民报仇冤；
虾公坡上喝血酒，盟毕一路走下山。
碰到"仓兵"四五个，冤家相逢机遇难；
一声令下齐动手，狗腿当场命归天。
总爷当时闻讯后，横身哆索（嗦）打寒战；
独自逃亡青龙坡，"草木皆兵"无处钻。
折回隆团来躲避，铜墙铁壁也枉然；
恶贯满盈末日到，死期就在眼面前。
石维桢与众兄弟，手起刀落把他斩；
谷子钞票一大把，塞到总爷咀里边。
打开仓库分屯谷，一根火柴化为烟；
革屯烽火从此起，首举义旗在隆团。
民豪有个龙正波，闻讯蹬足赶拢边；
坚决支持石维桢，誓同生死诛屯官。
烽火曼（蔓）延至铅厂，猫儿弹诺也点燃；
乡长保长闻讯后，赶到县城把兵搬。
见官双膝齐跪下，禀报县长李卧南：
"苗民起来造反了，请问县座怎么办？"
"饿钱"县长手发抖，急派死党去查看；
县大队长罗静平，夸大海口充好汉。
带领屯兵百余人，耀武扬威抵隆团；
扬言要抓"闹事者"，谁知反而被围歼。
龟缩一夜青龙坡，天明才敢走下山；
假意"拜把"称兄弟，巧使计谋蒙过关。
维桢为人心耿直，对待投诚政策宽；
谁知罗贼酒饭后，如鼠逃窜回花垣。
义军方知上了当，后悔不该听谎言；

首战祝捷反失利，再战教训记心间。
石维桢和龙正波，重将队伍来整编；
革屯定要革到底，不除苛政心不甘。
众人听罢齐拥护，建议四处去串联；
最先找到隆子雍，汇报隆团起事端。
隆氏家大屯租多，革屯正合他心愿；
趁机找着吴恒良，继续组织"诉愿团"。
原想官府发善心，减租削税少负担；
谁知"诉愿"无结果，屯租颗粒不准欠。
李卧南氏狗县长，派出爪牙龙治安；
进驻弭诺去督催，老虎冲里被阻拦。
龙氏慑于革屯军，龟缩弭诺不动弹；
永绥官府闻讯后，如坐针毡心不安。
抗屯支队龙云超，组织弭诺围歼战；
双方坚持有月余，吓坏县长李卧南。
忙拨棋盘"车、马、炮"，换个乡长龙光元；
一面急电报上司，"湘西绥靖处"求援。
六十二师长陶柳，兼程前来永绥县；
和平方式来解决，弭诺战火暂熄焰。
革屯运动方兴起，杀官焚仓事未完；
隆团弭诺抗屯租，形势影响到长谭。

（三）

隆团杀官闹革屯，烈火滚滚遍农村；
长潭有个梁明元，首先举旗来响应。
结拜兄弟七八个，歃血抗租一条心；
拯救人民出苦海，杀官分谷把仓焚。
三月四日那一天，排抽地段埋伏兵；
常健回家从此过，被捅一刀命归阴。
杀死乡长狗常健，受苦百姓皆欢迎；
缴获长枪十二条，花机关枪得一挺。
接着就把屯仓烧，屯谷分给老百姓；

窝勺烧到下寨河，长潭仓库化灰烬。
永绥县衙获悉后，顾此失彼忙不赢；
隆团事件未平息，长潭事件又发生。
急忙派兵来镇压，山高林密无处寻；
白天出来搞生产，晚上出动闹革屯。
明元当上大队长，四方能人来投奔；
新寨有个邓世弟，隆团有个石维桢。
兵马越来越壮大，花垣联络到保靖；
石兴顺与洪远润，纷纷领队来归顺。
屯军队伍驻谷坡，番号"革屯抗日军"；
梁明元任总指挥，千军万马听号令。
革屯军队为人民，组织纪律很严密；
军容风纪有"六条"，布告切切要凛遵。
组织机构健全后，迁到木沟来练兵；
没有枪炮自己造，山寨炉火通夜明。
人民看见心中爱，踊跃报名来投奔；
决心跟着梁明元，百年屯政要扫清。
红旗插到高坡上，随风飘扬镇乾坤；
县府看见心害怕，省里知道更慌神。
湖南省长叫何健，委派旅长刘建文；
日夜兼程永绥来，企图镇压起义军，
重点驻扎在县城，悬赏缉拿首义人；
区乡官员齐出动，苗寨山村布乌云，
隆子雍和吴恒良，暂避他乡看风声；
梁明元和石维桢，继续战斗更机灵。
省军命令大搜山，满山遍岭无处寻；
虚拟向省假汇报，谎说革屯已扫平。
勒令调防回城里，农村碉卡暂空虚；
革屯运动又勃起，烽火滚滚遍湘西。
有屯七县齐动手，风起云涌如卷席；
百年"屯政"定废除，群雄奋起农奴戟。
有识之士吴恒良，豆旺召开建政会；

各路兵马都来到，分官定爵振精神。
知识分子隆子雍，十月异乡回永绥；
巧与官府来舌战，慷慨陈词令人佩。
苗家儿女英雄汉，为民解脱子孙危；
再次"请愿"无结果，刀光剑影不留情。
当家埋下伏击战，设防布置极周密；
保靖屯军朱德轩；自投罗网陷重围。
死的死来伤的伤，你冲我撞求残生；
革屯势如龙卷风，顺者昌顺逆者靡。
"识时务者为俊杰"，出自古书《襄阳记》；
而今"贤人"多利用，为国为民千古垂。
麻阳有个龙文杰，凤凰有个龙云飞；
称雄乡里几十年，各立山头显神威。
龙云飞和陈渠珍，密谋参加"倒何会"；
龙氏回湘集旧部，审时度势举战旗。
乾城、麻阳被攻破，凤凰县城被包围；
省府何健闻讯后，"通电全省"稳时局。
调兵遣将来镇压，各自为政不统一；
南京政府蒋介石，大骂何健"娘希庇"。
专员公署余范传，见势不妙求引退；
何健如坐针毡上，宝座垂危在旦夕。
革屯烽火遍苗疆，席卷封建旧势力；
民主政治得发展，苗寨山村奏新曲。

（四）

革屯怒火未停熄，"七七事变"又发生；
光阴似箭飞船过，世道更加乱纷纷。
"内忧"未除外患起，国府一片呻吟声；
排除异己蒋介石，拔掉何健眼中钉。
治省派来张治中，胸怀大度察民情；
首先取消"通缉令"，公开承认革屯军。
邀请各县派代表，赴省共同议策论；

综合归纳有"六条","废屯升科"被承认。
具体执行怎么办，各县酌情自己定；
喜讯传到各苗寨，玩龙舞狮齐欢庆。
革屯目的已达到，男儿抗日去远征；
队伍接受新"改编"，番号概称"自卫军"，
后改"保安"为"新编"，赐与官衔安正名；
接受政府新编制，开赴泸溪去整训。
义军东下去抗日，桃源整编气象新；
各自领衔心欢笑，"诸将"盖有报国恩。
八年抗战驱倭奴，驰骋沙场建奇勋；
三年内战洒热血，留取丹心照汗青。
革屯运动成三年，意义重大且又深；
封建势力被打击，民主革命进苗村。
革屯距今五十载，苗家后代忆犹新；
英雄名字载千古，精神激励后来人。

2. 《革屯杀官焚屯仓》①

3. 《捉我儿子当壮丁》

府上站着活凶神，屋里来了活阎君。
国民党派真心狠，捉我儿子当壮丁。
可怜我老又多病，谁来侍奉老人身。
夏荒饥饿谁给米，冬来挨冷谁负薪。
一旦倒床不能起，枕边缺了送水人。
越思越想越痛恨，眼眶泪水流成痕。

十七　《贵州省苗族歌谣选》②

1. 《抓兵歌》

睡到半夜那一阵，爹妈被惊醒。
三更打大门，蒋匪抓壮丁。

---

① 因内容与《湘西革屯史之歌》有重复，故省略。
② 贵州省三套集成办公室编《贵州省苗族歌谣选》，中国民间文艺出版社，1989。

哎嗨哟,蒋匪抓壮丁哟!
妻子开口叫,打开后门跑。
手拿洋枪弹上膛,怎样跑得了。
哎嗨哟,怎样跑得了哟!
走拢坝子边,妻子送长衫。
长衫送到五里坡,唱首分离歌。
哎嗨哟,唱首分离歌哟!
抓拢大门口,妻子吊住手。
喊声妻子放开手,说起当兵硬起心肠走。
哎嗨哟,说起当兵硬起心肠走哟!
走到坝子头,遇到大母舅。
叫声外甥不要怄,哎嗨哟,
说起当兵硬起心肠走哟!
走到豇豆坡,遇到老表哥:
这回抓兵抓到我,回去你好好躲哟,
哎嗨哟,回去你好好躲哟!
走拢鸡巷巷,姨妈出来望。
姨侄当面好悲伤,两眼泪汪汪。
哎嗨哟,两眼泪汪汪哟!
走拢部队上,长官出来望。
这个当兵说得上,关在大楼上。
哎嗨哟,关在大楼上哟!
走拢马路上,朝天望一望。
刚想回头跑一趟,屁股挨一棒。
哎嗨哟,屁股挨一棒哟!
睡在大楼上,一夜哭到亮。
背上背根大洋枪,天天学下操哟,
哎嗨哟,天天学下操哟!

2. 《老鸦无树桩》

老鸦无树桩,苗家无地方。
到处漂泊哟,到处去流浪。

十八　《起义者的歌》①

十九　《躲丁歌》②

树林里头望星星，苗家哪天敢出门；
半夜三更回家转，谨防抓去当壮丁。
高岩高坎大树林，苗家后生去藏身，
抓兵要粮哪年完，逼得东游又西奔。
黄连苦来苦黄连，苗家躲到哪一年，
田地荒芜无人种，苗家房头断炊烟。

二十　《"布将帅"运动述略》③

1. 《凉水不要人一口》

凉水不要人一口，冷饭不要人一碗。
做好人，行善事，替世上凡人解除一切疾病和痛苦。

2. 《要像雄鹰和鸽子一样地展翅飞翔》

要像雄鹰和鸽子一样地展翅飞翔，
要飞到那很高很远的好地方。
要飞到那美丽的京城去，
要住在京城那样美好快活的地方。

二十一　无法归入文本的歌谣

1. 《一年辛苦一年金》

一年辛苦一年金，不及樵夫半束薪。
饥寒驱人情不已，放弃舌耕用手耕。

---

① 《起义者的歌》题目是整理者所加。因演唱翻译者侯小五自称侯宝全是他的叔叔，演唱人本身也参与了起义，故取名如此。这首歌叙述了王相、侯宝全起义始末，是叙述当时苗族起义最长的诗歌，共1528行，前文已论及，因全诗篇幅较长，故不收入。参见杨正保、潘光华主编《苗族起义史诗》，贵州人民出版社，1987。
② 参见《四川苗族志》编委会编《四川苗族志》，巴蜀书社，2009。
③ 吴荣臻：《"布将帅"运动述略》，《贵州民族研究》1981年第3期。

2. 《农民身上两把刀》

    农民身上两把刀,
    租子重来利钱高。
    摆在面前三条路,
    逃荒上吊坐监牢。

3. 《蒋贼税款真是多》

    蒋贼税款真是多,
    屋基一年收四季。

4. 《高山苗》

    高山苗,水仲家,仡佬住在岩旮旯,
    要砍一担柴,要用半天功。

5. 《金元券》

    金元券,银元券,
    害得百姓打转转。

附录二　1928—1948 年苗族表述材料选录

本部分文字大约 18 千字（未计入本书版权页上标注的字数），采用二维码嵌入方式呈现。之所以采取这种与时俱进的新技术出版，既是环保的内在要求，也是希望在满足读者阅读需求的基础上尽可能减少正文字数，降低生产成本，降低图书定价，减轻读者的经济负担。

感兴趣的读者可以扫描下方二维码，免费下载阅读。若需进一步了解相关资料，可与本书作者龙仙艳老师联系，电子邮箱为 lxy9993188@sina.com。

参考文献

一 著作

1. 阿信:《用生命爱中国——伯格理传》,大象出版社,2009。
2. 巴略、王秀盈:《苗族文学概论》,中国文史出版社,2006。
3. 本尼迪克特·安德森:《想象的共同体——民族主义的起源与散布》,吴叡人译,上海人民出版社,2016。
4. 伯格理等:《在未知的中国》,东人达、东旻翻译注释,云南民族出版社,2002。
5. 曹成竹:《歌谣与中国文学的审美革新——以20世纪早期"歌谣运动"为中心》,人民出版社,2019。
6. 岑家梧:《岑家梧民族研究文集》,民族出版社,1992。
7. 柴焕波:《湘西古文化钩沉》,岳麓书社,2007。
8. 陈国钧:《贵州苗夷歌谣》,文通书局,1942。
9. 崔榕:《国家在场与文化调适:湘西苗族文化的百年变迁研究》,中国社会科学出版社,2017。
10. 大夏大学社会研究部:《苗胞影荟》第一辑,贵阳大夏大学社会研究部,1940。
11. 戴夫·格雷:《阈限思维:改变并没有想象的那么难》,孙思远译,机械工业出版社,2018。
12. 杜赞奇:《从民族国家拯救历史:民族主义话语与中国现代史研究》,王宪明等译,江苏人民出版社,2008。
13. 杜应国:《中国石门坎百年影像纪实》,云南民族出版社,2007。
14. 厄内斯特·盖尔纳:《民族与民族主义》,韩红译,中央编译出版社,2002。

15. 恩斯特·卡西尔：《人论》，甘阳译，上海译文出版社，2017。

16. 费孝通：《乡土中国　生育制度》，北京大学出版社，1998。

17. 费孝通等：《贵州苗族调查资料》，贵州大学出版社，2009。

18. 高丙中：《民俗文化与民俗生活》，中国社会科学出版社，1994。

19. 古蔺县《苗家史》编写组整理《苗家史》，四川民族出版社，1979。

20. 贵州省民族研究所编《民国年间苗族论文集》，1983。

21. 贵州省三套集成办公室主编《贵州省苗族歌谣选》，中国民间文艺出版社，1989。

22. 贵州省松桃苗族自治县民委、贵州省苗学研究会松桃分会编《认识自己——苗族研究论文集》，1985。

23. 贵州省文联、省作家协会、省民间文学工作组、省民间文艺家协会：《民间文学资料》第14集，贵阳中中印刷厂，1959。

24. 贵州省文史研究馆编《民国贵州文献大系》第一辑下册，贵州人民出版社，2011。

25. 贵州省文史研究馆编《民国贵州文献大系》第二辑上册，贵州人民出版社，2011。

26. 贵州省文史研究馆编《民国贵州文献大系》第二辑下册，贵州人民出版社，2011。

27. 贵州省文史研究馆编《民国贵州文献大系》第五辑中册，贵州人民出版社，2016。

28. 贵州省文史研究馆编《民国贵州文献大系》第七辑上册，贵州人民出版社，2015。

29. 贵州省政府民政厅编《贵州省苗民概况》，贵州省政府民政厅，1937。

30. 韩杰：《〈花苗史略〉校释》，中央民族大学出版社，2013。

31. 汉斯·格奥尔格·伽达默尔：《真理与方法》，洪汉鼎译，商务印书馆，2010。

32. 何嵩昱：《"石门坎现象"对我国西部民族地区农村基础教育的启示》，中国社会科学出版社，2016。

33. 黑格尔：《美学》，朱光潜译，商务印书馆，1979。

34. 洪长泰：《到民间去：中国知识分子与民间文学1918—1937》，董晓萍译，中国人民大学出版社，2015。

35. 胡庆钧：《汉村与苗乡——从20世纪前期滇东汉村与川南苗乡看传统中国》，天津古籍出版社，2006。

36. 胡适：《白话文学史》，江苏文艺出版社，2013。

37. 湖南省少数民族古籍办公室主编《板塘苗歌选》，刘自齐、赵丽明选译，岳麓书社，1992。

38. 华勒斯坦等：《开放社会科学》，刘锋译，生活·读书·新知三联书店，1997。

39. 黄才贵：《影印在老照片上的文化》，贵州民族出版社，2000。

40. 蒋中正：《中国之命运》，正中书局，1943。

41. 金介甫：《沈从文笔下的中国社会与文化》，虞建华、邵华强译，华东师范大学出版社，1994。

42. 金介甫：《沈从文传》，符家钦译，国际文化出版公司，2009。

43. 塞缪尔·克拉克：《在中国的西南部落中》，苏大龙译，贵州大学出版社，2009。

44. 克利福德·格尔兹：《文化的解释》，纳日碧力戈等译，上海人民出版社，1999。

45. 克利福德·吉尔兹：《地方性知识：阐释人类学论文集》，王海龙等译，中央编译出版社，2000。

46. 郎维伟：《四川苗族社会与文化》，四川民族出版社，1997。

47. 雷安平主编《湘西苗民革屯抗日辑略》，中南工业大学出版社，1987。

48. 雷雨：《广西西隆县苗冲纪闻》，广西民政厅秘书处，1933。

49. 李菲：《遗产·认同·表述：文学与人类学的跨界议题》，中国社会科学出版社，2016。

50. 李廷贵等编《苗族历史与文化》，中央民族大学出版社，1996。

51. 李文汉主编《杨汉先文集》，云南民族出版社，2016。

52. 李亦园：《田野图像》，山东画报出版社，1999。

53. 李泽厚：《美的历程》，文物出版社，1989。

54. 梁聚五：《苗族发展史》，贵州大学出版社，2009。

55. 林耀华：《民族学研究》，中国社会科学出版社，1985。

56. 凌纯声、林耀华等：《20世纪中国人类学民族学研究方法与方法论》，民族出版社，2004。

57. 凌纯声、芮逸夫：《湘西苗族调查报告》，商务印书馆，1947。

58. 凌纯声、芮逸夫：《湘西苗族调查报告》，民族出版社，2003。

59. 凌纯声：《松花江下游的赫哲族》，南天书局，1934。

60. 凌纯声等：《民族学研究集刊》，中研院民族学研究所，1936。

61. 凌宇：《从边城走向世界》，生活·读书·新知三联书店，1985。

62. 刘介：《苗荒小纪》，商务印书馆，1928。

63. 刘洪涛：《沈从文小说新论》，北京师范大学出版社，2005。

64. 刘黎光主编《湘西歌谣大观》，湖南文艺出版社，1990。

65. 刘善述：《湘西苗民革屯史志》，中国文联出版社，2008。

66. 刘一友：《沈从文与湘西》，青海人民出版社，2003。

67. 刘兆吉编《西南采风录》，商务印书馆，1946。

68. 龙宁英等编《湘西苗族巴代古歌》，湖南人民出版社，2012。

69. 龙仙艳：《文本与唱本——苗族古歌的文学人类学研究》，社会科学文献出版社，2018。

70. 龙子建等：《湖北苗族》，民族出版社，1999。

71. 隆名骥：《民国湘西苗乡纪实》，北京燕山出版社，2010。

72. 路易莎：《少数的法则》，校真译，贵州大学出版社，2009。

73. 罗荣宗：《苗族歌谣初探　贵阳高坡苗族》，西南民族学院民族研究所，1984。

74. 罗义群编著《中国苗族诗学》，贵州民族出版社，1997。

75. 吕思勉：《中国民族史》，岳麓书社，2010。

76. 《苗族简史》编写组：《苗族简史》，民族出版社，2008。

77. M. H. 艾布拉姆斯：《镜与灯：浪漫主义文论及批评传统》，郦雅牛等译，北京大学出版社，1989。

78. 麻树兰编著《湘西苗族民间文学概要》，中央民族学院出版社，1992。

79. 麻勇恒：《敬畏：苗族神判中的生命伦理》，民族出版社，2016。

80. 马林诺夫斯基：《巫术　科学　宗教与神话》，李安宅译，中国民间文艺出版社，1986。

81. 米歇尔·福柯：《疯癫与文明》，刘北成、杨远婴译，生活·读书·新知三联书店，1999。

82. 米歇尔·福柯：《规训与惩罚》，刘北成、杨远婴译，生活·读书·新知三联书店，1999。

83. 鸟居龙藏：《苗族调查报告》，国立编译馆译，贵州大学出版社，2009。

84. 诺思罗普·弗莱：《批评的剖析》，陈慧、袁宪军、吴伟仁译，百花文艺出版社，1998。

85. 潘年英：《木楼人家》，上海文艺出版社，2001。

86. 彭兆荣：《文学与仪式：文学人类学的一个文化视野——酒神及其祭祀仪式的发生学原理》，北京大学出版社，2004。

87. 钱中文主编《巴赫金全集》，河北教育出版社，1998。

88. 让·格朗丹：《哲学解释学导论》，何卫平译，商务印书馆，2009。

89. 芮逸夫、管东贵：《川南鸦雀苗的婚丧礼俗》，台湾中研院历史语言研究所，1962。

90. 芮逸夫：《川南苗族调查日志1942—1943》，台湾中研院历史语言研究所，2010。

91. 萨维纳：《苗族史》，立人等译，贵州大学出版社，2009。

92. 《四川苗族志》编委会编《四川苗族志》，巴蜀书社，2009。

93. 申廓英编《汉译苗疆民歌集》，大伦印刷所，1937。

94. 沈从文：《沈从文小说选集》，人民文学出版社，1957。

95. 沈从文：《沈从文散文》，中国广播电视出版社，1994。

96. 沈从文：《沈从文全集》，北岳文艺出版社，2009。

97. 沈从文：《沈从文全集》，国际文化出版公司，2009。

98. 沈红：《石门坎文化百年兴衰：中国西南一个山村的现代性经历》，万卷出版公司，2006。

99. 沈红：《结构与主体：激荡的文化社区石门坎》，社会科学文献出版社，2007。

100. 盛襄子：《湘西苗区之设治及其现状》，独立出版社，1943。

101. 石昌炽主编《中国民间歌谣集成湖南省卷·花垣县资料本》，1991。

102. 石朝江：《中国苗学》，贵州大学出版社，2009。

103. 石朝江：《理想与超越〈梁聚五文集〉暨苗族文化保护与传承研讨会论文集》，贵州民族出版社，2013。

104. 石宏规：《湘西苗族考察纪要》，飞熊印务公司，1936。

105. 石建华、伍贤佑主编《湘西苗族百年实录》，方志出版社，2008。

106. 石启贵：《湘西苗族实地调查报告》，湖南人民出版社，1986。

107. 石启贵：《湘西苗族实地调查报告》（增订本），湖南人民出版社，2002。

108. 石启贵编著《民国时期湘西苗族调查实录》，民族出版社，2009。

109. 宋兆麟：《巫与民间信仰》，中国华侨出版公司，1990。

110. 苏晓星：《苗族文学史》，四川民族出版社，2003。

111. （清）孙均铨、黄元复：《凤凰厅志·苗防一》，道光四年刻本。

112. 孙秋云：《核心与边缘——十八世纪汉苗文明的传播与碰撞》，人民出版社，2007。

113. 谭必友：《清代湘西苗疆多民族社区的近代重构》，民族出版社，2007。

114. 陶绍虎编《从石门坎走来的苗族先辈们》，云南民族出版社，2012。

115. 腾跃进：《边城筸军》，岳麓书社，2014。

116. 田兵编《苗族古歌》，贵州民族出版社，1976。

117. 田兵等编著《苗族文学史》，贵州人民出版社，1981。

118. 铜仁地区地方志编撰委员会：《铜仁地区志·民族志》，贵州民族出版社，2008。

119. 汪洪亮：《民国时期的边政与边政学（1931—1948）》，人民出版社，2014。

120. 王建民：《中国民族学史》，云南教育出版社，1997。

121. 王璐：《文学与人类学之间：20世纪上半叶西南民族志表述反思》，中国社会科学出版社，2017。

122. 王明珂：《华夏边缘——历史记忆与族群认同》，社会科学文献出版社，2006。

123. 王明珂：《英雄祖先与弟兄民族》，中华书局，2009。

124. 王明珂：《反思史学与史学反思》，上海人民出版社，2016。

125. 王铭铭：《人类学是什么》，北京大学出版社，2003。

126. 王桐龄：《中国民族史》，吉林出版集团有限责任公司，2010。

127. 王晓梅：《日本学者西南少数民族研究述评》，贵州大学出版社，2017。

128. 王兴瑞：《海南岛之苗人》，珠海大学编辑委员会，1948。

129. 王瑶：《中国新文学史稿》，上海文艺出版社，1982。

130. 威廉·A.哈维兰：《文化人类学》，瞿铁鹏、张钰译，上海社会科学院出版社，2006。

131. 《威宁苗族百年实录》编委会：《威宁苗族百年实录》，贵州民族出版社，2006。

132. 沃尔夫冈·伊瑟尔：《虚构与想象：文学人类学疆界》，陈定家、汪正龙等译，吉林人民出版社，2003。

133. 维克多·特纳：《象征之林——恩登布人仪式散论》，赵玉燕、欧阳敏、徐洪峰译，商务印书馆，2012。

134. 沃尔特·伯格理：《伯格理在中国》，苏大龙译，贵州民族研究所，1989。

135. 吴荣臻总主编《苗族通史》，民族出版社，2007。

136. 吴泽霖、陈国钧等：《贵州苗夷社会研究》，民族出版社，2004。

137. 吴泽霖：《吴泽霖民族研究文集》，民族出版社，1991。

138. 伍新福、龙伯亚：《苗族史》，四川民族出版社，1992。

139. 伍新福：《苗族历史探考》，贵州民族出版社，1992。

140. 伍新福：《湖南民族关系史》，民族出版社，2006。

141. 伍新福：《中国苗族通史》（增订版），贵州民族出版社，2017。

142. 湘西土家族苗族自治州委员会文史资料研究委员会编《湘西文史资料·湘西苗民革屯史料专辑》，1987。

143. 湘西自治州凤凰县民委编《苗族史文集——纪念乾嘉起义190周年》，湖南大学出版社，1986。

144. 向成国：《回归自然与追寻历史——沈从文与湘西》，湖南师范大学出版社，1997。

145. 徐新建：《从文化到文学》，贵州教育出版社，1991。

146. 徐新建：《民歌与国学——民国早期"歌谣运动"的回顾与思考》，巴蜀书社，2006。

147. 徐新建：《全球语境与本土认同》，巴蜀书社，2008。

148. 徐新建：《多民族国家的文学与文化》，人民出版社，2016。

149. 薛子中：《匹马苍山：黔滇川旅行记》，辽宁教育出版社，2013。

150. 燕宝编《贵州苗族歌谣选》，中国民间文艺出版社，1989。

151. （清）严如熤著，罗康隆、张振兴编著《〈苗防备览·风俗考〉研究》，贵州人民出版社，2011。

152. 杨成志：《杨成志人类学民族学文集》，民族出版社，2003。

153. 杨森编著《贵州边胞风习写真》，贵州省政府边胞文化研究会，1947。

154. 杨庭硕：《人群代码的历时过程》，贵州人民出版社，1998。

155. 杨万选等：《贵州苗族考》，贵州大学出版社，2009。

156. 杨正保、潘光华编《苗族起义史诗》，贵州人民出版社，1987。

157. 陈敬毅：《艺术王国里的上帝：姚斯〈走向接受美学〉导引》，江苏教育出版社，1990。

158. 叶舒宪：《文学与人类学——知识全球化时代的文学研究》，社会科学文献出版社，2003。

159. 叶舒宪、彭兆荣、纳日碧力戈：《人类学关键词》，广西师范大学出版社，2004。

160. 伊万·布莱迪编《人类学诗学》，徐鲁亚等译，中国人民大学出版社，2010。

161. 酉阳 秀山 龙山 永顺 来凤文史资料协作委员会编《川湘鄂边民国时期兵灾 匪祸 民变·湘西文史资料第十三辑》，湘西州民族彩印厂，1989。

162. 余学军：《笙鼓枫蝶（苗族）》，贵州民族出版社，2014。

163. 詹姆斯·克利福德、乔治·E. 马库斯编《写文化——民族志的诗学与政治学》，高丙中等译，商务印书馆，2006。

164. 张绍乔、张继乔搜集整理，毕节地区民族事务委员会、毕节地区民族研究所编《中国西部苗族口碑文化资料集成》，杨忠信等译，云南民族出版社，2007。

165. 张坦：《"窄门"前的石门坎——基督教文化与川滇黔边苗族社会》，贵州大学出版社，2009。

166. 张晓：《西江苗族妇女口述史研究》，贵州人民出版社，1997。

167. 张应和：《苗乡探奇》，四川民族出版社，1994。

168. 张兆和、李廷贵主编《梁聚五文集 民族·民主·政论》（上、下册），香港科技大学华南研究中心，2010。

169. 张中奎：《改土归流与苗疆再造》，中国社会科学出版社，2012。

170. 赵世瑜：《眼光向下的革命》，北京师范大学出版社，1999。

171. 中国第一历史档案馆、中国人民大学清史研究所、贵州省档案馆编《清代前期苗民起义档案史料汇编》，光明日报出版社，1987。

172. 《中国少数民族社会历史调查资料丛刊》修订编辑委员会编《苗族社会历史调查》，民族出版社，2009。

173. 中国作家协会编《新时期中国少数民族文学作品选·苗族卷》，作家出版社，2013。

174. 周爱民：《庞薰琹艺术与艺术教育研究》，清华大学出版社，2010。
175. 朱玉芳：《光华之子：我的父亲朱焕章》，云南民族出版社，2012。

二 期刊论文

1. 巴胜超：《人类学写作的温度》，《文学人类学研究》2018 年第 2 期。
2. 鲍克兰：《中国西部珠江上游少数民族的文明》，《汉学》第 24 卷第 2 期。
3. 苍铭：《一个苗族传教士的民族史观与国家认同——〈花苗史略〉评述》，《广西民族研究》2013 年第 4 期。
4. 陈柏霖：《凌纯声先生的赫哲族田野调查——从现代中国实地调查研究的学术背景谈起》，《黑龙江民族丛刊》2005 年第 6 期。
5. 陈晓钢：《抗战时期陈国钧贵州民族社会考察之研究》，《贵州民族研究》2013 年第 4 期。
6. 崔榕：《国家在场与近百年来湘西苗族文化的变迁轨迹》，《贵州民族研究》2010 年第 1 期。
7. 邓琼：《90 年代沈从文研究综述》，《南开学报》1998 年第 5 期。
8. 邓晓东：《悲剧语境下的乌托邦幻灭——解读沈从文〈七个野人与最后一个迎春节〉》，《山东文学》2007 年第 11 期。
9. 方殷：《苗族民歌研究·苗族民歌选代序》，《东方杂志》1943 年第 39 卷第 12 号。
10. 郭士礼：《学术选择与国家建构——论抗战时期大夏大学对西南少数民族的调查与研究》，《贵州民族研究》2010 年第 4 期。
11. 何小平：《论民族志的文本建构与文学人类学的何以可能》，《文学人类学研究》2018 年第 2 期。
12. 何星亮、郭宏珍：《略论人类学民族志方法的创新》，《思想战线》2014 年第 5 期。
13. 何长凤：《贵州近代少数民族调查研究的拓荒者——抗战时期大夏大学社会研究部的成就》，《贵州民族研究》2002 年第 1 期。
14. 黄璐：《一个有关异质文明如何败亡的故事——浅析文本〈七个野人与最后一个迎春节〉》，《文学教育》（中）2014 年第 4 期。
15. 黄璇：《"世外桃源"的构筑与文明意向的破碎》，《北方文学》

2012 年第 1 期。

16. 金介甫：《〈沈从文乡土文学在现代中国文学中的运用〉序》，徐新建译，《中国比较文学》1999 年第 2 期。

17. 金介甫：《〈有缺陷的天堂——沈从文小说集〉序》，余凤高译，《海南师院学报》1995 年第 1 期。

18. 李炳泽：《苗族文学中三个方言区的三种凸出特色》，《民族文学研究》1994 年第 1 期。

19. 李光荣、宣淑君：《刘兆吉及其〈西南采风录〉》，《云南师范大学学报》（哲学社会科学版）2006 年第 2 期。

20. 李国太：《"表述他者"还是"呈现自我"？——论沈从文的苗族书写》，《民族文学研究》2017 年第 4 期。

21. 李绍明：《民族学研究在湘西的开创与发展》，《吉首大学学报》（社会科学版）2001 年第 2 期。

22. 凌宇：《沈从文研究的回顾与前瞻》，《中国现代文学研究丛刊》1995 年第 2 期。

23. 凌宇：《沈从文创作的思想价值论——写在沈从文百年诞辰之际》，《文学评论》2002 年第 6 期。

24. 龙海清：《略论苗族作家沈从文及其创作》，《求索》1983 年第 2 期。

25. 龙基成：《社会变迁、基督教与中国苗族知识分子——苗族学者杨汉先传略》，《贵州民族研究》1997 年第 1 期。

26. 龙艳：《一朵瑰丽的民族文化奇葩———石启贵先生遗著〈民国时期湘西苗族调查实录〉读后感》，《民族论坛》2010 年第 6 期。

27. 龙仙艳：《沈从文与石启贵：苗族传统的多重表述》，《文艺争鸣》2012 年第 3 期。

28. 龙仙艳：《悲从中来不可断绝——细读〈莫错过这千载难逢的报国机会〉》，《中央民族大学学报》（哲学社会科学版）2016 年第 2 期。

29. 龙仙艳：《由述而作　诗史互动——石启贵诗辞研究》，《民族论坛》2016 年第 6 期。

30. 罗成华：《吴泽霖研究综述》，《劳动保障世界》2017 年第 27 期。

31. 罗义群：《黔东南苗族抗日民间歌谣文化意蕴》，贵州省苗学会 2015 年年会参会论文，贵州都匀。

32. 麻勇斌：《苗族在抗日战争中的牺牲与贡献述略》，《贵州社会科学》2015年第4期。

33. 马玉华：《20世纪上半叶民国政府对西南边疆少数民族的调查》，《中国边疆史地研究》2005年第1期。

34. 欧阳恩良：《抗战时期的贵州民族民俗文化调查研究》，首届中国近代社会史国际学术研讨会参会论文，2005。

35. 庞书纬：《朝圣之旅——"内部东方主义"视野下的沈从文湘西小说》，《北京大学研究生学志》2008年第4期。

36. 祁庆富：《凌纯声和他的〈松花江下游的赫哲族〉》，《中南民族大学学报》（人文社会科学版）2004年第6期。

37. 石朝慧：《芒鞋竹杖三十载　等身著作留后人——记我国苗学研究先驱石启贵先生》，《中国民族》2007年第2期。

38. 石朝江：《苗族百年研究与十部苗学经典著作》，中国少数民族哲学及社会思想史学会年会中国石油大学（华东）60周年校庆学术研讨会，2013。

39. 苏雪林：《沈从文论》，《文学》1934年第3卷第3期。

40. 汤芸：《"边疆"的现代表征与视野传递——20世纪前期的苗疆构想与学术实践》，《云南师范大学学报》（哲学社会科学版）2013年第3期。

41. 田素庆：《一个人的"田野"——兼谈刘兆吉〈西南采风录〉少数民族民间歌谣的实录意义》，《民族文学研究》2012年第3期。

42. 王富文：《海外苗族研究的回顾与反思》，肖唐金译，《华东师范大学学报》（哲学社会科学版）2019年第3期。

43. 王金元：《认同与承认：苗族精英梁聚五的身份认同研究》，《湖北民族学院学报》（哲学社会科学版）2017年第3期。

44. 王明珂：《民族与国民在边疆：以历史语言研究所早期民族考察为例的探讨》，《西北民族研究》2019年第2期。

45. 王亚力、刘艳芳：《"苗疆边墙"与凤凰民族文化景观分区》，《西南民族大学学报》（人文社科版）2007年第9期。

46. 吴正彪：《文学表述与边疆多元文化重塑：民国时期湘西板塘苗文歌管窥》，《西安石油大学学报》（社会科学版）2017年第3期。

47. 伍新福：《湘西"革屯"运动述评》，《贵州民族研究》1983年第4期。

48. 熊沛军：《沈从文的苗族意识及在文学中的表现形态》，《宜宾学院学报》2008 年第 3 期。

49. 徐新建：《表述问题：文学人类学的起点和核心——为中国文学人类学研究会第五届年会而作》，《西南民族大学学报》（人文社会科学版）2011 年第 1 期。

50. 徐新建：《地域与文学——关于"贵州文学"的思考》，《贵州社会科学》1997 年第 4 期。

51. 颜安：《浅评〈湘西苗族调查报告〉》，《遵义师范学院学报》2015 年第 1 期。

52. 杨培德：《民族志田野调查的视角态度——以〈苗族社会历史调查〉和〈贵州苗夷社会研究〉为例》，《黔南民族师范学院学报》2015 年第 2 期。

53. 杨正文：《吴泽霖先生的苗族研究》，《民族学刊》2012 年第 3 期。

54. 杨志强、罗婷：《20 世纪初鸟居龙藏在中国西南地区的人类学调查及其影响》，《民族研究》2016 年第 6 期。

55. 叶舒宪：《文学人类学：探寻文化表述的多重视野》，《西南民族大学学报》（人文社会科学版）2011 年第 1 期。

56. 张秋东：《"文化猎奇"与"政治自觉"——凌纯声等与石启贵的湘西苗族研究比较分析》，《乐山师范学院学报》2010 年第 3 期。

57. 张兆和：《黔西苗族身份的汉文书写与近代中国的族群认同——杨汉先的个案研究》，《西南民族大学学报》（人文社科版）2010 年第 3 期。

58. 张兆和：《从"他者描写"到"自我表述"——民国时期石启贵关于湘西苗族身份的探索与实践》，李菲译，《广西民族大学学报》（哲学社会科学版）2008 年第 5 期。

59. 张中奎：《清帝国时期的苗疆叙事考察》，《西南民族大学学报》（人文社科版）2010 年第 3 期。

60. 赵树冈：《边地、边民与边界的型构：从清代湖南苗疆到民国湘西苗族》，《民族研究》2018 年第 1 期。

61. 中研院近代史研究所：《文化、历史与国家形构：近代中国族群边界与少数民族的建构历程主题计划第二次工作坊会议手册》，台北中研院近代史研究所，2015。

62. 朱光潜：《从沈从文先生的人格看他的文艺风格》，《花城》1980 年第 5 期。

63. 祝注先：《试论历代苗族文人诗歌》，《民族文学研究》1992 年第 1 期。

三　学位论文

1. 褚连波：《湘西文化与沈从文的小说创作》，东北师范大学博士学位论文，2010。

2. 梁昭：《"乱神"与"祖先"——汉苗传说中的蚩尤形象比较》，四川大学硕士学位论文，2004。

3. 刘波儿：《困顿与前行：民族国家建设中的民族学家》，南京大学博士学位论文，2013。

4. 莫华秀：《论沈从文小说创作与湘西民间文学》，吉首大学硕士学位论文，2015。

5. 田怡：《中国近代民族区域整合之湘西民族地方：1930 年代湘西革屯运动析论》，中央民族大学硕士学位论文，2011。

6. 王菊：《从"他者叙述"到"自我建构"——彝学研究的历史转型（1950—2006）》，四川大学博士学位论文，2007。

7. 王曼：《清末民国时期黔西北苗族地区的文化变迁》，中央民族大学硕士学位论文，2006。

9. 杨春：《沈从文笔下湘西形象的独特性研究》，吉首大学硕士学位论文，2013。

10. 张森：《在"诗"与"史"之间：沈从文思想研究》，湖南师范大学博士学位论文，2008。

11. 张霜：《民族学校教育中的文化适应研究——贵州石门坎苗族百年学校教育人类学个案考察》，中央民族大学博士学位论文，2008。

四　外文文献

1. Barbara Mackinnon, *Ethics: Theory and Comtemporary Issues*, Peking University Press, 2003.

2. Geertz, Clifford, "The Integrative Revolution: Primordial Sentimenu and Civil Politics in the New State," in Clifford Geertz (ed.), *Old Societies and New States Press*, Free, 1963.

3. Laura Hostetler, *Qing Colonial Enterprise: Ethnography and Cartography in*

Early Modern China, The University of Chicago Press, 2001.

4. Moody, Edward H. , *Sam Pollard*, Oliphants Ltd. , 1956.

5. Nicholas Tapp (ed.), *The Hmong of Australia: Culture and Disapora*, The Australian National University, 2004.

6. Norma Diamond, "Defining the Miao: Ming, Qing, and Contemporary Views," in Steven Harrelled, *Cultural Encounters on China's Ethnic Frontiers*, University of Washington Press, 1995.

7. R. Elliot Kendall, *Beyond the Clouds—The Story of Samuel Pollarf of South-West China*, Cargate Press, 1948.

8. Sam Pollard, *The Story of the Miao*, Henry Hooks, 1919.

后　记

　　每一个底层成长的人都心怀梦想却又不得不面对现实，我本是文学青年，却因为考虑就业选择自考英语专科，后来进修成教本科学的还是英语。谁想在贵州教育学院旁听中文系课程被一位美学老师误导："学美学你会发现生活处处是美，真可谓日常生活审美化，比如看电影电视是影视美学，吃饭下馆子是饮食美学，出门旅行是旅游美学，读书看报是文艺美学，等等。"当时年少轻狂，甚至天真地认为女人学了美学就能变成美女，便不知深浅地报考文艺美学的硕士考试。

　　2004年4月20日，我终于如愿以偿参加贵州师范大学文艺学硕士面试。因为是跨专业考研，焦虑和忐忑让我如坐针毡。面试当天，我一把抓住身边的考友逼问："我是跨专业考研，请您用一句话告知我什么是文艺学。万一老师问起来，我连专业是什么都解释不清楚，那真的只有死路一条了。"那个后来成为我同门的考友挠挠头，一脸无辜地回答我："我真不知道怎么用一句话回答您什么是文艺学，这个问题太难了。"虽然我当时表面云淡风轻地和他闲聊，私下却暗暗责备："汉语言本科专业还能不知道文艺学是什么，估计是不想教我减少竞争，真是小气鬼。"10年以后，我博士毕业就给本科生开设这一门专业课，我才知道原来用一句话来概括一个专业是一件荒谬也几乎不可能的事。

　　跌跌撞撞终于还是读了文艺美学的硕士，可怜的是三年的专业训练将当时选择美学的热情和幻想消磨殆尽。文艺学特有的哲学思维训练如黑格尔的《小逻辑》、康德的三大批判、海德格尔的《存在与时间》等将原本感性的我折磨得几近崩溃。我终于知道专业是谋生之技，爱好是心头之美，两者最好就像暖太阳和冷月光一样各存幻想却永远不要搅和在一起。

　　想来读硕唯一一件值得自豪的事是当时导师给我们开设西方美学史，他将西方美学的脉络梳理如下。一、糊涂的想象：原始艺术，没有科学干扰下的无规则想象。二、向往天国：宗教时期的艺术影响下的宏大想象。三、科学真理的欺骗：微观科学时期的艺术，科学乐观主义影响下的文艺。四、理想崩溃，前途渺茫：宏观科学时期的艺术，科学悲观主义影响下的文艺。为了更加明晰，他将西方美学史线性概括为原始荒诞—原始崇高—优美—近代崇高—现代荒诞。

　　导师当时已是贵州美学界知名人物，我却以门外汉的莽撞向他发问："老师，您觉得艺术发展史是沿着这样一条线索发展，那么西方在经历现代荒诞之后，它的出路在哪里？此外中国文艺学几乎都在套用西方理论，还美其名曰西方历时发展，中国共时引进，难道现代荒诞也是我们中国美学的必经之路和未来命运吗？"导师诚实地回答了我这是一个无解的命题，我却有如阿Q似的顿悟：我要早早谋求生路。

　　本来想考人类学或影视美学博士，后来报考了文学人类学。在四川大学学习期间，我从心里暗自窃喜自己"弃暗投明"，较之于文艺学的文献阅读，我更喜欢人类学的行走江湖。我虽出生并成长在松桃苗族自治县，但以前一心只读圣贤书，对以口耳相传的苗族文化的理解仅仅停留在本能的民族情感上，感谢我的博导徐新建教授让我潜心并致力于苗族文化研究，我终究还是在苗族博大的文化中找到自己。

　　讨论毕业论文选题时，导师给我拟定两个题目：一个是民国苗族表述研究，一个是苗族古歌研究。如若按照我本意，我是愿意选择前者的，在导师的帮助与指导下，我选择了后者，没想到无心插柳，我在博士学位论文基础上修改的书稿《文本与唱本——苗族古歌的文学人类学研究》后来竟然入选第六批《中国社会科学博士后文库》，2018年由社会科学文献出版社出版。

　　我曾调侃自己桀骜不驯、苗性难改，喜欢挑战自己，自2015年开始着手这一课题的研究。感谢文艺学回馈我的灵感和激情，没多久我就把课题的两大主干即歌谣表述和沈从文的文学表述梳理明晰，遗憾的是始终无法进入民族学专题研究。一拖再拖，我从2019年初强行进入凌纯声等民族学表述和石启贵等地方史实录的研究。让我困惑与茫然的是：怎么处理歌谣、文学、民族学与地方志的不同叙事？它们之间谁是表述的主位与客位？

　　表面看来，如果说文艺学探寻的是放之四海而皆准的定律，那么人类学就是寻找"异文化"的合理性，两者似乎是拔河的两端，一个看重宏大叙事，一个提倡地方性知识。然而同为人文学科，两者都摆脱不了当下的哲学思考和文化思潮的浸染：当人类学的表述范式从业余民族志到科学民族志再到反思民族志，当人类学的表述角度从客位研究的一统天下到客位研究与主位研究的分庭抗礼；当文艺学在后现代的挟裹下从聚焦作品一维到关注文学四要素，当全知全能的上帝叙事被质疑，当巴赫金的复调理论被赞誉，当福柯的"话语就是权力"被大众接受，我顿悟所有的人文学科殊途同归——表述具有多元互证性。

研究这个课题，我心存敬畏，1928—1948年是苗族表述的重要转折。从表述成果来说，这短短二十年开创了苗族表述的若干个第一：第一位有国内甚至国际影响的作家出现；第一次苗族国外表述大面积井喷；第一批苗族调查报告出版；第一本苗族（通）史写成；第一次苗族整体文化被表述；第一次出现历史表述的反思；第一本苗法字典出版，第一本苗汉字典印刷；第一本苗族乡土扫盲教材《西南边区平民千字课》印行；第一次苗族歌谣被大量搜集并研究。具体说来，他们当中有心系故土，以苗族文化为原点书写了人性美、人情美以及自由自在的生命形态的文学精品《边城》之作者沈从文；有体恤弱小民族，不计回报将毕生精力甚至生命奉献在石门坎的传教士伯格理；有克服重重困难，为了学术真实性将足迹踏遍偏僻动乱苗族地区的民族学家如芮逸夫、吴泽霖、陈国钧等；有为谋求苗族政治身份、经济民生奔走一生的第一批苗族知识分子。他们是由述而作、诗史互动的石启贵，撰写通史、反对汉化的梁聚五，重视口述、心怀悲悯的杨汉先，等等。岁月悄然无声，他们需要被永远铭记。

自从2010年读博，2012年着手文化部课题"苗族古歌对东部苗疆伦理塑造研究"之后，2015年国家社科课题接踵而至，2016年又得到国家社科基金特别委托项目子项目之百部史诗的资助拍摄了《苗族史诗》（湘西）即《苗族婚姻礼辞》，加上2017年生育二胎和2018年出版博士后文库专著。我认为自己足够幸运，我的幸运是因为我脚下是广袤深邃的苗乡大地，从文艺学到文学人类学最终回归苗学，我认为这是冥冥之中的宿命。

感谢河湾苗学研究院院长杨培德对这一研究的多次指导与订正，感谢西南民族大学张中奎教授为我指点迷津，感谢三峡大学吴正彪教授、贵州师范大学何嵩昱教授为我提出宝贵的修改意见，感谢民族出版社石朝慧姐姐把许多珍贵的资料无偿赠送给我以作研究之用。本书得到贵州师范大学中国语言文学一流学科经费的大力资助，在此一并感谢我所在单位的领导和同事，是他们的鼓励和帮助让我在学术上慢慢成长。感谢社会科学文献出版社刘荣姐姐，是她让我知道世界最美好最纯净的友谊是彼此鼓励、彼此温暖；感谢单远举、朱勤、岳璘、刘丹、吴志军等多位编辑对我书稿的校阅与订正。

我一直庆幸自己出生并成长在苗族地区，父亲的坚韧与母亲的柔软给了我虽贫穷辛苦但十分快乐幸福的童年。个人观点，一定要让孩子在童年时感到幸福，感受到被足够的爱滋养。就如我，即便成年后的自己多么辛酸地应对一地鸡毛，可是想起童年时甚至成年后父母不计回报的疼爱和照顾，想起那些温暖与感动我的苗乡邻里，我瞬间就有面临一切困难的勇气。正如一棵小树如果有足够广袤的大地让它的根系自由伸展，如果有充分的营养、阳光和雨露让它茁壮成长，即便长大后它会遭受诸多的暴风骤雨、病虫肆虐，也一定能坦然面对、昂首挺立。

回想这十年来，科研与生活的多重压力让自己在体力与精力上疲惫不堪，回想童年在苗乡放牛时的那种悠闲与惬意——梦里不知身是客。我知道是时候重新思考自己未来的路！

谨以此书献给我的母亲吴培凤女士！！！

龙仙艳
2020 年 5 月 22 日

图书在版编目(CIP)数据

苗族多重表述研究：1928—1948/龙仙艳著．--北京：社会科学文献出版社，2020.12（2023.2 重印）
ISBN 978 - 7 - 5201 - 6505 - 1

Ⅰ.①苗… Ⅱ.①龙… Ⅲ.①苗族-民族文化-研究-中国 Ⅳ.①K281.6

中国版本图书馆 CIP 数据核字（2020）第 058439 号

苗族多重表述研究（1928—1948）

著　　者 / 龙仙艳
出 版 人 / 王利民
责任编辑 / 刘　荣　单远举　朱　勤
文稿编辑 / 岳　璘
责任印制 / 王京美

出　　版 / 社会科学文献出版社（010）59367011
　　　　　　地址：北京市北三环中路甲29号院华龙大厦　邮编：100029
　　　　　　网址：www.ssap.com.cn
发　　行 / 社会科学文献出版社（010）59367028
印　　装 / 北京虎彩文化传播有限公司

规　　格 / 开　本：787mm × 1092mm　1/16
　　　　　　印　张：18.5　字　数：313千字
版　　次 / 2020年12月第1版　2023年2月第2次印刷
书　　号 / ISBN 978 - 7 - 5201 - 6505 - 1
定　　价 / 128.00元

读者服务电话：4008918866

▲ 版权所有 翻印必究